供应链计划

需求预测与S&OP

许　栩◎著

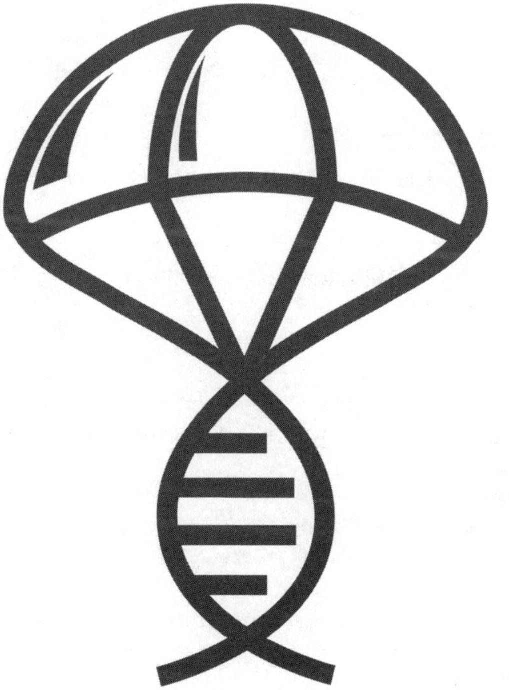

中国铁道出版社有限公司
CHINA RAILWAY PUBLISHING HOUSE CO., LTD.

图书在版编目(CIP)数据

供应链计划:需求预测与 S&OP/许栩著 . —北京:中国铁道出版社有限公司,2021. 10(2024. 2 重印)
ISBN 978-7-113-28110-6

Ⅰ. ①供…　Ⅱ. ①许…　Ⅲ. ①供应链管理-研究　Ⅳ. ①F252. 1

中国版本图书馆 CIP 数据核字（2021）第 128024 号

书　　名: 供应链计划:需求预测与 S&OP
　　　　GONGYINGLIAN JIHUA: XUQIU YUCE YU S&OP
作　　者: 许　栩

责任编辑: 陈　胚　　　　**编辑部电话:**（010）51873459
封面设计: 仙　境
责任校对: 安海燕
责任印制: 赵星辰

出版发行: 中国铁道出版社有限公司（100054，北京市西城区右安门西街 8 号）
网　　址: http://www.tdpress.com
印　　刷: 三河市航远印刷有限公司
版　　次: 2021 年 10 月第 1 版　2024 年 2 月第 4 次印刷
开　　本: 710 mm×1 000 mm 1/16　印张：19　字数：287 千
书　　号: ISBN 978-7-113-28110-6
定　　价: 69. 80 元

前　言

“凡事预则立，不预则废”，这个“预”指的就是计划。

计划是管理的第一个职能，供应链计划就是供应链管理的核心职能。目前，市场上有不少关于供应链管理的书籍，但很可惜，以供应链计划为主要内容的书却很少；并且，仅有的一些也往往是一些理论或概念性的作品，较难落地执行，这对供应链管理，尤其是供应链计划管理来说，是一种遗憾。

本书试图略微弥补这一遗憾。

从根源上说，供应链其实只有一个计划：需求计划。需求计划具有两大核心职能：一是对需求的分析与评估；二是对需求的答复和承诺。对前者的最佳实现工具是需求预测，对后者的最佳实现工具是 S&OP。本书重点讲述的就是需求计划乃至供应链计划的这两大核心职能。

这是一本介绍需求预测与 S&OP 的理论、思路和实战的书，并侧重于实战。

本书的主要内容为：

第 1 章，基础篇，从头细说供应链计划。讲述什么是供应链计划，为什么企业需要供应链计划，供应链计划的分类，以及各个分类的概念和应用，并给出供应链计划的整体框架图。

第 2 至 8 章，需求预测(DP)。采用层层递进、逐步展开的方法，介绍需求预测的概念、分类和评价指标，重点讲述常见的三大类需求预测的方法和操作实例、供应链实战中需求预测的绩效和考核。

第 9 至 14 章，销售与运作计划(S&OP)。先介绍不确定性的相关概念，再从实战的角度介绍S&OP的基础知识与概念、S&OP的九步流程、S&OP的推行与实战，并以一章的篇幅，讲述一个S&OP推行的实际案例，最后介绍S&OP与库存控制。

本书在阐述过程中，会涉及一些学界的理论，但笔者试图以多年的实践经验，在阐明"做什么""为什么要这么做"的基础之上，侧重于介绍在供应链计划实战中应该"怎么做"。

希望本书提出的理论和实际操作的方法，能对读者提供一些帮助，哪怕是一点点的启发。

目　录

第三篇
销售与运作计划（S&OP）

01 第一篇

基础篇

第 01 章　供应链计划

1.1　什么是供应链计划

我们知道，计划就是事前安排，事先规划。那什么是供应链计划？目前，在书本、网络上能找到一些解释，比如 GB/T 19902.1—2005《工业自动化系统与集成　制造软件互操作性能力建规　第 1 部分：框架》给供应链计划的定义：

供应链计划是用信息技术使用模型，在不同的层次和不同详细程度上做计划和解决物流问题，用于生产线、生产车间或者是一个具有多种需求的资源、供应商、生产车间和配送方法的完全的链。此定义认为，供应链计划是个系统，比较“高大上”。

其实，在供应链管理实际应用中，供应链计划并没有那么高精尖，它也不仅仅是指技术，实际上更多的是一种管理。在这里，笔者以多年的经验和理解，从狭义的角度出发，给出供应链计划如下的定义。

供应链计划(Supply Chain Planning，SCP)，**是指在供应链管理中，对相关输入进行分析和平衡，达到以最理想的效率、最合理的库存、最准确的时间，来满足客户需求的管理过程。**

首先，供应链计划需要输入。

计划不同于梦想，不管是事前安排还是事先规划，计划都不能凭空进行，都需要有相关的输入，有输入才能做计划。供应链计划的输入主要包括两个方面：一是供应链所拥有的资源，比如产能、库存等；二是供应链上下游的各种信息，比如需求信息、销售策略信息、供应信息等。

其次，供应链计划的主要职能是分析和平衡。

供应链计划要做的事，就是对已有的输入进行分析和平衡。分析，这里是指数据分析，采取一定的数学统计方法，对已有的数据（信息）进行处理和分析。这是计划人员的基本功，也是供应链计划的本质要求。平衡，是根据分析结果，平衡各方资源和利益，以实现供应链计划、供应链乃至整个企业的目标。

再次，供应链计划的目标是满足客户需求。

满足客户的哪些需求呢？用以下三组词来形容：最理想的效率、最合理的库存、最准确的时间。这三组词尽管都用了“最”字，但它们更多的是形容和描述，而不是绝对的“最高的效率、最低的库存和最快的时间”，所强调的是适合。因为，供应链计划讲究的就是平衡和满足，而不是极致。

最后，供应链计划是一个管理过程。

供应链管理（Supply Chain Management，SCM），是利用信息技术全面规划供应链中的商流、物流、资金流及信息流等，并进行计划、组织、协调与控制的各种活动和过程。而供应链计划是供应链管理的核心组成部分，必然也是一个管理过程。

1.2　为什么企业需要供应链计划

2010 年前，李宁公司连续 10 年复合增长超过 30%，虽然 2010 年业绩增长呈现放缓迹象，但当年李宁公司收入 94.8 亿元，仍然同比增长 13.0%。不过，2011 年其收入增长戛然而止，到 2012 年，李宁公司亏损近 20 亿元。2012 年下半年，李宁公司的市值从 106 亿港元暴跌为 49 亿港元，一度处于生死边缘。这其中的原因非常多，也非常复杂，但如果要指出“罪魁祸首”，“库存太多”可能算得上关键的一个。

李宁公司 2010 年库存金额 8.06 亿元，2011 年为 11.33 亿元，同比上升40.57%，而到了 2012 年 6 月,李宁公司库存达到了 36.38 亿元(其中,公司库存 11.38 亿元,压在经销商的库存高达 25 亿元)。

从业绩增长放缓开始的两三年间,库存却在疯狂增长,最终导致李宁公司有“死在库存”的坊间传说。这正是库存失控的结果。李宁公司库存失控的核心原因,就是没有计划,或者说没有供应链计划。

供应链计划的主要任务是,根据客户需求(已产生的需求和预测的需求)来准备数量合理的库存,然后以合理的库存来满足客户需求的目标。当没有关注客户需求,或关注了客户需求却不采取措施准备数量合理的库存时,就是供应链计划不到位,其必然的结果就是库存失控。

库存控制需要供应链计划,满足客户需求更需要供应链计划。从某种意义上说,企业存在的价值就是满足客户需求;当客户需求无法满足时,这时不是危及企业生命,而是会直接要了企业的命。

前不久,笔者一位朋友的公司倒闭。当得到这个消息时,笔者非常吃惊。因为,他的公司业绩非常好,而公司倒闭正是因为“业绩非常好”。在倒闭前的几个月,他们接了很多订单,但由于多种原因,如用工荒、材料荒、因盲目采购造成的资金荒等,造成订单大面积积压和大量多余的库存(客户要的货仓库没有,客户不要的货仓库一大堆),最终抗不住压力而崩盘。

朋友公司倒闭可能有很多种原因,但其中关键的是供应链跟不上,最核心的原因是没有供应链计划。没有供应链计划,就不知道客户的真正需求;没有供应链计划,就不知道自己能不能满足客户需求;没有供应链计划,就不知道自己需要哪些资源来满足客户需求。

后来,这位朋友和我聊到这件事时,每每痛心疾首。他说,预则立,不预则废,如果再次创业,他一定要重视的,除了伙伴(人才)以外,还有计划。

1.3 供应链计划的内容

如图 1-1 所示,从 SCOR 模型(Supply-Chain Operations Reference-model,即

供应链运作参考模型，图来自《卓越供应链—SCOR 模型使用手册》）中可以看出，从供应商的供应商，到客户的客户，在整个供应链中，供应链计划都处于核心位置。这说明，供应链计划是整个供应链采购、生产、配送执行的基础和方向，也说明了供应链计划是企业供应链管理的核心职能。供应链计划也势必会成为企业的核心竞争力之一。

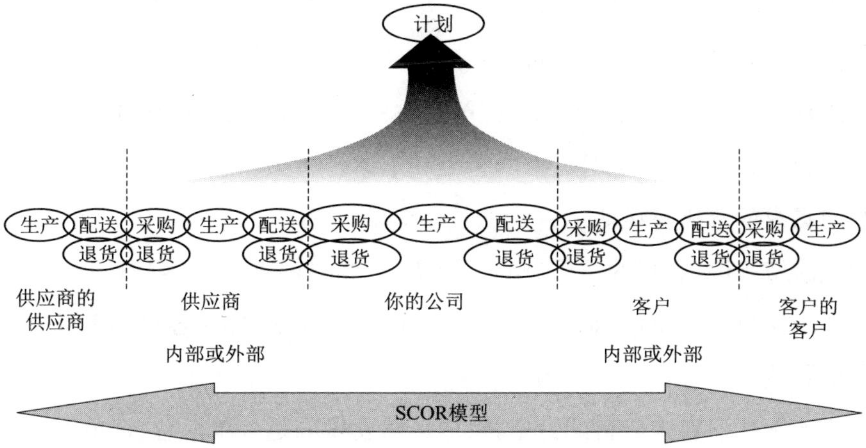

图 1-1 SCOR 模型

从 SCOR 模型中还会发现，整条供应链中，处于前端的是客户，处于后端的是供应商。从这个角度出发，供应链计划就包括两个计划，即客户的计划和供应商的计划。

客户的计划指的是“客户需要什么”的计划，通常称为客户的需求计划。

供应商的计划指的是根据客户需要什么而“供应链需要准备什么”的计划，通常称为供应链的库存计划。

所以，供应链计划就包括两个计划：需求计划和库存计划。

不过，从根源上说，需求源自客户，如果没有客户、没有需求，就没有供应链存在的必要，也就更没有供应链计划。所以，需求计划是供应链所有计划的源头，包括库存计划在内的其他计划都可以由需求计划计算或转换而得出。从这种意义上说，供应链其实就只有一个计划，那就是需求计划。

所以,需求计划是供应链计划的核心,是包括库存计划在内的供应链其他所有计划的计划,这也是本书重点讲解的内容。

1.3.1 需求计划

需求计划(Demand Planning,DP),和供应链计划一样,目前并没有统一的解释。本书给出的定义:需求计划是对已产生客户订单以及客户需求预测进行评估、分析,并给予答复和承诺的管理过程。

需求计划的输入是已产生客户订单及客户需求预测,其核心职能有两个,一是对需求的分析与评估,二是对需求的答复和承诺。

1. 对需求的分析与评估

对供应链来说,客户的需求有两个源头,一是已经产生的客户需求,即客户已下达但还未交付的订单;二是未来可能产生的客户需求,即对客户未来可能产生订单进行的预测——客户需求预测。

客户已下达但还未交付的订单,供应链需要做的是订单汇总(订单管理),使其进入企业的订单处理流程,以进行后续的计划和安排。

在供应链管理中,企业当然希望自己手头上都是已经产生的客户需求,但是,在快速+VUCA(易变性、不定性、复杂性和模糊性)时代,如果企业的供应链管理等到客户订单产生之后再开始行动,很可能客户早跑单了。所以说,在 VUCA 时代,企业供应链管理面对的客户需求,往往是未来可能产生的客户需求。

这就是说,需求计划第一个核心职能"对需求的分析与评估",更多的是对客户未来可能产生的需求的分析与评估,其最佳实现工具是需求预测。需求预测是需求计划乃至整个供应链计划最重要的输入,没有之一。

2. 对需求的答复和承诺

需求计划的第二个核心职能是对需求的答复和承诺。答复和承诺涉及相当广。在实际工作中,它不仅仅是供应链计划管理人员的事,也不仅仅是供应链管理部门的事,而是需要整个企业跨部门协作。

从理论上讲,有两个工具可以有效解决"需求的答复和承诺"。

第一个工具CPFR，即协同预测、计划与补货（Collaborative Planning Forecasting and Replenishment），指应用一系列的信息处理技术和模型技术，提供覆盖整个供应链的合作过程，通过共同管理业务过程和共享信息来改善零售商和供应商之间的计划协调性，提高预测精度，最终实现提高供应链效率、减少库存和提高客户满意程度为目的的供应链库存管理策略。

CPFR的操作思路主要是，打通供应链上下游，相互共享市场、产能、物料供应等信息，共同确认需求与供应链的计划，减少整个供应链的库存，消除牛鞭效应。

CPFR理念很先进，方案也很美好。但以目前国内企业的环境，上下游之间共享一些略带敏感的数据和信息，都会非常的困难，或者共享的信息和数据根本就不真实，CPFR真要实施起来将会非常不乐观。所以，企业如果没有特殊的情况，不建议上CPFR。

第二个工具S&OP，即销售与运作计划（Sales and Operations Planning），指调节相冲突的商业目标，并对未来供应链发展进行计划的战略规划流程。一般包括各种商业职能，例如销售、运营、财务等，以便与整个企业的发展规划保持一致。

S&OP是对市场营销和销售计划，以及制造、研发、采购和财务等各方面的有效资源进行综合平衡，以此更新各部门业务运作计划，协调一致，实现公司总体经营战略目标。S&OP是一个流程，它通过考虑各项约束条件，比如产能约束、原料供应约束等，对企业各项计划进行整合和协调来实现供需链平衡。

S&OP解决的是以现有资源（约束）满足客户需求，其目标是实现综合平衡（实现"一个计划"）。笔者认为，相对于CPFR，需求计划"对需求的答复和承诺"，最佳实现工具是S&OP。

1.3.2 库存计划

客户有了需求，供应链就需要储备库存以满足客户需求。供应链储备库存以满足客户需求的过程就是库存计划（Inventory Planning）。

储备库存满足客户需求的整个过程可以分为两个阶段：一个是储备库存阶段，即从没有库存到有库存；第二个是满足客户需求阶段，即从有了库存到把库存送到客户手中。

从没有库存到有库存,供应链需要进行的工作是订货;从有了库存到把库存送到客户手中,供应链需要进行的工作是发货。

所以,库存计划包括订货计划和发货计划。

1. 订货计划、采购计划、生产计划

供应链需要怎样储备库存？企业的库存是买来的,也就是采购来的。供应链采购库存一般有两种途径:一是从外部供应商处进行采购;二是从内部供应商处进行采购(典型的内部供应商是企业的制造工厂或生产车间)。

不管是从外部还是从内部采购,供应链都需要回答三个问题:要什么货、要多少货和什么时候到货。供应链回答这三个问题的过程就是订货(订货计划)。

订货是为了采购库存。根据采购渠道不同,订货计划向下延伸出两个计划:从外部供应商采购的采购计划和从内部供应商采购的生产计划(制造计划)。

采购计划(Procurement Planning),指根据生产部门或其他使用部门的计划制订的,包括采购物料、采购数量、需求日期等内容的计划。生产计划(Production Planning),指生产规划(销售和业务规划)过程制订的计划,明确了将要生产的计划制造产出的总体水平,通常以每个产品族(产品、项目、选项、特征等的集合)月产出率来表示。

2. 发货计划、备货计划、物流计划

企业有了库存(产品),接下来需要将客户需要的产品送到客户手中,以完成交付,最终满足客户需求。供应链将客户需要的产品交付给客户,从而最终满足客户需求的过程,就是发货(发货计划)。

对于制造型企业来说,发货相当于满足客户需求的临门一脚。如果碰到临门一脚老是出错,那前面辛辛苦苦的付出就毫无价值。所以,对于供应链管理来说,发货同样非常重要。

发货涉及的其实也很广,不是供应链一个部门在战斗。发货,对于供应链来说,主要是需要做好两件事:一是备好货物;二是将货物及时并完整地交付到客户手中。

备好货物一般由仓储部门完成，涉及的计划通常是备货计划（或拣货计划）。将货物及时并完整地交付客户手中一般由物流部门完成，涉及的计划通常是物流计划。

当然，在发货这个环节，不是所有的发货都需要制订备货（拣货）和物流计划，比如，有些企业产品单纯、出货量少、客户单一，直接交付或直接装车发运即可，这时根本就不需要备货的过程，也不需要物流计划。所以，企业具体需要哪些供应链计划，需要根据企业的实际情况选择和取舍。

综合上所述，以下给出了供应计划的整体框架图，如图 1-2 所示。

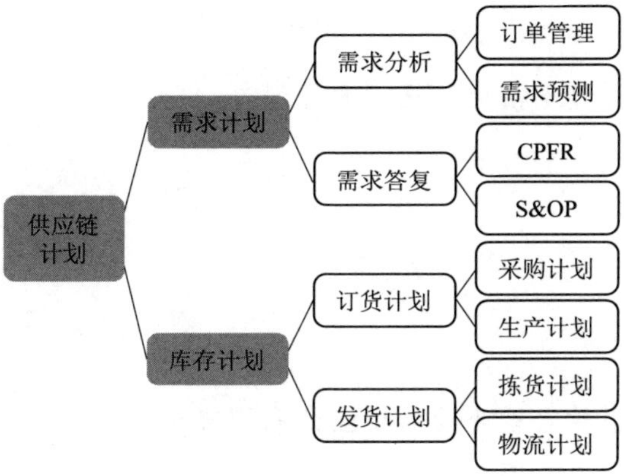

图 1-2　供应链计划整体框架图

由于篇幅所限，以及重要程度不同，本书重点讲述需求计划中的需求预测和 S&OP。

学以致用

学习：

按照“供应链计划整体框架图”逐一解释各供应链计划中的名词。

思考：

为什么说需求计划是供应链唯一的计划？

应用：

根据本章知识搭建自己企业的供应链职能架构。

02

第二篇

需求预测(DP)

第 02 章　需求预测相关概念

近几年，在 VUCA 背景下，“不确定性”这个词非常走红，似乎无处不在。在企业管理与运营中，不确定性也充斥在方方面面，其中，供应链更是不确定性的“重灾区”。

供应链的不确定性导致的直接后果是供应链风险，也就是说，如果想应对供应链风险，首先需要应对供应链的不确定性。

如何应对供应链的不确定性呢？在 VUCA 时代，识别不确定、分析不确定、变不确定为相对的确定，是供应链应对不确定性最核心也最有效的方法论。而在供应链管理中，能有效解决“识别不确定、分析不确定、变不确定为相对的确定”的，正是需求预测。

“识别不确定、分析不确定、变不确定为相对的确定”是需求预测的主要任务，也是其核心价值。

本章主要介绍需求预测的一些基本概念。

2.1　预测与需求预测

几年前，经一位朋友介绍，我到一家有一定规模的民营企业面试。

我应聘的是 PMC 经理（该企业 PMC 团队有 120 多人，包含的职能很多，PMC 经理相当于供应链总监岗位）。当时，HR 总监、主管副总和信息部门的负责人一起对我进行联合面试。面试过程中,从仓储、物流到库存控制,从生产计划、物料计划到需求预测,他们问了很多问题,我也聊了不少,感觉聊得还挺不错,至少三位面试官表现得较为满意。

两个多小时后,面试结束,那位主管副总在信息部负责人和 HR 总监离开后,对我说:"看得出来,你经验挺丰富,不过,你今天谈的一些需求预测方面的东西,在我们这里用不上。为什么呢? 因为预测没啥用,预测就是算命,都是骗人的。"

显然,这位副总对预测有较深的偏见和误解。我那次面试最终没有成功,原因可能有很多,但主要原因很可能就源自他的这种偏见和误解。

上文提到,需求计划的第一个核心职能"对需求的分析与评估"的最佳实现工具是需求预测。需求预测是需求计划乃至整个供应链计划最重要的输入。但是,有相当多的供应链从业人员和管理者对需求预测并不十分了解,更没引起足够的重视。

鉴于此,本书将从最基础的概念开始介绍需求预测,希望能够普及一些预测的基础知识,让读者从头开始了解需求预测。同时,也消除一些企业领导对需求预测以及供应链计划的偏见和误解。

2.1.1　什么是预测

预测是根据过去和现在的已知情况,运用人们的知识、经验和科学方法,对未来进行预先估计,并推测事物未来发展趋势的过程(WB/T 1039－2008 物流定量预测)。

一句话,预测指在掌握"现有信息"的基础上,依照一定的"方法"和"规律"对未来的事情进行"测算",以预先了解事情发展的可能过程与结果。

2.1.2　预测与预言

有人认为预测是预言,这种说法在某种程度上有一定的道理。从预测的定义来看,预测与预言非常相似,它们都是对未来的预计与推测。但是,它们本质上并不相同。

预言是完全定性或者没有事实根据而得出的结果;而预测是在具有大量资料或进行调研的基础上,通过定性、定量的分析或计算而得出的结果。

那些不经过分析与计算,单纯“拍脑袋”而得出结果的所谓的预测,不叫预测,叫作预言。

2.1.3 什么是需求预测

需求预测,就是预测分类中的一种,是运用科学的方法和模型,根据历史数据,对未来的需求作出定性和定量的估计(GB/T 25109.1—2010 企业资源计划 第1部分:ERP 术语)。

在供应链管理中,需求预测的定义可归结为一句话:在特定的一系列条件下,对未来某个时间段客户需求量进行的预估或推测。

需求预测的定义包括四个关键词,即四个核心组成部分。

1. 特定的一系列条件

它是指各种影响需求的因素,比如历史业绩、产品价格、促销、竞争对手动向、行业事件、政策变化以及季节变化等方面。

2. 未来某个时间段

首先,指的是未来,预测是面对未来的;其次,指对未来特定时间段的预测,需求预测面对的是有起止时间的时间段,而不是单一的某个时间点。

3. 需求量

需求预测是针对需求量的预测,这个需求量是预测对象(产品或服务)的未来的需求量,可以是数量,也可以是金额。

4. 预估和推测

它指采用相应预测技术,选择适合的预测模型对未来的需求量进行的预估或推测。

2.2 可预测原理

未来为什么可预测?从理论上讲,世界上一切事物的运动与变化都是有规律的，只要找到这些规律，就可以预测未来——这是可预测最底层的原理。

除了这个底层原理外，可预测性还存在一些解释性原理。

笔者整理出的可预测解释性原理有三个，也只有三个：连续性、因果性和类比性。

2.2.1　可预测的连续性原理

客观事物在发展过程中，常常是随着时间的推移而呈现出连贯甚至连续变化的趋势。也就是说，客观事物的发展具有合乎规律的连续性，事物未来的发展趋向，同过去、现在的发展趋向，必然具有一定的联系。只要发现这个趋势，找到这个联系，就可以预测未来。这就是可预测的连续性原理。

连续性原理的主要支持理论是惯性原理。惯性原理是基本的物理规律，由此可以引申出，任何事物的发展与其过去的行为都有联系。过去的行为不仅影响到现在，还会影响到未来。

可预测的连续性原理所说的变化趋势，指预测对象的属性或指标的变化趋势。这些属性或指标并不是单一的，而是多方面的，比如变化方向、变化速度、变化周期等，都可能具有连续性。

可预测的连续性与时间密切相关。连续性会随着时间的推移而逐渐减弱。即近期的趋势对未来影响最大，远期的趋势影响较小，越远期影响越小。

2.2.2　可预测的因果性原理

种瓜得瓜，种豆得豆。种什么因，得什么果，这就是因果原理。因果原理是古代圣贤为我们揭示的真理之一。

任何事物的发展变化都不是孤立的，事物之间或构成一种事物的各种因素之间都存在着直接或间接的联系，存在着或大或小的相互影响、相互制约、相互促进的关系，存在着因果关系或相关关系。分析这些因果，找到这些关系，就可以进行预测。这就是可预测的因果性原理。

因果关系是事物之间普遍联系和相互作用的形式之一，必然性是因果关系的一种体现，即由因及果是一种必然。

然而在现实生活中，事情的发展变化不仅仅是必然性，还有更多的偶然性。不过，进一步分析时会发现，往往这些偶然性中，隐藏着必然性；必然性可以通过对偶然性的大量观察与分析而得出。可以这么说，偶然性是原因，必然性是结果，所有的偶然，其实都是必然。这种偶然与必然的关系，就是与因果关系紧密联系的一个词，相关关系。

相关关系是指两件事物之间、两个变量之间，当一个变量发生变化，另一个变量按某种规律在一定的范围内也发生变化；不过，变化的值存在不确定性，变化的结果是偶然的。

相关关系不等同于因果关系，相关是偶然的，因果是必然的；相关是不确定的，因果是确定的；相关性包含因果性。供应链的需求预测，面对的是相关关系，一般使用回归分析技术，对相关关系进行分析和预测。

另外，因果关系、相关关系不一定发生在两件事物、两个变量之间，可以产生多重因果、多重相关关系，这也是做多元回归分析进行预测需要面对的课题。

2.2.3 可预测的类比性原理

世界上很多事物具有相关性，同时，很多事物在发展变化上还可能具有一些相似的特征。社会、企业乃至家庭，过去、现在和未来，客观事物之间都可能存在着某种类似的结构和发展模式，存在着许多相似、类同的演变规律。找到这些模式和规律，就可以进行预测。即，可以根据已知事物的某种结构和发展模式，来预测与之相似或类同的事物的未来结构和发展模式。这就是可预测的类比性原理。

类比性原理就是采用类推或类比的方法进行预测，把已知事物的发展规律，类推到未知事物上去，对未知事物的前景做出预测。

类似，可以是相似，也可以是相反。对于需求预测来说，相同、相似、相反都是类似，都可以适用类比性原理。

例如，某企业准备对一个新区域进行市场开发，这时，需要预测这个区域的市场发展前景。全新的区域，怎么预测呢？可以找一个与这个新区域的各种特性相似或相近的已知区域，以已知区域的数据，来预测新区域的市场前景。这就是类比性。

2.3　需求预测的作用

某企业一直没有需求预测职能，生产计划主管觉得需求预测对自己的生产计划工作有很大的帮助，对企业的管理也有益，希望企业能够把需求预测做起来，于是向老板提出申请。

在回答老板对“需求预测有什么用”的疑问时，他找到一组数据，如图2-1所示。

他和老板说：如果预测准确率提升 10%，那么，订单交付率将提升 10%—15%，生产效率将提升 10%—15%，而物流成本将降低 15%—25%，库存成本降低 15%—30%，资金成本降低 15%—30%，采购成本降低 5%—10%。综合起来，企业利润将提升 5%—10%。

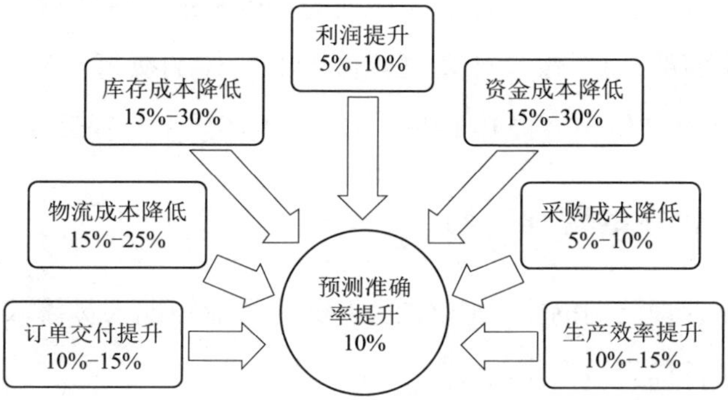

图 2-1　需求预测的作用

但是，这家企业的老板没有回复这位生产计划主管的申请，该企业的需求预测项目自然也没有启动。显然，老板对他的回答不满意。

那么，需求预测到底有什么用？怎样回答才能让老板满意呢？生产计划主管在提出上面一组数据的基础上，可以上升到企业管理的角度，需求预测在企业管理的执行、管理和战略三个层面起到的作用，甚至起到相当的作用。

2.3.1 在企业的执行层面

需求预测是供应链计划的基础和主要输入。供应链计划包括需求计划、库存计划(物料计划)、生产计划、采购计划等，这些计划都离不开需求预测和需求预测的数据。

可以这么说，如果没有需求预测，就不会有执行层面的计划。

比如，某款产品下一周需要安排多大的产能，需要储备多少物料，这些都需要以需求预测的数据为主要输入和依据进行分析与计算。再比如，因为有促销活动，企业预测下一周相关产品出货会大幅度上扬，这时，这些产品的生产计划、涉及这些产品的物料采购计划等都需要进行相应的跟进和调整。

当需求预测做得更准了(比如准确率提高 10 个百分点)，物料计划就会更准确，生产计划执行也会更顺畅，出货自然就会更及时。

回到前文生产计划主管的申请，生产计划主管可以这样和老板解释：需求预测是生产计划、采购计划等所有执行层面计划的基础和最关键的输入，没有需求预测就不会有执行层面的计划，没有计划也就做不好具体的执行。如果预测准确率提升 10%，那么，订单交付率将提升 10%—15%，生产效率将提升 10%—15%。

2.3.2 在企业的管理层面

需求预测在管理层面的主要作用是，能够为企业短期人员需求、生产能力分配及供应商产能储备提供数据支持。

比如，旺季到来，经预测，未来三个月的业绩会有 150%以上的增长，这时，企业需要为这可能到来的 150%增长提前规划和准备人员，准备产能以及准备物料(通知供应商产能储备)。

因为有预测数据支撑，各项工作就可以提前准备，从而提升效率和降低成本。

再回到前文生产计划主管的申请，可以和老板说：需求预测在企业的管理层面同样起作用，比如为企业短期人员需求、生产能力分配及供应商产能储备提供数据支持，从而提升企业效率和降低整体成本。当我们预测准确率提升 10%时，物流成本将降低 15％—25％，库存成本降低 15％—30％，采购成本将降低 5％—10％。

2.3.3　在企业的战略层面

在企业战略层面，需求预测能够为企业生产能力规划、供应商开发以及资金规划提供决策参考依据。

比如，根据预测，未来一两年，企业某款核心产品可能迎来技术进步的冲击，销量将大幅度下滑。这时，企业需要根据预测，提前调整战略方向，需要对未来的生产能力进行调整，需要整合或开发供应商，需要规划未来的资金需求等。

继续回到前文生产计划主管的申请，可以和老板说：不仅仅是企业的执行和管理层面，在战略层面，需求预测也一样可以起作用，比如，为企业生产能力规划、供应商开发以及资金规划提供决策参考依据。如果我们预测准确率提升 10％，那么，资金成本将降低 15％—30％，加上以上订单交付率、生产效率的提升，物流成本、库存成本降低、采购成本的下降，综合起来，企业整体利润将提升 5％—10％。

这样，生产计划主管经过三个层面向老板解释，并提出预测准确率提升 10％后的各种可能性和可见收益，想来老板会通过或至少考虑他的申请。

2.4　启动需求预测的三组概念

在供应链实践中，如果要真正地启动需求预测，除了了解上文所述的一些定义、原理和作用以外，还需要了解三组与需求预测息息相关的概念。

这三组概念是：预测的时间跨度与预测的时间间隔；预测层次与预测颗粒度；独立需求与相关需求。兵马未动，概念先行，本节将先介绍这三组概念。

2.4.1　预测的时间跨度

在需求预测的定义中，“未来某个时间段”指的就是预测的时间跨度。

它指对未来进行预测时所针对的时间段或时间范围。特别说明，时间跨度所说的是时间段或时间范围，而不是具体的时间点。比如，某企业需要对 2020 年全年的业绩进行预测,那么在这里,预测的时间跨度就是 2020 年 1 月 1 日至 2020 年 12 月 31 日的时间区间(一年)。

需求预测的定义说明,需求预测必须要有时间跨度(时间段)。没有时间跨度,就无法进行需求预测。

2.4.2 预测的时间间隔

它指进行两次预测之间的时间长度,即从这次做预测到下次做预测中间所经过的时间长度。

直观一点说,预测的时间间隔就是多长时间做一次预测。比如,每周做一次预测,那么预测的时间间隔就是一周。

预测的时间间隔和时间跨度所说的都是时间,但两者完全不一样。时间跨度指的是时间段,时间间隔指的是时间长度,两者没有必然的联系。

比如,每个月做一次预测,每次预测的任务是预测未来三个月的需求。那么,在这个预测场景中,预测的时间间隔是一个月,而预测的时间跨度为三个月。

2.4.3 预测层次

需求总得有一个主体。比如,A 产品的需求,“A 产品”就是这个需求的主体;华东销售大区的需求,“华东销售大区”就是这个需求的主体。

预测层次或者说预测层级,指需求的主体在整个市场范围内属于哪一个层次(层级)。预测层次一般按企业的组织或产品的类别进行展开。

在企业组织方面,如果对整个企业的需求进行预测,那么预测层次是企业;如果对华东区域的需求进行预测,那么预测层次是销售大区。

在产品类别方面,如果对 A 产品群的全部产品的需求进行预测,预测层次是产品群;如果对 A_1 这个具体产品的需求进行预测,预测层次是 A 产品群的具体的明细产品。

进行需求预测,首先需要知道需求的主体,否则,预测无从下手,得出的结果也没有任何意义。

2.4.4　预测颗粒度

颗粒度，可以简单理解为对象的详略程度。对于需求预测来说，预测颗粒度可以理解为预测对象的范围的大小程度。

预测对象的范围，包括两个方面：一是预测的时间跨度；二是预测的层次（层级）。又因为预测的层次包括组织和产品两个维度，所以，综合来说，在需求预测中，预测颗粒度体现在时间、组织和产品三个方面。

预测时间方面的颗粒度，指的是时间跨度的大小，时间跨度越长，预测的颗粒度越大。预测组织方面的颗粒度，指的是组织层级的高低，组织层级越高，预测的颗粒度越大。预测产品方面的颗粒度，指的是产品分类的粗细（大类与小类），产品分类越粗，预测的颗粒度越大。

通常情况下，预测颗粒度越大（预测对象的范围越大），预测的准确度就越高。这不难理解，比如，预测某款产品未来一个月的总销量，一般都会比预测这款产品在未来某一天的明细销量更准确；再比如，预测整个企业的总业绩，绝大多数情况下也要比分别预测某一销售区域某一款产品的业绩更容易。

因为预测颗粒度越高，预测的准确度就越高，所以，在需求预测实际应用中，如果大颗粒度预测能够解决问题，就没有必要对小颗粒度进行预测。这是需求预测的一个简单和基础性原则。本书将这个原则称为“预测的就大不就小原则”。比如，如果按周进行需求预测就可以满足交付及库存控制的要求，就没有必要花费更多资源对每一天的需求进行预测。

2.4.5　独立需求

独立需求和下文中的相关需求指的都是需求的类型。

独立需求（Independent Demand），当对某项物料的需求与对其他物料的需求无关时，称这种需求为独立需求。比如，最终产品的需求，用于进行破坏性测试的零部件需求，以及维修零部件的需求都是独立需求。

独立需求的关键词是“独立”，指这个产品（或服务）的需求与其他产品没有关联，是完全独立的。最典型的就是最终成品的需求。

独立需求的需求量是由市场决定的，需求预测面对的就是独立需求。

2.4.6 相关需求

相关需求是与独立需求相对的概念。

相关需求(Dependent Demand)，指与其他物料或最终产品的物料清单结构直接相关或从中导出的需求。由此可以看出，相关需求经计算得出，不需要也不应该由预测得出。

相关需求是依赖独立需求而产生的需求，是经计算得出的需求。说得直白一点，独立需求经客户下单(或需求预测)而来，而相关需求则是在确定独立需求之后，根据相关规则，如物料清单(BOM)依独立需求经过计算而来。比如，企业的最终产品的需求是独立需求，生产这些最终产品的物料需求是相关需求，最终产品的需求来源于客户订单(或需求预测)，物料需求由独立需求经 BOM 计算而得到。

需要指出的是，独立需求与相关需求的区分并不绝对，给定库存物品在任一给定时间可同时具有独立需求和相关需求属性。比如，一种零部件可以作为组装部件，同时也可以作为备件直接用于销售。

2.5 需求预测与销售预测、销售目标、销售计划的区别

有位销售经理，首次参加公司的销售会议，当会议演示下个月各个销售区域的预测时，他坐不住了。因为，他发现自己负责的区域业绩数额比他预期的大很多。他想，这个数太大了，如果没有公司相关政策支持，自己一个新人肯定做不了。就这样，他一直患得患失着。

显然，这位经理将销售预测当成销售目标或销售任务了。

不仅这位销售经理，职场上有很多人也不能很好区分销售预测、销售目标和销售计划。这些人不仅仅来自销售和供应链之外的部门，有时销售部甚至计划人员

自己，都经常混淆这三个概念，以致在工作中造成不必要的沟通成本和损失。

2.5.1 销售预测与需求预测的关系

在说明销售预测、销售目标与销售计划的异同之前，先说明一下销售预测与需求预测的关系。

从广义的角度讲，需求预测与销售预测不一样，需求预测包含了销售预测。需求不仅仅是终端的销售需求，还包括其他各方面的需求，比如产品研发需求、生产物料需求等。

但在狭义的角度，销售预测与需求预测就是一回事，因为销售面对的就是需求，包括物料和产品在内，企业所有的需求都由销售需求而衍生。

所以，在需求预测的研究中，如果没有特别说明，一般认为销售预测就是需求预测。本书对销售预测和需求预测也不进行区分，统一称之为需求预测。

2.5.2 销售预测、销售目标与销售计划

销售预测（需求预测），指特定的一系列条件下，对未来某个时间段需求量的预估和推测。

销售目标，指销售团队在一定时间内需要达到一定量的销售业绩或销售数量。销售目标一般针对某一类产品、某一销售区域或事业部而设定。

销售计划，指为实现销售目标或销售预测而采取的一系列专门的管理行动、策略、措施和步骤，以及这些管理行动、策略、措施和步骤的明确规定和详细说明，是指导企业在一定期间内进行产品销售活动的行动规划和行动方案。

（1）销售预测是客观的，销售目标是主观的，而销售计划则是两者的行动方案。

例一：公司的某款产品，根据历史销售数据及各项市场信息，如促销等，预测下个月的销售出货量为8 000套，这个8 000套就是销售预测。

销售预测是以收集到的数据经分析和计算得出来的，是根据特定的一系列条件，采取一定的技术和方法计算分析而得出的，是客观的。销售预测是市场无约束需求的真实反映，不以高层管理人员的意志而转移，不受不同利益部门的干预。

例二:承例一,如果销售总监觉得该款产品下个月势头不错,他非常看好,于是给销售团队下达任务,该款产品下个月要求完成 9 000 套的业绩,这个 9 000 套就是销售目标。

销售目标是人为设定的目标,是主观的。销售目标是根据团队整体目标和策略而确定,常受高层管理人员的意志影响及不同利益部门的干预。

例三:承例二,销售总监召开会议,讨论为达成 9 000 套的销售目标而需要采取和制定的行动方案,比如,促销细节等,这个行动方案就是销售计划。

制订销售计划的根本动机是要达到或超过既定的目标或预测量,它不是去预测未来的需求数量,也不是确定目标。

(2)销售预测和销售目标有强相关性,但在数量上销售预测不等于销售目标。

销售目标可以比销售预测多,比如,上面例子中 9 000 套大于 8 000 套,增大的部分需要采取相应的策略来实现,如加大促销力度,增加新品计划等。销售目标也可以比销售预测少,减少的部分可能是公司因各种需要撤出了原计划的部分资源投入。

不管销售预测比销售目标是多还是少,都需要有相应的措施来应对,而确定这些应对措施的过程,就是制订销售计划。

(3)销售预测与销售目标、销售计划有先后顺序。

一般是先有预测,再有目标,最后才有计划。

例四:某公司华东销售大区需要设定下个季度的销售目标。这时,相关管理人员首先要做的,是查看下个季度华东大区的销售预测,再根据销售预测综合考虑其他因素,如资源分配与投入等,经综合评估再设定销售目标,最后,根据销售目标,制订具体的销售行动方案与销售计划。

或许有人会说,没有销售预测还不是一样设定销售目标、制订销售计划(很多企业的销售团队就这么干的)?这其实不然。就算没有专门的销售预测,大家在设定销售目标时,往往也不是直接"拍脑袋"拍出一个数字。这时,大家做的一般是查查历史数据,看看下个季度的市场环境,再探探公司对华东大区的市场支持,听听产品部门、供应链管理等专业人员的意见,再来设定销售目标。这些查查、看看、探探、听听，其实就是需求预测的过程。

销售目标在销售预测的基础上做出，销售计划在销售目标的基础上做出。先有销售预测，再有销售目标，最后才有销售计划。

(4)销售预测的评价指标是准确率，销售目标的评价指标是达成率，销售计划的评价指标是执行率(达成率)。

例五：公司预测人员对某家门店未来某个月的业绩进行预测，预测这个月业绩 100 万元，但最后这个月实际业绩为 150 万元。100 万元和 150 万元差距太大，显然，这个预测很不靠谱(预测准确率低)，这位预测人员的绩效不佳。

例六：承例五，当初，公司的这家门店在销售预测出来的时候，他们直接以预测数据当作销售目标(即 100 万元)，最终经大家一起努力，实际达成了 150 万元，门店及公司皆大欢喜。因为，销售目标的达成率远远超标了，销售人员(门店)的绩效非常不错。

例七：承例六，公司为这家门店能够实现 100 万元的销售目标，制订了一系列行动方案(销售计划)，其中有一项为搭赠活动。但实际上，那个月，搭赠的赠品一直未到位，后门店改为折价促销。这代表该公司销售计划的执行情况不理想，计划执行率偏低。

关于以上评价指标，各用一句话形容：销售预测考核的是预测得准不准，销售目标考核的是目标有没有达成，销售计划考核的是按没按计划执行。

学以致用

学习：

用自己的话解释需求预测的概念与可预测原理。

思考：

为什么不能将销售目标当作销售预测？

应用：

找出公司中全部的独立需求。

第 03 章　需求预测的分类

预测涉及的范围非常广泛，按照不同的维度对预测进行分类，以便细化的深入研究。

需求预测尽管是预测的一个细分类别，但它的范围也同样广泛。为了便于研究和管理，更好地将需求预测应用于供应链管理实践，同样需要对需求预测进行分类或再分类。

如图 3-1 所示，给出了需求预测分析的分类图。详细内容将在各节介绍。

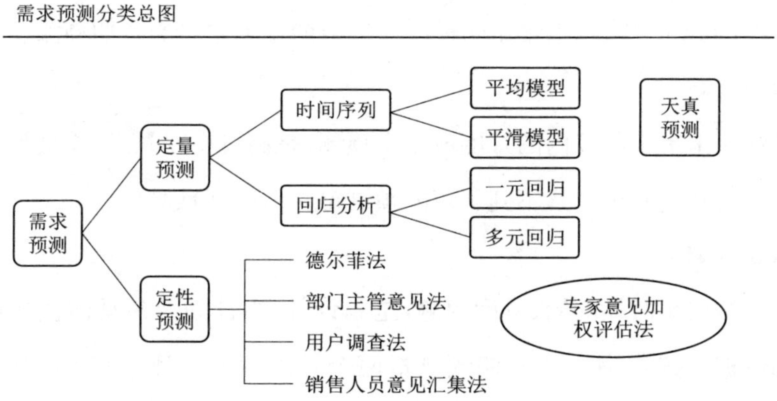

图 3-1　需求预测分类总图

3.1 需求预测的分类方式

需求预测的分类方式有很多种,但对于供应链管理从业者来说,只需要知晓两种分类方式:按预测的时间跨度分类和按预测方法分类。

3.1.1 按预测的时间跨度分类

按此种方法分类,可以将需求预测分为长期预测、中期预测和短期预测三大类。

按照目前流行的思路,短期、中期、长期预测的划分,一般以 1 年、3 年为界限,即一年以内为短期,1—3 年为中期,3 年以上为长期。但当今是 VUCA 时代,每个方面都在快速变化,笔者认为,长、中、短期的划分标准也需要同步变化。所以,笔者将预测的短期、中期、长期划分,采用如下的标准进行划分。

1. 长期预测

它是针对较长时期的前景预测,是企业制订长期发展规划的重要参数和数据来源。在 VUCA 时代,本书将 1 年或 1 年以上的预测定义为长期预测。

2. 中期预测

它是针对未来 1 年以内的月度或季度预测,是制订企业月度、季度计划的数据来源。本书将超过两个月且不到 1 年的预测定义为中期预测。

3. 短期预测

它是针对较短时期的周、月度预测,是制订月、周计划及各具体执行计划的数据输入和依据。按本书中的短期预测指两个月以内的预测,一般为周预测或月预测。

3.1.2 按预测方法进行分类

按预测的方法,可以将需求预测分为定量预测和定性预测两大类。

1. 定量预测

它是运用数学或统计方法，将历史数据及相关信息建成一定的数学模型，再找出影响未来趋势的内在规律，最终得出预测结果的方法。

定量预测是客观的预测方法，以数据为基础，一切以数据说话。定量预测侧重于解释过去。它主要包括以内生数据（也就是历史需求数据）为分析对象的时间序列预测法，和以外生数据（或称解释性数据，比如促销）为分析对象的回归分析预测法。

时间序列预测法主要分为平均法和平滑法两种，其中，最常用的平均法是移动平均法，最常用的平滑法是指数平滑法。回归分析法在实际预测中应用的基本为线性回归分析法，根据自变量的不同，线性回归分析法又分为一元线性回归和多元线性回归。

2. 定性预测

定性预测也称主观预测，或判定预测，它不仅是一个预测方法，也是一个管理过程，是一个将有丰富经验人员的意见、经验以及直觉转变为正规预测结果的管理过程。这些有丰富经验的人员，一般包括计划人员、销售人员、公司主管和内部、外部专家等。

定性预测是主观的预测方法，以人的判断为基础，简单地说就是“拍脑袋”。但它又不是单纯的“拍脑袋”，它是一个管理过程，是将有丰富经验和相关能力人员的意见、经验以及直觉转变为正规预测结果的过程（这些有丰富经验的人员一般包括计划人员、销售人员、公司的主管和内部、外部专家等）。

定性预测侧重于预测未来而不是解释过去。

3.2　时间序列的四种模式和两种分解方式

一些供应链从业人员或与供应链管理相关的人员，可能多次听到过时间序列，但是却不知道时间序列到底是什么。

时间序列，指将同一统计指标的数值按其发生的时间先后顺序排列而成的数列。而时间序列预测法，是基于时间序列的预测技术（方法），通过对预测目标本身时间序列的处理,来研究目标依时间变化的规律,用以预测未来的分析方法。

简单来说,时间序列预测法就是以时间序列为分析对象,而进行预测的一种预测方法。时间序列分析技术的显著特点是"内生性",考虑的仅仅是过去历史的需求数据,通过深入分析一段时间形成的实际需求序列,来发现和识别历史需求的隐藏模式,从而进行预测。

3.2.1 时间序列的逻辑假设与前提

时间序列方法建立的前提是,未来的需求模式将类似于过去的需求模式。时间序列预测法认为并假定,数据在时域上具有一定的相互依赖关系,时间序列的态势具有稳定性或规则性,时间序列可以被合理地顺势推延,即需求模式会持续到将来。

找到这种规则性和顺势推延的趋势,就可以得出预测结果。

3.2.2 时间序列的四种基本模式

时间序列一般分为四种基本的模式,无论采用哪种时间序列分析技术,都是检验这四种基本模式的一种或几种。这四种基本模式分别是水平、趋势、季节性和噪音,如图 3-2 所示。时间序列的这四种模式,也称作时间序列的四个具体的元素,对过去时间序列这些模式或元素的识别,就是时间序列分析。

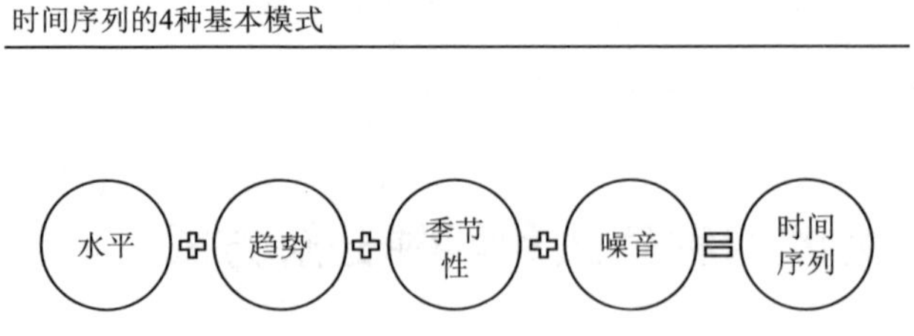

图 3-2　时间序列的四种基本模式

其公式为:

时间序列 $Y=f$(L 水平,T 趋势,S 季节性,N 噪音)。

(1)水平(Level),是需求历史数据的基准线(地平线),或者说是在没有趋势、季节性和噪音的情况下，需求应该表现出来的模式和状态。

(2)趋势(Trend)，指需求沿着时间的进度连续增加或连续减少的形态。这种连续增加或连续减少可以是直线的，也可以是曲线的，即有直线趋势，也有曲线趋势。

(3)季节性(Seasonality)，指需求在一定的周期内，需求增减重复出现的形态。即高需求出现在周期的某个时期，而低需求出现在另一个时期，并且每年不断重复出现相同的情况。比如，饮料在夏天需求旺盛，巧克力在冬季需求较高等。季节性是指“在一定的周期内”，在供应链管理中，往往也将季节性称作周期性。

(4)噪音(Noise)，又称随机性或非解释性差异(不可解释误差)，是指需求的随机波动，或者是时间序列技术无法解释的波动，它是时间序列的不规则构成部分。

3.2.3　时间序列的两种分解方式

两种不同的运算方法可作为时间序列分解的方式，这两种方法就是最传统最易于理解的加法和乘法。

(1)加法运算，将水平、趋势、季节性和噪音等四种元素加总到一起，即时间序列 $Y=f(L+T+S+N)$。

(2)乘法运算，将水平、趋势、季节性和噪音等四种元素相乘，即时间序列 $Y=f(L\times T\times S\times N)$。

一般来说，如果季节性变化随着需求数据的大小而波动，即季节性变化与产品需求的变化成比例关系，使用乘法。如果季节性大小不随需求数据的大小影响而变化，即季节性变化与产品需求的变化无关或关系不大，那么使用加法更为合理。

时间序列的四种基本模式中，水平、趋势和季节性一般称之为有规律或有依赖关系的时间序列，而噪音的典型表现就是无规律，无依赖关系，称之为无规律的时间序列。

所以，时间序列等式可以调整如下。

(1)加法：时间序列＝水平＋趋势＋季节性＋噪音＝有规律的时间序列＋无规律的时间序列。

(2)乘法：时间序列＝水平×趋势×季节性×噪音＝有规律的时间序列×无规律的时间序列。

3.3　时间序列预测法的分类

最常见的时间序列分类是，将其分为随机漫步法（天真预测）、平均法和平滑法；另一种分类方法是将时间序列技术分为，开放模型时间序列技术和固定模型时间序列技术。

其中，最简单的是天真预测法，最常见的是平均值预测法，使用最广泛的是平滑预测法。

其分类明细如图 3-3 所示。不过，因为天真预测过于“天真”，实践中，一般忽略天真预测法，仅将时间序列预测法分为平均值预测法和平滑预测法两大类。

时间序列预测法分类图

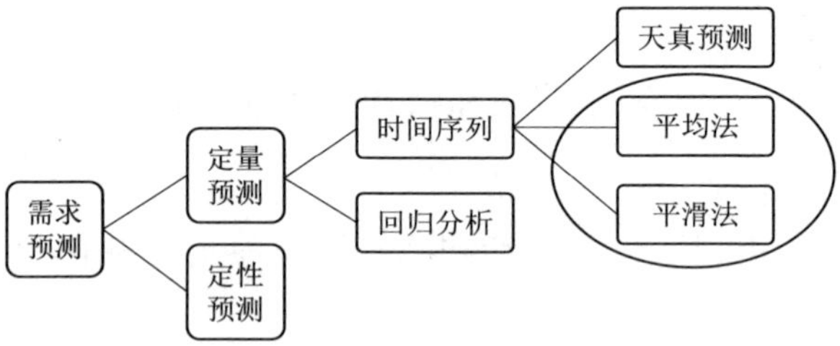

图 3-3　时间序列预测法分类图

3.3.1　随机漫步法（天真预测）

随机漫步法（天真预测）被称为朴素模型。其思路是，假定未来的需求将完全复制过去的模式，因此有时也被称作无变化模型。因为，它预测未来的结果和过去观察到的实际结果完全一样，没有变化。

但市场是动态变化的，认为未来和过去完全一样当然过于天真，于是将这种随机漫步法称为天真预测。无疑，这是一种最单纯、操作最简单、成本最低廉的预测方法。

天真预测最早由统计学家塞尔提出，他认为，没有比直接将前一个月的实际销售量作为后一个月的预测销售量更容易的事。他又提到，如果其他技术均不能比这最容易的技术提供更好的预测，我们为什么不使用简单的技术呢?!

本书非常认可这种观点，如果我们使用其他较复杂的预测技术，提供的预测结果并不比天真预测法好，那么，就可以直接使用天真预测法!

3.3.2　平均法

较常见的时间序列预测法是平均法，即平均值预测法。它是将以前各期的平均值作为下一期预测值的预测方法。平均法也是最基础的时间序列分析方法，或者说，所有的时间序列技术本质上都是平均法。

因简单的平均方法不考虑趋势与季节性，且对需求的反应滞后，缺点明显，所以为了克服平均值方法的缺点，其他各种时间序列方法就因此而发展起来。

平均法的具体方法有很多种，本书将其分为数学方法、物理方法两个大类。其中，数学方法主要包括:算术平均、几何平均、调和平均和平方平均。物理方法主要包括:移动平均、加权平均、移动加权平均和中心移动平均。

算术平均是最常用的最基础的求平均方法。几何平均是将各数据相乘再开数据个数次方。比如，5 个数据求几何平均，先将 5 个数据相乘，再开 5 次方。调和平均是各数据倒数的算术平均数的倒数，即先将全部数据求倒数，再将所有的倒数求算术平均数，最后将求出的算术平均数求倒数，得到调和平均数。平方平均也就是均方根，是将所有数据平方的平均再开根号。

不过，平均法预测中，用得最多的是移动平均和移动加权平均。中心移动平均可以简单理解为对移动平均的再平均，比如以 4 期为周期做移动平均，每移动一期，就会得出一个移动平均数，然后再将这些求出的移动平均数求算术平均，就得到中心移动平均值。

平均分析的数学方法和物理方法可以综合使用，比如移动几何平均，加权调和平均等。另外，多种分析方法也可综合使用、综合评价。

需求预测中最常用的平均法是移动平均法。本篇的第 5 章前两节将重点讲述移动平均法。

3.3.3 平滑法

平滑法是使用较广泛的时间序列预测法。平滑法也是一种特殊的平均方法。本书将平滑法单列说明,正是因其特殊性,是为了将它与普通的平均方法相区分。

平滑法的具体分析方法也有很多种,比如,一次指数平滑法(也称指数平滑法 Exponential Smoothing)、自适应指数平滑法、Holt 双参数指数平滑法、Holt-Winters 三参数指数平滑法等。

需求预测中最常见的平滑法是一次指数平滑法。第 5 章第 3—7 节将详细讲述多种指数平滑法。

3.3.4 时间序列技术的另一种分类方法

按照时间序列技术如何区分“时间序列的 4 种模式(水平、趋势、季节性和噪音)”,又可以将时间序列技术分为两大类:开放模型时间序列预测和固定模型时间序列预测。

前者是通过分析时间序列中存在的 4 种模式,建立针对分析结果的唯一模型来进行预测。后者则先假设时间序列中存在(或不存在)4 个模式中的一种或几种,再进行建模预测。

用一句话描述两者的区别:开放模型时间序列预测是先建模后分析,固定模型时间序列预测是先分析后建模。

存在多种不同的开放模型时间序列技术,比如,分解分析技术、谱分析技术、傅里叶分析技术、自回归移动平均分析技术等。使用开放模型时间序列技术进行预测,需要大量的历史数据,并且分析过程非常复杂,对使用者的技术要求非常高。并且最关键的是,它预测的结果并不一定比固定模型时间序列技术表现更好。

所以,对于供应链管理的需求预测来说,笔者不建议使用开放模型时间序列技术进行预测。使用固定模型时间序列技术,完全可以满足供应链管理中进行需求预测的需求。

上文中的平均法、平滑法都属于固定模型时间序列预测法。

3.4　回归分析预测法及其分类

回归分析的方法有数十种，对其的分类方式也很多，回归分析的分类需要从多个维度进行。不过，本书介绍的是需求预测所需要的回归分析，采用相对简单的方法即可。

所以，对于岭回归、Lasso 回归、泊松回归等复杂的回归，本书不做介绍，仅介绍线性回归。

3.4.1　按回归线的形状分类

回归方程（函数表达式）的表现形状一般有两种：直线和曲线。将以直线形态表现出来的回归称为线性回归，以曲线形态表现出来的回归称为非线性回归（或称曲线回归）。

因回归线的形状源自回归方程，所以，这种分类方法实际上是按照自变量和因变量之间的关系来进行分类的方法。

线性回归分析是最常用的回归分析，通常也是人们在学习预测时首选的技术之一。因为，线性回归是回归分析中第一种经过严格研究并在实际应用中广泛使用的类型。

在供应链管理实际场景中，用于需求预测的回归，大多数也是线性回归。

3.4.2　按自变量的个数分类

回归分析预测法，因变量只有一个，但自变量可以是一个，也可以是若干个。按自变量的个数不同，将回归分析分为一元回归分析和多元回归分析。

一元回归分析是只有一个自变量的回归分析，是指因变量 Y（预测变量）依赖单一自变量 X（解释变量）的回归分析，又称为简单回归分析。

多元回归分析指有两个或两个以上自变量的回归分析，又称重回归分析或多重回归分析。当然，也有人将只有两个自变量的回归分析称为二元回归分析。

影响需求的因素只有一个是一种非常理想的状况。在实际需求预测中，影响需求的因素很多，只有一个自变量的情况很少，可以说几乎不存在。所以，在实际预测场景中，多元回归分析是需求预测的主阵地。

3.4.3　按因变量的类型分类

除以上两种回归分析分类外，还有一种按因变量的类型分类，这种分类下，回归分析都比较复杂，且实用性不强，本书不做深入探讨，只简单介绍一下 logistic 回归分析（逻辑回归）的概念。

在做需求预测时，无论是一元回归分析，还是多元回归分析，无论是线性回归分析，还是曲线回归分析，预测的都是需求量，即预测的结果是数值。而 logistic 回归分析不一样，它是对事情发生的概率进行预测的一种分析方法。比如，我们需要预测未来业绩的趋势，经过 logistic 回归分析，得出未来有 80％的概率业绩会上升的预测结果。

logistic 回归分析也是一种曲线形式，如图 3-4 所示。它其实是一种特殊的曲线回归分析，取值在 0—1 之间（即概率百分比）。

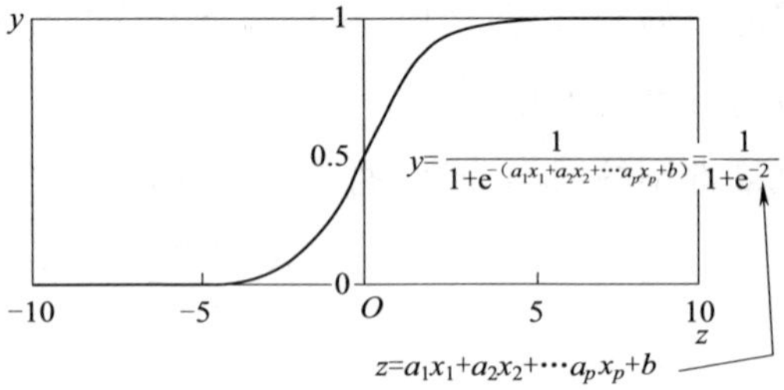

图 3-4　logistic 回归分析

3.4.4　回归分析分类类型的组合使用

上文介绍了三种回归分析的分类，它们可以两两组合使用。比如一元线性回归分析。多元曲线回归分析、多元 logistic 回归分析等。在这些常见的回归分析方法中，线性回归最为常见。线性回归也是当前研究最多，使用最为普遍，为人容易理解的研究方法。

而在需求预测中，使用最多，实用性最强的是多元线性回归分析。但是，要学会、用好多元线性回归分析，学好一元线性回归是基础。而 logistic 回归分析，在供应链的需求预测中往往用不上。所以，用于需求预测的回归分析，一般只采用一元线性回归和多元线性回归两种。

3.5　常见的定性预测方法及应用范围

定量预测是客观的预测方法，是以数据为基础经过分析与计算得出预测结果的预测方法。但在实际场景中，无论是时间序列分析还是回归分析，定量预测都对商业运行环境的突变无能为力。比如，2020年新冠肺炎疫情带来的影响和冲击，时间序列分析和回归分析都不能预知和把握。

而定性预测法则主要依靠具有经验和感知能力的内、外部专家，以主观判断来完成。它的主要优点是，具有应对商业运行环境突变或预测销售模式变化的能力，这正好弥补定量预测的不足。

但定性预测毕竟是"拍脑袋"，受参与预测人员自身能力的限制和主观因素的影响(比如锚定效应)，不适宜广泛应用。除了上面提到的应对市场环境突变以外，定性预测主要用于没有历史数据的新产品或新市场的需求预测，也可用于企业计划中的中长期预测，以及定量预测后的定性调整等方面。

常见定性预测方法有4种。

3.5.1　德尔菲法(Delphi Method)

它又称专家意见法，或专家调查法，是根据有专门知识(能力)的人的直接经验进行预测的一种定性方法。它将专家意见经过多次反复综合起来的定性预测方法，每次反复的结果均用于下一次，以便整合专家意见(GB/T 25109.1—2010 企业资源计划 第1部分 ERP术语)。

德尔菲法的优势之一是，每一位专家都可以依自己的判断提供预测，而不受"核心人物"和"集体思维"的影响，使预测结果更为合理，特别适合于中长期预测。

3.5.2　部门主管意见法(Jury of Executives)

它也称部门主管集体讨论法、管理人员意见法、主管人员意见审核法等，是将相关部门的主管人员,比如,销售、市场、供应链、财务等,聚集到一起,对预测事项共同讨论并得到一致的意见,从而得出预测结果的一种预测方法。

部门主管意见法是定性预测中使用较为广泛的一种,原因是,这个方法实施起来比较容易,不需要准备详细的信息与数据(或数据对未来参考性不强),适合新品预测和针对产品群(族)的中长期预测。

3.5.3 销售人员组合法(Sales Force Composite)

它又称销售人员意见汇集法或销售人员意见法,是利用企业销售(配送)人员的经验和直觉对未来进行预测的一种定性预测方法。

由于销售人员一般都很熟悉市场情况,因此,这一方法在数据相对缺乏时具有一些显著的优势,比较适合新市场预测。

3.5.4 用户调查法(User Survey)

它是指销售人员通过信函、电话或者访问的方式,对现实的或潜在的客户进行调查,得到客户反馈的各种信息,然后将这些信息进行综合整理并进行预测的定性预测方法。

用户调查法的优点是,预测数据来源于顾客调查,能较好地反映市场需求情况,但在实践中,并不建议用于需求预测。

3.5.5 专家意见加权评估法

以上 4 种定性预测方法是目前较常见的,但实际中,这些方法都过于主观和单调,可操作性及实用性均不是很强。基于此,笔者提出一种以加权的思路,进行汇集专家意见的定量与定性相结合的预测方法,并将其命名为专家意见加权评估法。

其思路是给予不同的专家不同的权重,再按权重对专家给出的结果进行加权平均,得到预测结果。

本书第 7 章,将专门介绍定性预测方法,其中有一节讲述专家意见加权评估法。

学以致用

学习：

画出需求预测分类总图。

思考：

时间序列与回归分析的区别。

应用：

从正常的功能看，哪些预测方法适合你们公司？

第 04 章　需求预测的评价指标与预测成本

按国标的定义，需求预测是运用科学的方法和模型，根据历史数据，对未来的需求作出定性和定量的估计。从这个定义看，需求预测是一门技术，但是，在供应链管理实践中，需求预测不仅仅是一门技术，它也是一个管理过程，是对整个预测进行计划、组织、协调和控制的管理过程。

为了更好地实现管理目标，在需求预测这个管理过程中，需要对需求预测的过程和结果进行评价，以确认需求预测做得好不好（准不准）；同时，也能发现预测有没有偏离，预测有没有作用，以便及时预测纠偏，更好地进行下一步需求预测。这些对过程与结果进行的评价，都需要用到一些指标，也都需要指标来体现。

另外，对预测的评价还有一个重要的维度：预测成本。预测成本看起来很好理解，其实并非如此。本章第 2 节，将会讲解预测成本概念、常见误区以及如何降低预测成本。

4.1　预测统计误差术语与评价指标

预测时误差总是存在的。一般情况下，对于需求预测的评价，人们习惯于评估预测的准确性，其实，需求预测真正需要评估的是预测误差。只有合理评估了预测误差，才能更好地解释预测偏差，才能不断地减少预测偏差，从而更好地提升预测准确率。

评估预测误差有三类指标：第一类是评估预测误差方向的指标，也就是评估其多预测了还是少预测了，其典型的特征是误差数值有正有负，以数值的正负代表方向；第二类是评估预测误差幅度的指标，也就是评估预测与实际偏离了多少，偏差有多大，这一类指标为了消除正负抵消的影响，一般采用绝对值或平方的方法来去除负数；第三类是同时评估预测误差方向和误差幅度的指标，是由第一类和第二类组合而成的指标。

另外，评估预测误差还有一个指标：预测技术准确率标杆。这是专门评估所采用的预测方法合不合理的指标。

当然，第一类指标除了以正负代表方向外，其数值本身也有表示误差幅度的作用，指标的使用主要依使用场景而定，不要囿于分类本身。

4.1.1　评估误差方向的指标

1. 预测误差（Error，E）

它也称预测偏差，是指预测的需求量与实际需求量之间的差异。预测需求量比实际需求量大就是多预测了，比实际需求量小就是少预测了。

预测误差的计算有两种方法，第一种是用预测值减去实际值，第二种是用实际值减去预测值。在实际工作中，这两种方法都可以采用，不过笔者建议使用第一种方法，因为这样得出的值与大家的日常习惯相吻合。

按预测值减去实际值，预测误差的计算公式：

预测误差 E=预测需求量 Forecast－实际需求量 Sales($E=F-S$)。

2. 游动误差总和（Running Sum of Forecast Error，$RSFE$）

预测误差 E 计算的是单独某一期的误差，但是，实际需求预测场景中，往往不会只对单独的某一期进行预测。预测往往是一个持续的过程，是一项持续的工作。这时，需要计算一定时间段内总的预测误差。

游动误差总和又称预测误差滚动和，即某一段时间内的预测误差的总和，是预测误差的累计数，也有正负之分，据此表示预测误差的偏离方向。

游动误差总和公式：游动误差总和 RSFE $=\sum_1^n E=\sum_1^n(F-S)$。

式中，E 为每一期的预测误差，n 为期数。

3. 总误差（Error Total，ET）

这是与游动误差总和一样的指标，它们解决的问题和计算方法完全相同。所不同的是，游动误差总和计算的是一个时间段的误差之和，而总误差计算的是全部时间的误差总和。

4. 平均误差（Means Error，ME）

与总误差、游动误差总和一样，平均误差也是反映某一段时间内的预测误差的指标，不同的是，总误差与游动误差总和采取的方法是求和；而平均误差 ME 采取的方法是求平均。

平均误差是指某一段时间内预测误差的平均值。

计算公式：平均误差 $ME=\frac{\sum E}{N}=\frac{\sum(F-S)}{N}$。

5. 百分误差（Percent Error，PE）

以上 4 个指标是以绝对数值表示误差，百分误差则是以相对数值（百分比）表示误差。百分误差是指预测误差与实际需求的比值。

计算公式：百分误差 $PE=\frac{E}{S}=\frac{F-S}{S}\times 100\%$。其中，$F$ 为预测需求量，S 为实际需求量。

百分误差是以预测值做分母还是以实际值做分母有一定的争议，有人说预测值做分母好，能更好地体现预测准不准。也有人说百分误差计量的是实际表现得好坏，应该以实际值做分母。这两种说法都有道理，具体采用什么方法没有对错之分，只根据实际需要解决的问题而选择。不过，不管是采用哪个做分母，只要选择了，就不要再改变。

笔者建议采用实际需求量为分母，原因是，百分误差评估的预测与实际的差异，重点在实际。

另外，百分误差存在两种异常情况。

(1)当预测值等于 0 时,不管实际值是多少(只要不等于 0),根据其公式,百分误差都是-100%,这显然不客观。比如,当期预测值为 0,实际发生 1 和实际发生 100,计算下来百分误差都一样是-100%,这显然不客观。

(2)当实际需求等于 0 时,百分误差无法计算(零不能做除数),或者实际需求不等于 0 但趋近于 0 时,百分误差会被大幅度放大,这也很不客观,对百分误差失去意义。

百分误差的这两种情况较少出现,尤其是做需求预测时,为极低概率事件或特殊事件。实践中,笔者建议不用专门对这两种情况进行规则设计或处理,当确实发生这两种情况时,具体问题具体分析即可。事实上,做预测的目的是解决问题,当需求可能为 0 时,就没必要做预测了。

6. 平均百分误差(Mean Percent Error,*MPE*)

前面提到过,预测不会是单独某一期的预测,在实际需求预测场景中,预测往往是一个持续的过程,是一项持续的工作,需要计算某一段时间内的预测误差。

百分误差是单独某一期的误差,平均百分误差则是某一段时间内平均百分误差的平均值。

计算公式:平均百分误差 $MPE=\frac{\Sigma PE}{N}=\frac{\Sigma\frac{F-S}{S}}{N}\times100\%$,即 N 期的百分误差求平均数。

4.1.2　评估误差幅度的指标

1. 平均绝对误差(Mean Absolutely Error,*MAE*)

因为每一期的预测误差可能有正有负,用平均误差计算预测水平时,正负往往会抵销,造成数据失真。比如,有两组三期的预测误差数据,第一组预测误差分别为 10、20 和 30,第二组预测误分别为-120、60 和 60。我们计算平均误差,发现第一组 $ME=20$,而第二组 $ME=0$,数据显示第二组比第一组更准确,这显然与事实不符。

为了克服平均误差这种正负相互抵消的缺点,人们引进了绝对值的概念,提出平均绝对误差（MAE）。

平均绝对误差先考虑每一期预测误差的绝对值，即将每一期预测误差先取绝对值，再求平均数。

计算公式：平均绝对误差 $MAE=\frac{\Sigma \mathrm{ABS}(E)}{N}=\frac{\Sigma \mathrm{ABS}(F-S)}{N}$。

式中，E 为每一期的预测误差，ABS 为求绝对值公式，N 为总的期数。

承上例，第一组平均绝对误差 $MAE=20$，第二组平均绝对误差 $MAE=80$，从平均绝对误差可以看出，第一组远好于第二组，比较符合实际。

2. 误差平方和（Sum of Squared Errors，SSE）

误差平方和是为了克服平均误差这种正负相互抵消的缺点，采取的方法是，先将每期的误差求平方，再将求出的各期平方进行求和。

其公式为误差平方和 $SSE=\Sigma(E^2)$，E^2 即每一期的误差求平方。

误差平方和有两种功能：一是求平方可消除正负影响，即为了克服正负误差相互抵销；二是经平方后可以放大误差，等于对较大的误差给予较大的权重。

3. 均方误差（Mean Squared Error，MSE）

误差平方和表现出来的结果很不直观，并且其数值会随着数据量的增大而增大。为改善这一问题，就引入了均方误差。均方误差是对每期的平均求和后再求平均。

公式：均方误差 $MSE=\frac{\Sigma E^2}{N}$，因为 $\Sigma(E^2)=SSE$，所以均方误差又等于误差平方和除以总期数。

均方误差通过误差平方的方式，解决了正负抵消的问题；也通过平方方式，放大了误差；同时，又通过求平均方式，解决了期数越多误差平方和越大的问题，并使数值更加直观。

4. 平均绝对百分误差（Mean Absolute Percent Error，$MAPE$）

这是为了克服平均百分误差正负值相互抵消而引入了的指标，也称为平均绝对误差百分率。它的逻辑是将百分误差先求绝对值再进行平均。计算公式：平均

绝对百分误差 $MAPE=\frac{\Sigma \text{ABS}\frac{F-S}{S}}{N}\times 100\%$。平均绝对百分误差计算过程请见表 4-1。

平均绝对百分误差 $MAPE$ 是对需求预测准确率评价的最常用也是最有效的指标后续章节中将详细介绍这个指标。

表 4-1　平均绝对百分误差计算过程

计算步骤	计算项目	计算公式	说明
1	计算误差	$=F_t-S_t$	预测值减去实际值
2	计算绝对误差	$=\text{ABS}(F_t-S_t)$	误差的绝对值
3	计算绝对百分误差	$=\text{ABS}(F_t-S_t)\div S_t\times 100\%$	绝对误差占实际值的百分比
4	计算平均绝对百分误差 $MAPE$	$=\frac{1}{n}\sum_{t=1}^{n}\frac{\lvert F_t-S_t\rvert}{S_t}\times 100\%$	各期绝对误差的平均值

备注：F_t 为预测值，S_t 为实际值，t 为时间段。

5. 加权平均绝对百分误差（Weighted Absolute Percent Error，*WAPE*）

平均绝对百分误差 $MAPE$ 计算评定的是单个 SKU 的需求预测误差，但实际需求预测场景中，一般不会只对单个 SKU 进行预测。如果需要对多个或全部 SKU 的需求预测误差进行综合评价，可以用加权平均绝对百分误差这个指标。

它是用单个 SKU 的实际需求数量占总需求数量的比值为权数，对全部 SKU 的 $MAPE$ 进行加权平均，从而得出总体的需求预测误差水平。计算公式：加权平均绝对百分误差 $WAPE=\Sigma\frac{MAPE_n\times D_n}{D_N}$，$MAPE_n$ 为第 n 个 SKU 的 $MAPE$，D_n 为第 n 个 SKU 的实际需求，D_N 为实际总需求。

4.1.3　同时评估误差方向和幅度的指标

1. 跟踪信号（Tracking Signal，*TS*）

跟踪信号是游动误差总和与平均绝对误差的比值。

计算公式：跟踪信号 $TS=\frac{RSFE}{MAE}$。

从计算公式可看出,跟踪信号由评估误差方向的游动误差总和 $RSFE$ 与评估误差幅度的平均绝对误差 MAE 相比而来,这就起到了既评估预测的偏差方向又评估偏差幅度的作用。

跟踪信号的数值为正,表明实际需求大于预测,为负则表明实际需求小于预测。在平均绝对误差 MAE 相同的情况下,跟踪信号越小越好。这样表明游动误差总和 $RSFE$ 较低,即正负误差较均衡,能够相互抵消,就可部分消除预测误差的影响。

在预测前,需要设定跟踪信号的临界值(即上下控制界限)。当预测结果出来,跟踪信号算出来后,需要将之与预定的控制界限比较。若超过上下控制界限,说明预测方法存在问题,预测人员应重新评估预测方法。

那跟踪信号临界值设为多少为佳呢?这需要根据企业的特性和预测的实际情况而定,常规情况下,推荐临界值为±3,即跟踪信号的值在−3 到+3 之间,超过这个范围,就需要修正预测方法。

2. 自平滑跟踪信号(Adaptive Smoothing Tracking Signal,$ASTS$)

它是笔者根据多年的经验自创的一个指标。本书选用 $ASTS$ 作为自平滑跟踪信号的简称。

自平滑跟踪信号为平均误差与平均绝对误差的比值。

公式:自平滑跟踪信号 $ASTS=\dfrac{ME}{MAE}$。

与跟踪信号 TS 相比,笔者将游动误差总和 $RSFE$ 换成了平均误差 ME。更换的原因是,因为跟踪信号在自适应指数平滑法中有很好的应用,也是笔者将其命名为自平滑跟踪信号的原因。在实际应用中,一般的做法是将跟踪信号 TS 的绝对值作为平滑系数 α 值。但跟踪信号 TS 的计算中,$RSFE$ 很可能大于 MAE,即跟踪信号 TS 的绝对值很可能大于 1,而平滑系数 α 是介于 0—1 之间的数,无法直接使用 TS。所以,本书采取 ME 来计算跟踪信号,并命名为自平滑跟踪信号 $ASTS$。因为 ME 不可能大于 MAE,所以自平滑跟踪信号 $ASTS$ 的绝对值不大于

1,完全在平滑系数 α 值的范围之内。

用动态的自平滑跟踪信号 *ASTS* 的绝对值作为平滑系数 α 值,这种自适应指数平滑法可以称为调整指数平滑法。当 *ASTS* 的绝对值增加时,则增加了平滑系数,从而较新的数据权数较大。当 *ASTS* 的绝对值减少时,则相反。平滑系数随着 *ASTS* 的变化而自动更新,可以快速掌握波动,从而利于更好地预测和减少偏差。

4.1.4　对采用的预测方法进行评估的指标

上文时间序列的分类中提到了天真预测方法,它是操作最简单、成本最低的一种预测方法。在需求预测实践中,如果这种最容易的方法能够更有效地解决问题,那么,就没有必要使用复杂的或成本更高的方法。

但如何确定其他预测方法比天真预测方法更有效呢? 一个有效的方法是将其他预测方法的预测准确率与天真预测方法的准确率进行对比。统计学家塞尔使用一个指标 Theil-U 统计量来评估两者的对比关系,不过,笔者认为塞尔的这个指标有些复杂,在实践中不太适用。

笔者建议用预测技术准确度标杆(Forecasting Technique Accuracy Benchmark,*FTAB*)来评估其他预测方法与天真预测方法的对比。

预测技术准确度标杆(*FTAB*)的公式为:

$$FTAB=\frac{MAPE(采用)}{MAPE(天真)}$$

即将拟采用预测方法的平均绝对百分误差 *MAPE* 除以天真预测的平均绝对百分误差 *MAPE*。

见表 4-2 的实例。天真预测方法的 *MAPE* 为 19.77%,一次指数平滑法的 *MAPE* 为 9.59%,移动平均法的 *MAPE* 为 14.43%,按 *FTAB* 的公式,分别计算出一次指数平滑法的 *FTAB* 为 0.49,移动平均法的 *FTAB* 为 0.73。

表 4-2　预测技术准确度标杆(*FTAB*)

实际值	天真预测	*MAPE*	19.77%	一次平滑	*MAPE*	9.59%	移动平均	*MAPE*	14.43%
	预测值	绝对误差	绝对百分误差	预测值 $\alpha=0.08$	绝对误差	绝对百分误差	预测值 移动 3 期	绝对误差	绝对百分误差
				预测技术准确度标杆(*FTAB*)		0.49	预测技术准确度标杆(*FTAB*)		0.73
5 615				5 844					
6 169	5 615	554	8.98%	5 826	343	5.56%			
5 747	6 169	422	7.34%	5 853	106	1. 84			
7 138	5 747	1 391	19.49%	5 845	1 293	18.11%	5 844	1 294	18.13%
6 029	7 138	1 109	18.39%	5 948	81	1.34%	6 351	322	5.34%
6 378	6 029	349	5.47%	5 954	424	6.65%	6 305	73	1.14%
7 844	6 378	1 466	18.69%	5 988	1 856	23.66%	6 515	1 329	16.94%
5 777	7 844	2 067	35.78%	6 136	359	6.21%	6 750	973	16.84%
6 127	5 777	350	5.71%	6 107	20	0.33%	6 666	539	8.80%
9 879	6 127	3 752	37.98%	6 109	3 770	38.16%	6 583	3 296	33.36%
6 403	9 879	3 476	54. 29%	6 411	8	0.12%	7 261	858	13.40%
9 042	6 403	2 639	29.19%	6 410	2 632	29.11%	7 470	1 572	17.39%
6 548	9 042	2 494	38.09%	6 621	73	1.11%	8 441	1 893	28.91%
6 811	6 548	263	3.86%	6 615	196	2.88%	7 331	520	7. 63%
6 411	6 811	400	6.24%	6 631	220	3.43%	7 467	1 056	16.47%
7 227	6 411	816	11.29%	6 613	614	8.50%	6 590	637	8.81%
6 259	7 227	968	15.47%	6 662	403	6.44%	6 816	557	8.90%

预测技术准确度标杆(*FTAB*)的值与 Theil-U 统计量相近似,能起到 Theil-U 统计量类似的作用,如果 *FTAB* 大于 1,说明拟采用的预测方法比天真预测还要差。

FTAB 取值多少合适,目前没有固定的标准。笔者的建议标准是:①如果 *FTAB* 大于 0.7,那花更多资源做预测没有意义,请直接使用天真预测,或者是采取错了预测方法,需要检讨或重新寻找其他方法或调整预测模型;②如果 *FTAB* 小于 0.2,那代表拟采用预测方法的预测效果较佳,可以采用;③如果 *FTAB* 界于这两个数之间,需要根据天真预测 *MAPE* 和拟采用预测模型 *MAPE* 的绝对数值

及相关投入，综合分析再做出判断与选择。

按上面的例子，以 3 期移动的移动平均法的 $FTAB$ 为 0.73，大于 0.7，采取这种方法没有意义，需要调整预测方法，或直接使用天真预测；一次指数平滑法的 $FTAB$ 为 0.49，在 0.2 到 0.7 之间，需要综合评估能否直接使用。

4.2　预测成本及其误区

4.2.1　预测成本的两个误区

有很多人不能理解和区分“预测成本”与“成本预测”这两个概念，很多人认为这两者是同一个东西，预测成本就是成本预测。

这是对预测成本的第一个误区。

预测成本是“预测”的成本，是进行需求预测工作、完成预测任务所产生的成本，是“做预测”这个工作本身产生的成本。而成本预测，是我们去预测某个产品、服务或某个项目未来的成本；是我们对某一产品或服务，在未来一段时间内的成本构成情况，进行的分析、测算和预估。

另外，很多人觉得，做预测只是数据分析或数量统计工作，只是计划人员的一项任务，其成本充其量也就是计划人员的工资福利费而已，不会有其他的成本产生，也就是说预测不需要成本。

认为做预测不需要成本，是对预测成本的第二个误区。

做任何事都需要成本，需求预测也一样。如果想要预测更有效果，更能给供应链管理或公司决策带来作用，就需要更高的成本。

4.2.2　什么是预测成本

预测成本是企业进行需求预测相关工作时，所耗费的资源、所支出的费用以及所产生的损失的总和。在这里，需要特别强调两个需要注意的点。

(1)预测成本是进行预测工作而产生的成本。比如，负责需求预测的需求计划人员的工资福利费是预测成本,但仓库文员,尽管给需求预测提供了一些数据,但不是做预测工作,所以他们的工资福利费就不是预测成本。

(2)预测成本不仅仅指直接产生的费用,而是各种费用的总和。包括进行预测或支持预测的各种资源,比如,人力资源投入、预测信息系统投入等,也包括进行预测活动或因为预测工作本身而产生的各项损失。

4.2.3 预测成本的构成

1. 预测的人工成本

它指进行预测或支持预测的人员所产生的成本,包括人员工资、相关福利、培训费用等。培训包括对从事需求预测工作的人员培训,以及对相关使用预测结果的人员培训,这是一笔持续性的费用。

2. 预测的设备成本

预测设备是指为进行预测或使用预测结果而需要的各种设备,包括一些预测软件和预测信息系统。比如,数据采集终端、数据输出设备、预测工具软件和系统等。要提升预测的准确率及预测的作用,预测的设备成本非常关键。

3. 预测的运行成本

预测不仅仅是一门技术,更是一个管理的过程。在整个预测过程中,会有多种因预测需要而产生的费用。比如,预测人员进行调查及数据收集的差旅费,预测会议的各种费用等。

4. 预测的失误成本

它主要指因为预测没达到预期的准确率而带来的各种损失。比如,因为预测失败,而额外产生的加急费用、加班费用或者物流成本、仓储成本、物料呆滞成本等。

5. 预测的机会成本

它是指因绩效或其他原因,相关人员有意或无意增加的一些费用、放弃的一些机会或造成的一些损失。比如,为了达成预测准确率,而协调进行的促销活动(此促销活动并没有评估其必要性);再比如,当预测前半期达成或接近达成目标时,后半期放松而造成的损失等。(这里预测的机会成本其实不是真正意义上的机会成本,因和机会成本有点相似,本书就借用了“机会成本”这个词。)

4.2.4　如何降低预测成本

既然是成本,企业就需要想办法降低和控制成本。如何降低和控制预测成本,以下提出三个方法。

(1)明确预测目的,匹配适合的预测人员及预测设备。不管是生活还是工作,不管是培训还是管理,适合的就是最好的。怎么才是适合呢?依目的而选择就是适合。明确做预测的目的,知道做预测是为了什么,这样需要什么水平的预测人员,需要什么级别的预测设备,一目了然。

(2)提升预测的管理职能,做好预测纠偏与预测跟踪,从而提升预测准确率。预测准确率提高了,不仅预测的失误成本大减,而且可以减少各种开支。比如,如果预测足够准确可以采用最佳经济批量采购,可以进行风险采购等。

(3)预测是为了使用预测,不是为了预测而预测。所以,除了需要提升各方的预测知识水平外,更重要的是提升预测意识,从而使预测结果能够得到合理的利用,能够起到真正的作用。做预测,最怕的就是预测做出来了没人关注,没人使用,从而导致做预测的人只能是“自娱自乐”,最终造成为了预测而预测。

学以致用

学习：

请详述三类统计误差。

思考：

为什么预测成本也是成本?

应用：

本企业如何降低预测成本?

第 05 章　需求预测方法 1：时间序列预测法

实践供应链需求预测实践中，最常使用的预测方法有三种，时间序列预测法、回归分析预测和定性预测法。

而时间序列预测法中最常使用的是移动平均法和指数平滑法。

本章介绍两种移动平均法（简单移动平均法、加权移动平均法）和 4 种指数平滑法（一次指数平滑法、自适应指数平滑法、Holt 两参数指数平滑法、Holt-Winters 三参数指数平滑法）。

5.1　简单移动平均法

平均法中最简单的是算术平均法，即取所有过去的数据进行平均。比如，有过去三年的数据（36 期），那么以这 36 期的总和除以 36，得到的数值就是简单平均数。

但是，在供应链实际预测场景中，近期数据可能更有作用，比如这三年中最近一年 12 期的数据更有参考价值，既然这样，采用全部数据来计算就不是很符合实际需要。基于此，移动平均法应运而生。

移动平均法（Moving Average，MA），是用一组最近的实际数据来预测未来需求量的一种需求预测方法。移动平均法的具体操作是，每次平均后往后移动一期，将最旧的那个数据去掉,加入新的一期数据重新求平均。

移动平均法是比较常见、简便的一种时间序列预测方法。它的基本思路是,根据时间序列的推移,依次滚动、逐步推移计算包含固定期数的平均值,以预测未来的需求。这个固定的期数是提前设定的,称为移动期数(或移动项数),即需要取多少期进行平均。

移动平均法根据移动平均的次数分为一次移动平均法和二次移动平均法;根据各期数据加不加权,分为简单移动平均法和加权移动平均法。

实际预测中,二次移动平均法的意义不大,往往只使用一次移动平均,即简单一次移动平均和加权一次移动平均。实际业务中,为便于交流和简化操作,将简单一次移动平均称为一次移动平均,将加权一次移动平均称为加权移动平均。

5.1.1 一次移动平均法的计算公式

一次移动平均公式如图 5-1 所示。

一次移动平均公式

$$F_{t+1}=\frac{S_t+S_{t-1}+S_{t-2}+\cdots S_{t-n+1}}{n}$$

$$F_{t+1}=\frac{S_{t-1}+S_{t-2}+\cdots S_{t-n}}{n}$$

- F_{t+1}为预测值,是移动期数的算术平均数
- t为当前值,t+1为下一期(预测期),t-1为上一期(预测期)
- n是提前设定的固定的移动期数
- S是每一期的实际数据,S_t为当前实际数据,S_{t-1}为上一期实际数据

图 5-1 一次移动平均公式

式中,F_{t+1}为预测值,是移动期数的算术平均数。

t 为当前期,$t+1$ 为下一期,即需要预测的预测期,$t-1$ 为当前期的上一期,$t-2$为当前期的上两期,依此类推。

n 是提前设定的固定的移动期数,或称移动项数。

S 是每一期的数据,S_t 为当前期实际数据,S_{t-1}为上一期实际数据。

比如，进行移动平均，如果移动期数为 3 期，移动平均计算公式为 $F_{t-1}=(s_t+s_{t-1}+s_{t-2})\div 3$；如果移动期数为 5 期的话，移动平均计算公式为 $F_{t-1}=(s_t+s_{t-1}+s_{t-2}+s_{t-3}+s_{t-4})\div 5$。

不过，在实际工作场景中，往往是在当前期做下一期（未来期）的预测，而当前期的实际发生数据在做预测时还没有出来，这时，一般有两种解决方法。

(1)尽可能在当前期的最后时间段做预测，比如，月度预测时尽可能在月末的那几天做预测，主观预估最后时间段的数据或直接忽略最后时间段的数据。采取这种方法，一次移动平均法的计算公式如图 5-1 中左上公式。

(2)不使用当前期数据，使用当前期之前完全确定的数据。如果采取这种方法，一次移动平均法的计算公式如图 5-1 中右上公式。

5.1.2　移动期数的确定

移动平均需要解决的第一个问题是移动期数（移动项数）N 的确定。移动期数不能太长，越长就越接近算术平均，并且会使预测值对数据实际变动完全不敏感。移动期数也不能太短，太短的话会使数据变化激烈，从而使平均值失真。

本书中，将移动期数的确定给出以下两个参与标准。

(1)如果有季节性或周期变化。移动期数最好等于季节长度，这是第一选择。比如说，如果以天为统计单位，一周内，每到周末销售数量就会提升，而周三周四销售较低迷，那么移动期数可以定为 7 期（7 天）；再比如，如果一年 12 个月，淡旺季明显，那么移动期数可以定为 12 期（12 个月）。特别提醒，以季节长度为移动期数做出的移动平均预测，是初步预测，不能直接使用（因为以季节长度为移动期数的移动平均去除了季节性），我们需要进一步进行定量和定性的调整。

(2)没有季节性或周期变化。如果时间序列中不规则变动较大，移动期数取大一些；如果时间序列中不规则变动的影响较小，将移动期数取小一些。没有季节性或周期变化，本书建议取 3—7 期，以 5 期为最佳。

5.1.3　一次移动平均法的应用实例

如图 5-2 所示是一个一次移动平均法的应用实例（期末做预测）。

A产品实际需求与需求预测（一次移动平均：移动期数5期）

期间	1	2	3	4	5	6	7	8	9	10	11	12	13	14	15	16	17	18	19	20	21
实际值	5 415	6 048	8 471	7 978	11 298	1 5471	1 5176	15 492	16 380	17 420	12 582	14 446	15 617	16 728	19 115	16 363	18 885	18 564	13 710	12 948	
预测值						9 853	11 679	13 080	14 763	15 988	15 464	15 318	15 343	15 413	15 751	16 454	17 341	17 931	17 327	16 094	11 252

移动期数为5期

=AVERAGE（B3：F3）

第21期预测值

图 5-2　一次移动平均实例

图中列出了 A 产品 20 期的实际需求数据，该组数据周期性变化不明显，如图 5-3 所示的实际值曲线，移动期数取 5 期进行简单移动平均。即：第 1—5 期实际值的平均数为第 6 期的预测值，第 2—6 期实际值的平均数为第 7 期的预测值，以此类推，第 16—20 期实际值的平均数为第 21 期的预测值，即本次预测的预测结果。

本案例实际值与用一次移动平均法预测的预测值曲线对比图如图 5-3 所示。

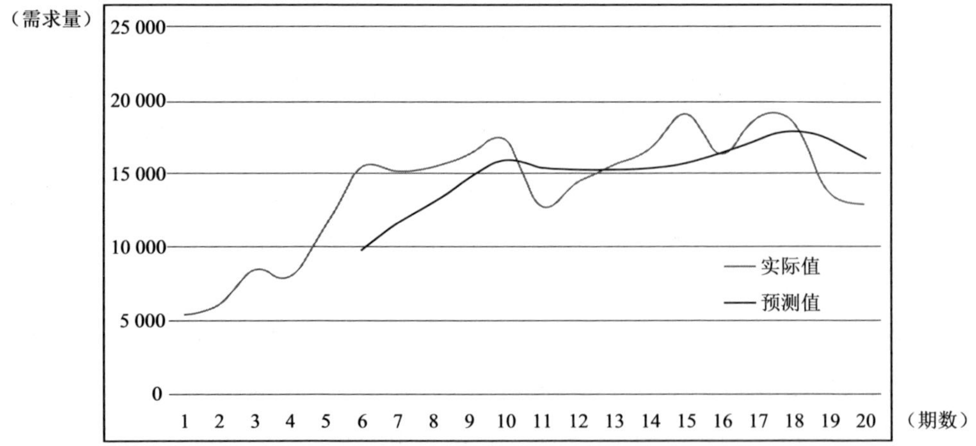

图 5-3　一次移动平均预测曲线对比图

5.1.4　移动平均法的优缺点

移动平均法，别看简单，其实挺好用。它就好像六脉神剑中的少冲剑。

少冲剑由右手小指使用，为六脉神剑中最“轻”的一剑。右手小指的特点是轻灵又有些迟缓，移动平均法也正是如此，轻灵简便，但往往对数据不敏感，反应迟缓并总是延后反应，这与少冲剑法如出一辙。

轻灵简便、能有效地消除预测中的随机波动是移动平均法的优点。而延后反应、不能很好地反映趋势并且不能反映季节性，是其缺点。

所以，移动平均法适用于当产品需求既不快速增长也不快速下降，且不存在季节性因素时的即期预测。

5.2　加权移动平均法

简单移动平均预测法是将过去若干期（移动期数）的真实需求求取一个平均值。

而在实际需求预测场景中，新的数据比旧的数据更接近于预测值，或者满足某种规则的数据比一般的数据更接近预测值（比如季节性）。考虑到这个因素，在简单移动平均的基础上，给新的数据（或满足某种规则的数据）以较大的权重，这样预测会比简单移动平均更准确，这就形成了加权移动平均预测法。

加权移动平均预测法（Weighted Moving Average），是对观察值分别给予不同的权数，按不同权数求得移动平均值，并以最后的移动平均值为基础，确定预测值的一种需求预测方法。

采用加权移动平均法，主要是因为不同的观察期对预测值的影响各不相同，采用不同的权重进行修正，更能反映需求变化的趋势，从而弥补简单移动平均法的不足。

正是由于加权移动平均法能够区别对待历史数据，所以，在很多方面，它要优于简单移动平均法。不过，又因为加权移动平均法的操作远比简单移动平均法复杂，所以，实际应用上，不如简单移动平均法广泛。

5.2.1　加权移动平均法的计算公式

加权移动平均法的计算公式如图 5-4 所示。

加权移动平均计算公式

$$F_{t+1}=\frac{w_1s_t+w_2s_{t-1}+w_3s_{t-2}+\cdots+w_ns_{t-n+1}}{w_1+w_2+\cdots w_n}$$

$$F_{t+1}=\frac{w_1s_{t-1}+w_2s_{t-2}+\cdots+w_ns_{t-n}}{w_1+w_2+\cdots w_n}$$

- F_{t+1}为预测值，是移动期数的加权平均数
- t为当前值，t+1为下一期（预测期），t-1为上一期（预测期）
- w是每一期的加权权重，n为提前设定的固定的移动期数
- s是每一期的实际数据，s_t为当前实际数据，s_{t-1}为上一期实际数据

图 5-4　加权移动平均计算公式

第一个公式采用当前期数据,第二个公式不采用当前期数据。式中:

F_{t+1}是预测值,为移动期数的加权平均数。

t 为当前期,$t+1$ 为下一期,即需要预测的预测期,$t-1$ 为当前期的上一期,$t-2$ 为当前期的上两期。

w 为加权权重,也称加权权重系数,当全部期数的加权权重相等时,加权移动平均也就是简单移动平均。可以这么认为,简单移动平均是加权移动平均的特殊形式(即全部加权权重相等)。

n 是提前设定的固定的移动期数,或称移动项数。

s 是每一期的实际数据,s_t 为当前期实际数据,s_{t-1}为上一期实际数据。

5.2.2　加权权重的两种设定方法

加权移动平均法除了需要确定移动期数外,还需要确定每一期的加权权重。至于确定移动期数,上文简单移动平均法中已经做了说明。

加权权重其实是对数据的重要性进行的评估。加权权重的设定方法有很多种,有些还很复杂,比如熵值法、均方差法、多目标规划法等。

其实，在实际应用中不需要过于复杂，笔者推荐两种简单的方法进行确定即可。这两种方法是主观赋权法和客观赋权法。

1. 主观赋权法

它又称经验法，是根据预测人员的工作经验及对数据的把握程度，主观设定每一期的加权权重。这是一种定性的方法，比如，预测人员认为近期的数据更能预示未来需求的情况，因而其权重应取大一些；远期的数据对未来需求的影响不大，远期的权重就可以取小一些。

如数据具有季节性，权重也应与季节性相关和相匹配。

2. 客观赋权法

它又称试算法，主要是根据原始数据之间的关系，经统计分析来确定权重。客观赋权法是定量的方法，来源于数据，因而权重的客观性较强。

主观赋权法与客观赋权法是两种简单的加权权重确定方法，其中，主观赋权法适应最为广泛。但不管是主观赋权还是客观赋权，各期的加权权重之和必须等于 1。

5.2.3　加权移动平均法的应用实例

仍采取图 5-2 中的原始数据（采用当前期数据，在期末做预测）。因 A 产品的特性和销售实际，预测人员根据自己的经验及对历史数据的把握，认为越是近期的数据越重要。于是，他给予 5 个移动期的加权权重如下：最近一期 40%权重，中间两期都是 20%权重，最远两期都是 10%权重，如图 5-5 所示。

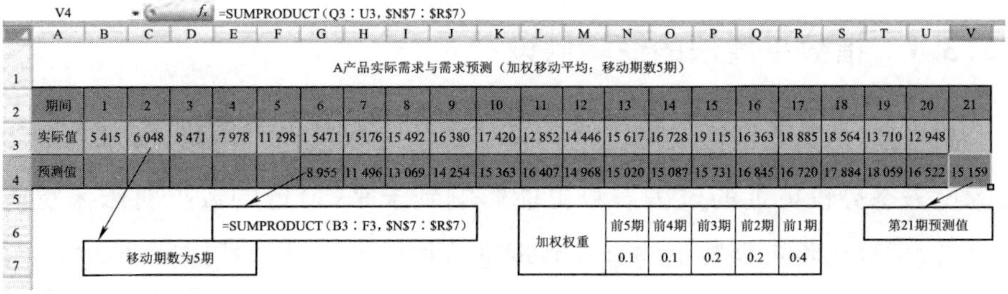

期间	1	2	3	4	5	6	7	8	9	10	11
实际值	5 415	6 048	8 471	7 978	11 298	1 5471	1 5176	15 492	16 380	17 420	12 852
预测值						8 955	11 496	13 069	14 254	15 363	16 407

期间	12	13	14	15	16	17	18	19	20	21
实际值	14 446	15 617	16 728	19 115	16 363	18 885	18 564	13 710	12 948	
预测值	14 968	15 020	15 087	15 731	16 845	16 720	17 884	18 059	16 522	15 159

加权权重	前5期	前4期	前3期	前2期	前1期
	0.1	0.1	0.2	0.2	0.4

图 5-5　加权移动平均实例

本例计算加权移动平均值所采用的 Excel 函数是 SUMPRODUCT,其所起的作用正是加权求和。图 5—5 中,第 21 期预测值=第 20 期的实际值×0.4+第 19 期的实际值×0.2+第 18 期的实际值×0.2+第 17 期的实际值×0.1+第16 期的实际值×0.1=12 948×0.4+13 710×0.2+18 564×0.2+18 885×0.1+16 363×0.1≈15 159。即根据所赋权重,所求得的第 21 期的预测值为 15 159。

5.3 一次指数平滑法

指数平滑法(Exponential Smoothing,ES),即一次指数平滑法,原称指数权重移动平均法,由美国经济学家布朗(Robert G. Brown)1956 年在时间序列分析和加权平均法的基础上提出。

布朗认为,最近的过去态势,在某种程度上会持续到最近的未来,所以要将较大的权数放在最近的数据上。也就是说,指数平滑法是对近期的需求数据给予更多的权重,而给予远期需求数据较少权重(呈指数衰减)的一种加权平均方法。

指数平滑法认为,对未来一期的预测值,是本期实际值与本期预测值的加权平均。加权权数为平滑系数 α。

从指数平滑法的概念可以看出,指数平滑法本质上是对前一期的需求进行预测,然后计算预测偏差并利用预测偏差对结果加以调整,最终生成下一个时期的预测。

目前,在所有时间序列预测方法中,指数平滑法是用得最多的一种。

5.3.1 指数平滑法的逻辑假设

上文提到,指数平滑法实际上是一种特殊的加权移动平均法,其基本逻辑是,最近的过去态势较更远的过去态势更能影响到未来,最近的数据对未来更有用。于是,指数平滑法将近期数据与远期数据进行加权平均时,加权权数是将较大的权重放在最近的数据上,将较小的权重放在远期的数据上。

基于以上基本逻辑,指数平滑法的基本假设是,数据越远期重要性越低,越近期重要性越强。

如果这一假设正确，与时间序列吻合，那么，指数平滑法就是逻辑性最强且最为简单的预测方法；如果这一假设不正确，那么，用指数平滑法进行预测将会带来较大的偏差，预测结果将不可靠。

5.3.2　一次指数平滑法的计算公式

一次指数平滑法的基础公式，如图 5-6 所示。

一次指数平滑基础公式

$$F_{t+1}=F_{t+a}(S_t-F_t)$$

- F_{t+1}，F_t：预测期的预测值和当期预测值
- S_t：当期实际值
- α：平滑系数

◆ $F_{t+1}=\alpha S_t+(1-\alpha)F_t$

图 5-6　一次指数平滑基础公式

公式中，F_{t+1}表示预测期的预测值，F_t 表示当前期预测值，S_t 表示当前期的实际值，α 为平滑系数。

假定 t 期指的是这个月，那么，F_{t+1}就是下个月的预测值，F_t 表示这个月预测值，S_t 表示这个月的实际值。

将一次指数平滑公式用文字描述：下期的需求预测等于当前期的预测值＋平滑系数×（当前期的实际值－当前期的预测值）。

比如，需要预测 A 产品的需求，已知当前这个月的预测值为 4 905 个，实际值为 4 853 个（最后几天预估），平滑系数 α 取值 0.2。那么，A 产品下个月的预测值＝这个月的预测值＋平滑系数 α×（这个月的实际值－这个月的预测值）＝4 905＋0.2×（4 853－4 905）＝4 895（个）。

上述一次指数平滑公式还可以进行公式转换，得出 $F_{t-1}= F_t+ \alpha(S_t-F_t)=F_t+ \alpha S_t-\alpha F_t=\alpha S_t+(1-\alpha)F_t$，即下期的需求预测＝平滑系数×当前期的实际值＋(1－平滑系数)×当前期的预测值。

同样，一次指数平滑预测也会碰到当前期实际数据还未出来的情况，如果不用当前期数据，一次指数平滑公式可以调整为：$F_{t+1}= F_{t-1}+ \alpha(S_{t-1}-F_{t-1})$。

5.3.3 什么是平滑系数 α

指数平滑法本质上是对前一期的需求进行预测，然后对上期的预测误差进行调整，从而生成本期的预测结果。特殊的加权平均需要有加权权数，对预测误差调整需要有调整系数，这个加权权数和调整系数，就是平滑系数 α。

平滑系数 α 代表着新旧数据的分配值，它的大小，体现着当前预测对近期数据和远期数据的依赖程度。

(1)α 数值在 0－1 之间(即 $0<\alpha<1$)。

(2)α 越小，平滑作用越强，对预测结果的调整较小，对实际数据变动反应较迟缓。

(3)α 越大，对实际值的变化越敏感，即对预测结果的调整越大，也就是对近期数据依赖越大。

平滑系数 α 如何确定，将在下一节详细讲解

5.3.4 初始值的确定

用指数平滑法进行预测，本期的预测值是上期实际值与上期预测值的加权平均。上期实际值是已知的，那上期预测值怎么来呢？按指数平滑法公式，上期预测值则为上上期实际值与上上期预测值的加权平均，以此类推，一直往前计算。

那么问题来了，一直往前计算，算到什么时候为止呢？再说数据有限，总得有个最初的预测值吧？这就提出了指数平滑法初始值的概念。

在指数平滑法中，初始值的确定有以下几个方法。

(1)如果历史数据较少，比如少于 15 期，一般以前几期的算术平均值为初始

值。前几期可以是前两期，也可以是前五期，根据数据特性和实际情况而定，大多数情况下取前三期。

(2)如果历史数据较多，比如在 15 期或 15 期以上，可以直接使用第一期实际数据作为初始值。

(3)如果刚开始用指数平滑做预测，没有历史数据，则可以主观估计，同时取较高的平滑系数 α 值(比如 0.6 以上)，以削弱初始值的影响。

5.3.5　一次指数平滑法的应用实例

如图 5-7 所示的数据。A 产品前 20 期实际数据为表格中第二行“实际值”所示。有了这一序列数据，可以用一次指数平滑法对 A 产品第 21 期的需求进行预测。

A产品实际需求与需求预测

期间	1	2	3	4	5	6	7	8	9	10	11	12	13	14	15	16	17	18	19	20	21
实际值	6 553	6 402	7 326	15 194	8 304	9 825	16 949	9 677	12 546	9 704	17 175	20 840	8 577	7 197	10 816	12 224	10 496	11 124	10 141	11 993	
预测值	6 553	6 553	6 523	6 683	8 386	8 369	8 660	10 318	10 190	10 661	10 470	11 811	13 617	12 609	11 526	11 384	11 552	11 341	11 298	11 066	11 252

平滑系数 *a* 为 0.2

=P4+0.2×(P3−P4)

第21期预测值

P4为第8期预测值，P3为第8值的实际值，0.2为平滑系数

初始值取第一期值 6 553

任一期预测等于上期预测与上期实际的加权平均

图 5-7　一次指数平滑法实例

(1)确定初始值。本例因历史数据较多，有 20 期，故直接采用第一期实际值为初始值，初始值为 6 553。

(2)确定平滑系数 α。平滑系数 α 的确定方法将在下一节详细介绍，本例中，α 取值为 0.2。

(3)计算第二期预测值。按照一次指数平滑法公式，第二期的预测＝第一期的预测值＋平滑系数×(第一期的实际值－第一期的预测值)，将相应的数据代入公式，得到第二期的预测值。

(4)计算第三期预测值。步骤和方法与计算第二期预测值相同。

(5)逐一计算各期预测值,直到算出第 21 期,就是需要预测的第 21 期预测值。本例最终预测结果为 11 252。

值得注意的是:在使用 Excel 工具时,计算各期预测值,只要设好第二期公式【= B4+0.2 * (B3-B4)】,往后拖动公式填充即可。

5.3.6 一次指数平滑预测曲线图

如图 5-8 所示,为上例中 A 产品需求的实际值与预测值曲线对比图。

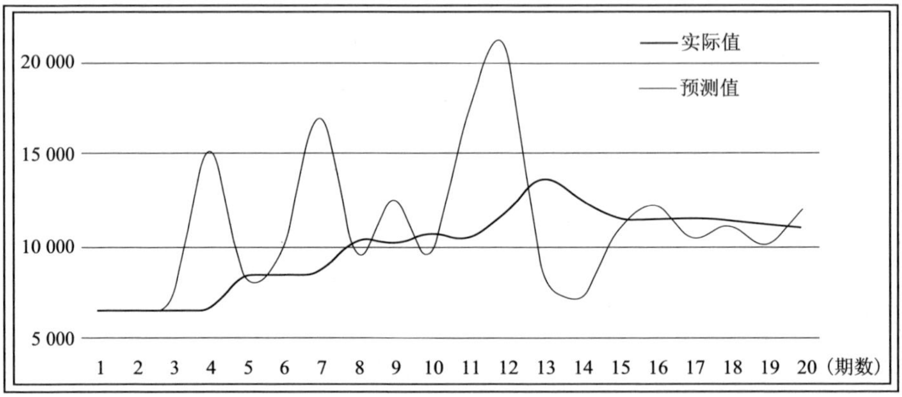

图 5-8 一次指数平滑预测曲线图

从图中可看出,实际曲线与预测曲线差异较大,即所谓的拟合不是很好。这是因为,一次指数平滑法适合没有趋势和季节性,或者趋势不明显的预测,而这组数据波动较大,既有趋势又有季节性,用一次指数平滑法预测,会带来较大的偏差。

针对这种情况,需要采取其他的指数平滑方法,比如,带有趋势的指数平滑 Holt 双参数指数平滑法,带有趋势又带有季节性的指数平滑 Holt-Winters 三参数指数平滑法等。这两个方法将分别在以下小节进行讲解。

5.4 确定平滑系数 α 的 5 个方法

上文提到,平滑系数的取值对指数平滑法预测的准确度起关键作用。

它的大小，体现着当前预测对近期数据和远期数据的依赖程度。平滑系数也代表着指数平滑模型对时间序列变化的反应速度，又决定了预测模型修匀随机误差的能力。

平滑系数 α 取值范围在 0—1 之间（即 0＜α＜1），平滑系数 α 最佳取值的总原则：通过平滑系数 α 的值，进行指数平滑预测出来的预测值与实际值之间的误差最小。

5.4.1　经验判断法

它是最简单粗暴的平滑系数确定方法。它是凭预测人员的经验和主观判断，选取一个合适的 α 值。

α 越小，平滑作用越强，对预测结果的调整就越小，对实际数据变动反应就越迟缓。α 越大，对实际值的变化越敏感，对预测结果的调整就越大，对近期的数据依赖也越大。

基于 α 的以上特征，经验判断法的判断依据如下：当时间序列相对平稳时，可取较小的平滑系数；当时间序列波动较大时，应取较大的平滑系数。

（1）当时间序列比较平稳，α 取值在 0.05—0.2 之间。

（2）当时间序列有波动，呈一定的随机变化，α 取值在 0.1—0.4 之间。

（3）当时间序列波动大，数据的随机性较大，α 取值应在 0.5 以上，以消除更多的噪音。

另外，当需要 α 取值大于 0.5 才能赶上序列变化（即序列波动很大），那么表示需求有很强的趋势，这时不能单独采用一次指数平滑进行预测，需要采取如 Holt 双参数指数平滑法等其他办法进行预测。

5.4.2　试算评估法

试算评估法是最常用的平滑系数 α 确定方法。

试算评估法是对需要进行预测的时间序列，按指数平滑模型采用不同 α 值分别预测（试算），然后对比评估不同 α 值的预测结果，选取预测结果最优的 α 值为最终确定的 α 值。一般用平均绝对百分比误差（*MAPE*）作为评定预测结果的指标，

MAPE 最小的 α 值就为最终确定的 α 值。

表 5-1 为采用试算评估法确定 α 值的一个例子。表中 *APE* 为绝对百分比误差,*MAPE* 为平均绝对百分比误差。从表中可以看出,当 α 分别取值 0.05、0.1、0.15、0.2、0.25 和 0.3 时,*MAPE* 分别为 10.24%、9.86%、9.64%、9.74%、9.89%和 10.02%,显然,α 取值 0.15 最优。

表 5-1 确定 α 的方法——试算评估法

MAPE	α=0.05	10.24%	α=0.1	9.86%	α=0.15	9.64%	α=0.2	9.74%	α=0.25	9.89%	α=0.3	10.02%
实际值	预测值	*APE*	预测值	*APE*	预测值	*APE*	预测值	*APE*	预测值	*APE*	预测值	*APE*
22 274	20 852	6.38%	20 852	6.38%	20 852	6.38%	20 852	6.38%	20 852	6.38%	20 852	6.38%
19 186	20 923	9.05%	20 994	9.42%	21 065	9.79%	21 136	10.16%	21 208	10.54%	21 279	10.91%
21 095	20 836	1.23%	20 813	1.34%	20 783	1.48%	20 746	1.65%	20 703	1.86%	20 651	2.10%
21 183	20 849	1.58%	20 841	1.61%	20 830	1.67%	20 816	1.73%	20 801	1.80%	20 784	1.88%
18 397	20 866	13.42%	20 875	13.47%	20 883	13.51%	20 889	13.55%	20 897	13.59%	20 904	13.63%
23 259	20 743	10.82%	20 627	11.32%	20 510	11.82%	20 391	12.33%	20 272	12.84%	20 152	13.36%
19 552	20 869	6.74%	20 890	6.84%	20 922	7.01%	20 965	7.23%	21 019	7.50%	21 084	7.84%
20 462	20 803	1.67%	20 756	1.44%	20 717	1.25%	20 682	1.08%	20 652	0.93%	20 624	0.79%
23 834	20 786	12.79%	20 727	13.04%	20 679	13.24%	20 638	13.41%	20 605	13.55%	20 575	13.67%
21 026	20 938	0.42%	21 038	0.06%	21 152	0.60%	21 277	1.19%	21 412	1.84%	21 553	2.51%
25 562	20 942	18.07%	21 037	17.70%	21 133	17.33%	21 227	16.96%	21 316	16.61%	21 395	16.30%
21 971	21 173	3.63%	21 490	2.19%	21 797	0.79%	22 094	0.56%	22 378	1.85%	22 645	3.07%
26 070	21 213	18.63%	21 538	17.38%	21 823	16.29%	22 069	15.35%	22 276	14.55%	22 443	13.91%
25 528	21 456	15.95%	21 991	13.86%	22 460	12.02%	22 869	10.42%	23 225	9.02%	23 531	7.82%
27 157	21 660	20.24%	22 345	17.72%	22 920	15.60%	23 401	13.83%	23 801	12.36%	24 130	11.15%
23 429	21 935	6.38%	22 826	2.57%	23 556	0.54%	24 152	3.09%	24 640	5.17%	25 038	6.87%
18 533	22 010	18.76%	22 886	23.49%	23 537	27.00%	24 007	29.54%	24 337	31.32%	24 555	32.49%
20 505	21 836	6.49%	22 451	9.49%	22 786	11.12%	22 912	11.74%	22 886	11.61%	22 748	10.94%
27 598	21 769	21.12%	22 256	19.36%	22 444	18.68%	22 431	18.72%	22 291	19.23%	22 075	20.01%
24 906	22 060	11.43%	22 790	8.50%	23 217	6.78%	23 464	5.79%	23 618	5.17%	23 732	4.71%

5.4.3 理论计算法

它是指按一定的原理进行计算,从而得出平滑系数 α 的一种方法。

它的原理：指数平滑法是一种特殊的加权平均法，因为加权平均法的总权重都等于 1，所以，可以推导出指数平滑法和加权移动平均法的平均加权权数相等，于是可以从平均加权权重这一条件出发来确定 α 值。

理论计算法 α 值计算公式：$\alpha=\frac{2}{n+1}$。

理论计算法采用整个序列的 n 个时间序列来确定最佳的平滑系数 α 值。在这里，n 的选择（即 n 到底是多少个）较为关键。常用的确定 n 的方法，是将 n 按照移动平均的移动区间来对待，按移动平均区间的选择来确定 n。

如果需求呈季节性或周期性波动，n 值应与季节或周期变动长度一致。比如，某一款产品的需求每一年都是春秋旺，夏冬淡，也就是说，有明显的以年为单位的季节性，那么 n 可以定为 12（即 12 个月，1 年）。当 n 定为 12 时，将 12 代入理论计算法的公式，则 $\alpha=\frac{2}{n+1}=\frac{2}{12+1}\approx 0.15$。

需要注意的是理论计算法公式的具体推导比较复杂，但对于需求预测来说，公式如何推导并不重要。实践中，只需要知道按照公式如何计算即可，所以，公式的原理本书就不赘述。

5.4.4　自适应平滑法

它是滚动的自动选择 α 值的一种方法，其核心思路是，用本期预测的绝对百分误差对下一期预测 α 值进行自动调整，即本期的绝对百分误差就是下一期的 α 值。到了下一期实际数据出来，计算下期的绝对百分比误差，作为下下期的 α 值。以此类推，自动选择 α 值，故将其命名为自适应。

计算公式：$\alpha=\text{ABS}(PE)=\text{ABS}\frac{F-S}{S}$

式中：ABS 为取绝对值函数，PE 是百分误差，F 为预测值，S 为实际值。

PE 的绝对值可能会超出 0—1 的范围，如果超过，按以下原则进行 α 取值：如果 PE 的绝对值大于或等于 1，那么 α 取 0.99 999；如果 PE 的绝对值等于 0，那么 α 取 0.00 001。

按表 5-2 的数据,表 5-3 是一个以自适应平滑法确定 α 的计算实例。

第一步,计算第一期的百分误差 PE,表 5-2 中,第一期百分误差=(预测值 20 852—实际值 22 274)÷实际值 22 274=—6.38%。

第二步,计算第一期的绝对百分误差,并将其转为小数。本例中,第一期绝对百分误差值是 0.063 8。

第三步,将第一期绝对百分误差值(0.0 638)作为第二期预测的平滑系数 α,进行第二期的预测。

第四步,重复以上 1—3 步,得出第三期的平滑系数 α,进行第二期的预测。以此类推,直至得出预测期的预测值。

表 5-2　自适应平滑法确定 α

MAPE		9.46%	
实际值	预测值	*PE*	α(*APE*)
22 274	20 852	—6.38%	0.063 8
19 186	20 943	9.16%	0.091 6
21 095	20 782	—1.48%	0.014 8
21 183	20 787	—1.87%	0.018 7
18 397	20 794	13.03%	0.130 3
23 259	20 482	—11.94%	0.119 4
19 552	20 814	6.45%	0.064 5
20 462	20 733	1.32%	0.013 2
23 834	20 729	—13.03%	0.130 3
21 026	21 134	0.51%	0.005 1
25 562	21 133	—17.33%	0.173 3
21 971	21 901	—0.32%	0.003 2
26 070	21 901	—15. 99%	0.159 9
25 528	22 568	—11.60%	0.116
27 157	22 911	—15.64%	0.156 4
23 429	23 575	0.62%	0.006 2
18 533	23 574	27.20%	0.272
20 505	22 203	8.28%	0.082 8
27 598	22 062	—20.06%	0.200 6
24 906	23 173	—6.96%	0.069 6

表 5-3　调整平滑法确定 α

MAPE	9.71%	*E*	*AE*	*ME*	*MAE*	α(*ASTS* 绝对值)	*APE*
实际值	预测值						
22 274	20 852	−1 422	1 422	−1 422	1 422	0.1	6.38%
19 186	20 944	1 808	1 808	193	1 615	0.119 5	9.42%
21 095	20 778	−317	317	23	1 182	0.019 5	1.50%
21 183	20 784	−399	399	−83	987	0.084 1	1.88%
18 397	20 818	2 421	2 421	418	1 273	0.328 4	13.16%
23 259	20 023	−3 236	3 236	−191	1 601	0.119 3	13.91%
19 552	20 409	857	857	−41	1 494	0.027 4	4.38%
20 462	20 386	−76	76	−46	1 317	0.034 9	0.37%
23 834	20 389	−3 445	3 445	−423	1 553	0.272 4	14.45%
21 026	21 327	301	301	−351	1 428	0.245 8	1.43%
25 562	21 253	−4 309	4 309	−711	1 690	0.420 7	16.86%
21 971	23 066	1 095	1 093	−560	1 641	0.341 3	4.98%
26 070	22 692	−3 378	3 378	−777	1 774	0.438	12.96%
25 528	24 172	−1 356	1 356	−818	1 744	0.469	5.31%
27 157	24 808	−2 349	2 349	−920	1 785	0.515 4	8.65%
23 429	26 019	2 590	2 590	−701	1 835	0.382	11.05%
18 533	25 030	6 497	6 497	−278	2 109	0.131 8	35.06%
20 505	24 174	3 669	3 669	−58	2 196	0.026 4	17.89%
27 598	24 077	−3 521	3 521	−241	2 266	0.106 4	12.76%
24 906	24 452	−454	454	−251	2 175	0.115 4	1.82%

5.4.5　调整平滑法

调整平滑法也是滚动的自动选择 α 值的一种方法。

它采用自平滑跟踪信号 $ASTS$ 的绝对值为 α 值,故也称跟踪信号平滑法。因跟踪信号每期滚动变化,所以调整平滑法的 α 值也是动态的,每期都会滚动变化。

自平滑跟踪信号为平均误差与平均绝对偏差的比值。

计算公式为:$ASTS=\frac{平均误差\ ME}{平均绝对误差\ MAE}$

自平滑跟踪信号 $ASTS$ 求出后,其绝对值就是 α 值。使用调整平滑法确定 α 值时,因第一期的平均误差 ME 的数值(不分正负)等于平均绝对误差 MAE 的数值,所以,$ASTS$ 取绝对值后肯定为 1。而指数平滑法中,α 值不能等于 1,所以,需要指定第一期的 α 值。第一期 α 值的确定可以根据实际数据表现而确定(确定方法可以参考经验判断法),如果序列数据较多(比如超过 20 期),第一期 α 取值多少影响不大,笔者建议将其固定为 0.1。

仍按表 5-2 的数据,表 5-3 为调整平滑法计算实例。

第一步,第一期的 α 值设定为 0.1。

第二步,计算第二期的误差与绝对误差。表 5-3 中第二期的误差与绝对误差均为 1 808。

第三步,计算前两期的平均误差与平均绝对误差。表 5-3 中前两期的平均误差与平均绝对误差分别为 193 和 1 615。

第四步,计算第二期的 $ASTS$。$ASTS$=平均误差 ME÷平均绝对误差 MAE=193÷1 615=0.119 5。

第五步,将计算得出的第二期 $ASTS$ 取绝对值,即为第三期 α 值(表 5-3 中为 0.119 5)。

第六步,重复二至五步,得出第三期的 α 值,以此类推。

以上为确定平滑系数 α 的五个方法,但如前文所述,α 的取值总的原则是,使预测值与实际值之间的误差最小。所以,α 如何取值,预测者需要根据预测对象的实际情况与特性,根据实际数据的变化规律,选用最合适的平滑系数,并跟踪预测结果,以随时调整与纠偏。

另外，在使用 Excel 数据分析工具时，指数平滑计算所用的阻尼系数并不是平滑系数，如图 5-9 所示，平滑系数＋阻尼系数＝1，即阻尼系数＝1－α。

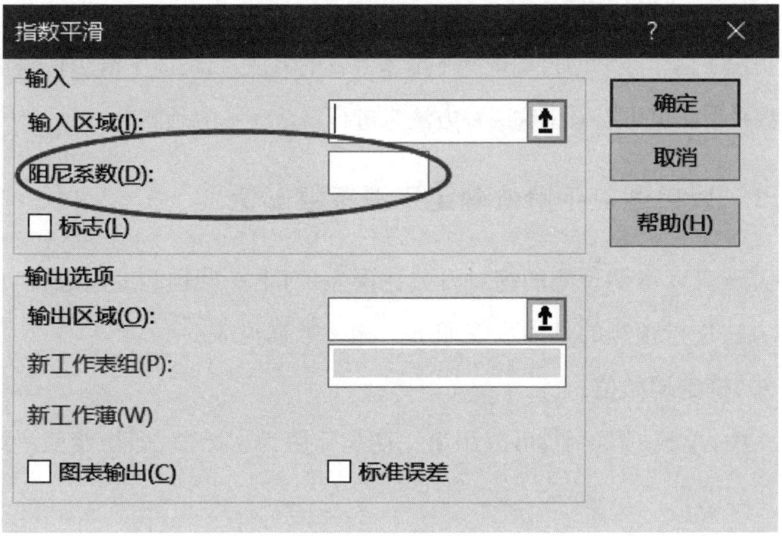

图 5-9　阻尼系数

5.5　自适应指数平滑法

指数平滑法通过对平滑系数 α 的选择，克服了传统加权平均方法如移动加权平均法的一些缺陷。指数平滑法通过权重的指数衰减，解决了利用多少数据以及怎样赋予权重的问题。

但指数平滑法同样会碰到一些问题，比如，怎样确定数据变化是趋势改变还是噪音影响，如何应对时间序列波动，如何确定一个较好的 α 值等。

为解决这些问题，为避免因为平滑系数 α 固定，而一旦出现时间序列波动就会产生较大预测误差的结果，就出现了“自适应指数平滑”的技术，即自适应指数平滑法（Adaptive Smoothing）。

它指通过自动选择平滑系数 α 值，达到及时修正平滑系数 α，使预测模型自动响应序列变化的一种指数平滑预测方法。

自适应指数平滑法最大的特点是自动选择平滑系数 α，使模型自动响应序列变化，所以称之为“自适应”。

上文提出了两个滚动的自动选择平滑系数 α 的方法，自适应平滑法和调整平滑法。自适应指数平滑法也可以采用这两种方法来进行自适应平滑预测。

5.5.1 以自适应平滑法确定平滑系数 α 值

这种方法是以本期预测的绝对百分比误差，对下一期预测 α 值进行自动调整。采用这种方法进行预测的具体步骤如下。相关数据见表 5-4。

第一步，确定初始值。

表 5-4 中，总数据 20 个，可以用第一期实际值为初始值，即初始值＝第一期实际需求＝5 415。

第二步，确定初始的平滑系数 α 值。

自适应平滑法中，初始的 α 通常取值为 0.1；但实际上，当初始值采用第一期实际值时，初始的 α 取值多少并不影响预测的效果。

因为，按指数平滑法公式，$F_t = F_{t-1} + \alpha(S_{t-1} - F_{t-1})$，因第一期预测值＝实际值，所以 $S_{t-1} - F_{t-1} = 0$。所以，无论初始的 α 取值多少，对第二期的预测总是第一期的实际值。预测的实际计算和 α 值的自动调整从第二期之后才开始。

第三步，从第二期开始，计算绝对百分比误差，并将这期的绝对百分比误差作为下期的平滑系数 α 值。

表 5-4 中，第二期绝对百分比误差等于 10%。将这个 0.1 作为第三期的 α 值，对第三期进行预测。再接着计算第三期的绝对百分比误差，为 35%。再将这 0.35 作为第四期的 α 值。以此类推，直至算出预测期的预测值。

如图 5-10 所示是将 α 值固定为 0.1 的预测曲线与自适应平滑预测曲线对比图。可以看出，自适应平滑曲线对实际需求的响应明显比 α 值固定为 0.1 时要好。

表 5-4　自适应平滑法——绝对百分误差

期间	1	2	3	4	5	6	7	8	9	10	11	12	13	14	15	16	17	18	19	20	预测期
实际需求量	5 415	6 048	8 471	7 978	11 298	15 471	15 176	15 492	16 380	17 420	12 852	14 446	15 617	16 728	19 115	16 363	18 885	18 564	13 710	12 948	
自适应平滑初始 α=0.1	5 415	5 415	5 481	6 536	6 797	8 590	11 650	12 469	13 059	13 732	14 513	14 298	14 300	14 411	14 732	15 737	15 761	16 278	16 560	15 968	15 264
绝对百分比误差		10%	35%	18%	40%	44%	23%	20%	20%	21%	13%	1%	8%	14%	23%	4%	17%	12%	21%	23%	
一次指数平滑 α=0.1	5 415	5 415	5 478	5 777	5 997	6 527	7 421	8 197	8 927	9 672	10 447	10 688	11 064	11 519	12 040	12 747	13 109	13 687	14 175	14 129	15 666
绝对百分比误差		10%	35%	28%	47%	58%	51%	47%	46%	44%	19%	26%	29%	31%	37%	22%	31%	26%	3%	9%	

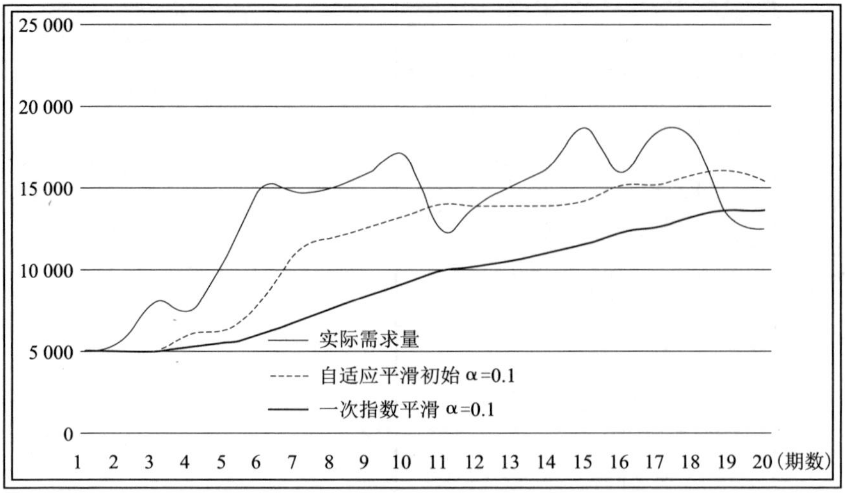

图 5-10　自适应平滑曲线图——绝对百分误差

从图中也可看出,因为小的 α 值有利于消除噪音,所以,使用自适应指数平滑法进行预测,当数据只有水平时,α 值一般保持很小;当数据水平发生变化时,α 值发生跳跃,进行自动调整。当数据水平变化消失后,α 值会立即恢复到较小的状态。

5.5.2　以调整平滑法确定平滑系数 α 值

调整平滑法是采用自平滑跟踪信号 *ASTS* 的绝对值对下一期预测 α 值进行自动调整。

采用这种方法进行预测的第一步和第二步与上一种方法相同,此处不再赘述。第三步,请看表 5-3,自第二期开始,计算自平滑跟踪信号 *ASTS* 的绝对值,并将这期的自平滑跟踪信号 *ASTS* 的绝对值作为下期的平滑系数 α 值。

自平滑跟踪信号 *ASTS* =平均误差 ME÷平均绝对误差 *MAE*,下期 α 取值为自平滑跟踪信号 *ASTS* 的绝对值。自平滑跟踪信号 *ASTS* 的绝对值的计算和预测结果见表 5-5。

表 5-5　自适应平滑法——自平滑跟踪信号

期　间	1	2	3	4	5	6	7	8	9	10	11	12	13	14	15	16	17	18	19	20	预测期
实际需求量	5 415	6 048	8 471	7 978	11 298	15 471	15 176	15 492	16 380	17 420	12 852	14 446	15 617	16 728	19 115	16 363	18 885	18 564	13 710	12 948	
自适应平滑初始 α=0.1	5 415	5 415	6 048	8 471	8 115	10 832	15 069	15 167	15 465	16 309	17 341	15 294	14 962	15 232	15 910	17 591	17 036	17 939	18 251	16 925	16 320
误差 *E*		−633	−2 423	493	−3 183	−4 639	−107	−325	−915	−1 111	4 489	848.1	−655	−1 496	−3 205	1 228	−1 849	−625	4 541	3 977	
平均误差 *ME*		−633	−1 528	−854.3	−1 437	−2 077	−1 749	−1 545	−1 467	−1 427	−835	−682	−690	−743	−919	−776	−843	−830	−531	−294	
绝对误差 *ME*		633	2 423	493	3 183	4 639	107	325	915	1 111	4 489	848.1	655.4	1 496	3 205	1 228	1 849	625	4 541	3 977	
平均绝对误差 *MAE*		633	1 528	1 183	1 683	2 274	1 913	1 686	1 590	1 537	1 832	1 742	1 652	1 640	1 752	1 717	1 725	1 660	1 820	1 934	
自平滑跟踪信号|*ASTS*|		0.9 999	0.9 999	0.7 222	0.8 535	0.913	0.914	0.916	0.922	0.929	0.456	0.392	0.412	0.453	0.524	0.452	0.489	0.5	0.292	0.152	
一次指数平滑 α=0.1	5 415	5 415	5 478	5 777	5 997	6 527	7 421	8 197	8 927	9 672	10 447	10 688	11 064	11 519	12 040	12 747	13 109	13 687	14 175	14 129	16 527

5.6 Holt双参数指数平滑法

上文中介绍了时间序列的4种基本模式：水平、趋势、季节性和噪音。一次指数平滑法是一种非常适合在水平模式下的预测方法，一次指数平滑法适合无趋势、无季节性的需求数据，如果需求数据没有任何趋势和季节性，一次指数平滑法是最好的需求预测方法。

但在实际工作中，没有趋势、没有季节性的需求非常少，甚至往往是不存在的。所以，需要一种能将趋势和季节性都考虑到的预测技术。于是，Holt双参数指数平滑法和Holt-Winters三参数指数平滑法应运而生。

5.6.1 Holt双参数指数平滑法的提出

Holt双参数指数平滑法由查尔斯·C·霍尔特(Charles C. Holt)从一次指数平滑法扩展而来。1957年，美国麻省理工学院和芝加哥大学的毕业生查尔斯·C·霍尔特发表了一篇论文《用指数加权移动平均线预测趋势和季节》，描述了双参数指数平滑法。

霍尔特将一次指数平滑法扩展了线性趋势构成，推进了指数平滑法对具趋势特点的数据进行预测的能力。

因为霍尔特使用了两个平滑系数(α和β)，分别估算序列的水平需求和增长趋势，所以，这种指数平滑法被称为Holt双参数指数平滑法。Holt双参数指数平滑法也称为带有趋势的指数平滑法。

5.6.2 Holt双参数指数平滑公式及说明

Holt双参数指数平滑公式如图5-11所示。式中：

(1)L表示水平，T表示趋势。

(2)S为实际值。

(3)α为水平平滑系数，β为趋势平滑系数，α和β的数值均在0—1之间。

(4) t 代表时期，t 期为当前期，$t-1$ 期为上一期。

(5) F_{t+m}为预测值，m 是进行预测的期间到预测当期的间隔期数，比如，预测未来第一期（即下一期），那 $m=1$；如果预测未来第三期，那么 $m=3$。F_{t+m}是需要预测当期之后第 m 期的预测值。

Holt双参数指数平滑公式

$$L_t=\alpha S_t+(1-\alpha)(L_{t-1}+T_{t-1})$$

$$T_t=\beta(L_t-L_{t-1})+(1-\beta)T_{t-1}$$

$$F_{t+m}=L_t+T_t m$$

图 5-11　Holt 双参数指数平滑公式

与一次指数平滑法不同，Holt 双参数指数平滑公式由三个等式组成。

第一个等式，在一次指数平滑的基础上添加了上一期平滑值对前期趋势的调整，将趋势带进当前数据。数值上，它不是对 t 期的预测 F 和实际值 S 之差的平滑，而是趋势与水平预测值之和的平滑。

第二个等式，主要作用是修正趋势在最近两个平滑值之间的差异。即，如果数据存在趋势，那么新的数据就会根据趋势高于（或低于）之前的数值，但趋势之外会存在随机性，所以用 β 来平滑并修正趋势。

第三个等式，是进行正式预测得出预测结果的等式。获得了水平（L）和趋势（T）的数值之后，可以对以后任何时期的需求进行预测。只需要确定预测以后哪一期，然后将水平和趋势的值代入这个等式，即可得出那一期的预测值。

比如，$L=62\ 151$，$T=1\ 934$，如果对以后的第三期进行预测，那么，将这些数值代入公式，得出预测值 $F=L+T\times3=62\ 151+1\ 934\times3=67\ 953$。

需注意的是：本节双参数指数平滑法和下一节三参数指数平滑法均不采用本期数据（本期实际数据未出来），后文不再提出。

5.6.3　*L*、*T* 初始值的确定

因为 Holt 双参数指数平滑公式中涉及水平 L 和趋势 T，并涉及 t 期和 $t-1$

期,所以除需要确定 L、T 的初始值外,还需要确定各自的第二期数据,即需要确四个值:L_1、L_2 和 T_1、T_2。

(1)L_1、L_2 的确定。如果数据序列在 15 期或以上,L_1、L_2 取第 1 期、第 2 期的实际值;如果数据序列在 15 期以下,L_1、L_2 都取前三期平均值。

(2)T_1、T_2 的确定。如果数据序列在 15 期或以上,T_1、T_2 都取第 1 期第 2 期的实际趋势(即第 2 期减去第 1 期);如果数据序列在 15 期以下,T_1、T_2 都取前三期实际趋势的平均值。

5.6.4 平滑系数 α 和 β 的确定

Holt 双参数指数平滑法涉及两个参数 α 和 β,需要一个一个地确定。一般情况下,先确定 α 的值。可参见上文内容

对于 β 的值的确定,有很多方法,但一些方法比较复杂,理解起来有点困难且不太实用。本书只介绍一种方法:试算评估法。

所谓试算评估法,指按指数平滑模型,确定 α 值后,采用不同的 β 值分别试算,然后通过平均绝对百分比误差(MAPE)对比评估不同 β 值的预测结果,选取预测结果最优的 β 值为最终确定的 β 值。

当然,在试算评估模式下,也可以同时调整 α 和 β,选择更优的 α 和 β 值。

5.6.5 Holt 双参数指数平滑法的应用实例

以下给出了 Holt 双参数指数平滑法的具体实例,见表 5-6。

表中列出了 20 期的实际需求量,需要用 Holt 双参数指数平滑法对未来的第 3 期进行预测。

第一步,确定 L_1、L_2 和 T_1、T_2 的初始值。本例直接采用第 1 期、第 2 期实际值 35 828、39 208 为 L_1、L_2 的值,采用第 1 期、第 2 期的实际趋势为 T_1、T_2 的值,即第 2 期减去第 1 期,39 208−35 828=3 380。

第二步,确定平滑系数 α 和 β。本例采用试算评估法,通过不断试算,确定 α 取值为 0.6,β 取值为 0.1。

第三步,按 Holt 双参数指数平滑公式,分别计算各期的水平 L、趋势 T 和预测值 F,详细见表 5-6。

表 5-6　Holt 双参数指数平滑法

期间	1	2	3	4	5	6	7	8	9	10	11	12	13	14	15	16	17	18	19	20	预测期
实际需求量	35 828	39 208	41 236	40 898	44 278	44 278	47 996	50 362	49 348	50 700	55 432	57 122	55 770	59 150	61 516	61 178	63 882	67 660	68 614	68 952	
L 水平 $\alpha=0.6$	35 828	39 208	39 208	41 777	41 574	44 494	44 516	47 682	49 328	49 661	51 452	54 071	56 038	56 014	59 075	60 226	61 389	63 361	66 109	67 407	68 787
T 趋势 $\beta=0.1$	3 380	3 380	3 380	3 042	3 298.9	2 718	3 261	2 448	3 252	2 368	2 960	2 310	2 926	2 276	2 631	2 354	2 483	2 235	2 432	2 286	2 318.2
F 预测 $m=1$	39 208	42 588	42 588	44 819	44 873	47 212	47 777	50 130	52 580	52 029	54 412	56 381	58 963	58 290	61 706	62 580	63 872	65 596	68 540	69 693	71 106
预测第 3 期　$S=L+T\times3=67\ 407+2\ 286\times3=74\ 265$　MAPE=2.667%																					
一次指数平滑 $\alpha=0.1$	35 828	35 828	36 166	36 673	37 096	37 814	38 460	39 414	40 509	41 393	42 324	43 635	44 984	46 063	47 372	48 786	50 025	51 411	53 030	54 588	56 024

第四步,预测未来第 3 期的需求,将最后一期 L 值 67 407 和 T 值 2 286 以及第 3 期的"3"代入公式的第三个等式,$F=L+T\times3=67\ 407+2\ 286\times3=74\ 265$,得出未来第 3 期的预测是 74 265。

第五步,如果需要预测未来第 2 期或第 4 期的需求,将上式中"3"换为"2"或"4"即可。

5.6.6 Holt 双参数指数平滑法预测曲线图

如图 5-12 所示,为上文中的实例,用双参数指数平滑法进行预测的曲线图。从图中可以看出,在需求有趋势的情况下,Holt 双参数指数平滑法明显好于一次指数平滑法。这是因为,Holt 双参数指数平滑法的作用和目的就是处理趋势。

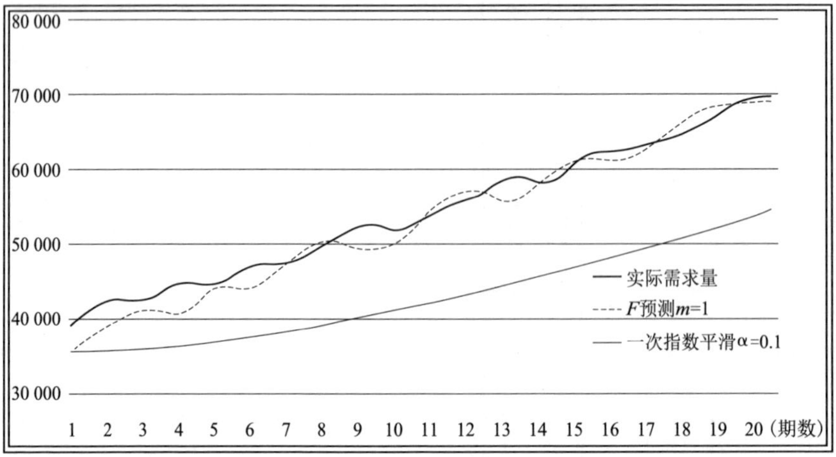

图 5-12 Holt 双参数指数平滑曲线图

5.6.7 二次指数平滑法

它是对一次指数平滑的预测结果进行再平滑,其公式如图 5-13 所示。二次指数平滑法仅使用一个平滑系数 α,而 Holt 双参数指数平滑法使用 α 和 β 两个平滑系数进行平滑和修正,这是 Holt 双参数指数平滑法与二次数平滑法最大的不同。

方法没有优劣对错之分,合适的方法就是好方法。在实际工作中,可视具体情况选择不同的方法。

二次指数平滑法公式

$$F_t^{(1)} = \alpha S_t + (1-\alpha) F_{t-1}^{(1)}$$

$$F_t^{(2)} = \alpha F_t^{(1)} + (1-\alpha) F_{t-1}^{(2)}$$

$$F_{t+T} = a_t + b_t T$$

$$a_t = 2F_t^{(1)} - F_t^{(2)}$$

$$b_t = \frac{\alpha}{1-\alpha}\left(F_t^{(1)} - F_t^{(2)}\right)$$

图 5-13　二次指数平滑法公式

5.7　Holt-Winters 三参数指数平滑法

上文提到，一次指数平滑法非常适合在水平模式下进行预测，即没有趋势和季节性；Holt 双参数指数平滑法对具有趋势特点的数据有较强的预测能力。

但如果序列有明显的季节性或季节性确定存在时，那么，无论是一次指数平滑法还是 Holt 双参数指数平滑法都不再适用了。这种数据序列要求采用季节性方法，以消除季节性的影响。

Holt-Winters 三参数指数平滑法是目前使用最多的季节性预测方法之一。

5.7.1　Holt-Winters 三参数指数平滑法的概念

Holt-Winters 三参数指数平滑法由彼得·温特斯（Peter R. Winters）通过添加季节性构成（季节性指数），在 Holt 双参数指数平滑法基础上扩展而来。查尔斯·C·霍尔特提出双参数指数平滑法三年后，霍尔茨学院的一名学生彼得·温特斯在其基础上加入了季节性因素。

这种新的算法采用三个参数 α、β 和 γ，使用 3 个等式来涵盖水平、趋势和季节性构成，被称为 Holt-Winters 三参数指数平滑法。它被称为 Winters 方法，又被直观地称为带有趋势和季节性的指数平滑法。

按对季节性采用的建模方式不同，可以将 Winters 三参数指数平滑法分为两种不同的建模方法：乘法建模和加法建模。乘法是对季节性构成采取相乘方式处理，而加法则是对季节性构成进行累加处理。即加法是加上或减掉季节因素，而乘法则是与季节因素相乘。

5.7.2 Holt-Winters 三参数指数平滑法公式及说明

Holt-Winters 三参数指数平滑法的公式如图 5-14 所示。其中：

(1)L 表示水平，T 表示趋势，C 表示季节性。

(2)S 为实际值。

(3)α 为水平平滑系数，β 为趋势平滑系数，γ 为季节性平滑系数，α、β 和 γ 数值均在 0—1 之间。

(4)t 代表时期，s 为季节性长度，即季节性的周期长期或季节跨度，比如 12 个月，比如 4 周等。

(5)F_{t+m}为预测值，m 是进行预测的时间到预测当期的间隔期数，比如，预测未来第一期(即下一期)，那 $m=1$；如果预测未来第三期，那么 $m=3$。F_{t+m}是需要预测当期之后第 m 期(含预测当期)的预测值。

Holt-Winters公式

乘法：

$$L_t=\alpha\frac{S_t}{C_{t-s}}+(1-\alpha)(L_{t-1}+T_{t-1})$$

$$T_t=\beta(L_t-L_{t-1})+(1-\beta)\ T_{t-1}$$

$$C_t=\gamma\frac{S_t}{L_t}+(1-\gamma)C_{t-s}$$

$$F_{t+m}=(L_t+T_t m)C_{t-s+m}$$

加法：

$$L_t=\alpha(S_t-C_{t-s})+(1-\alpha)(L_{t-1}+T_{t-1})$$

$$T_t=\beta(L_t-L_{t-1})+(1-\beta)T_{t-1}$$

$$C_t=\gamma(S_t-L_t)+(1-\gamma)C_{t-s}$$

$$F_{t+m}=L_t+T_t m+C_{t-s+m}$$

图 5-14 Holt-Winters 公式

Holt-Winters 三参数指数平滑法有 3 个指数，使用 3 个等式来涵盖水平、趋势和季节性构成；再加上预测等式，Holt-Winters 三参数指数平滑公式由四个等式组成。

第一个等式，在水平和趋势的基础上加入季节性调整，去除季节性，从等式中可看出，乘法采取的方法是用实际平滑值除以季节性构成，而加法则是用实际平滑值减去季节性构成。

第二个等式，与 Holt 双参数指数平滑法一样，主要作用是修正趋势在最近两个平滑值之间的差异。

第三个等式，计算季节性构成，即计算季节性指数，以上一个季节周期数据对本期进行调整，乘法采取的方法是除以水平平滑，加法采取的方法为减去水平平滑。

第四个等式，是进行正式预测得出预测结果的等式。公式逻辑是，水平加趋势乘以预测期数，再乘以（或加上）该期的季节性指数（或季节因素），即可得到该期的预测值。

在获得水平（L）、趋势（T）和季节性（C）的数值之后，可以对以后任何时期的需求进行预测。只需要确定预测以后哪一期，然后将水平、趋势和季节性的值代入这个等式，即可得出那一期的预测值。

5.7.3　L、T、C 初始值的确定

Holt-Winters 三参数指数平滑公式中涉及水平 L、趋势 T 和季节性 C，并涉及 t 期、$t-1$ 期和 $t-$s 期。在水平 L 和趋势 T 方面，需要确定 L、T 的初始值和各自的第二期数据，即 L_1、L_2 和 T_1、T_2。在季节性 C 方面，需要确定 C 的初始值 C_1 和第一个季节期间的 C_{t-s} 值。

（1）L_1、L_2 的确定。如果数据序列在 15 期或以上，L_1、L_2 取第 1 期、第 2 期的实际值；如果数据序列在 15 期以下，L_1、L_2 都取前三期平均值。

（2）T_1、T_2 的确定。如果数据序列在 15 期或以上，T_1、T_2 都取第 1 期第 2 期的实际趋势，即第 2 期减去第 1 期；如果数据序列在 15 期以下，T_1、T_2 都取前三期实际趋势的平均值。

（3）C_1 的确定。乘法的 C_1 直接取值为 1，加法的 C_1 直接取值为 0，即假设第

一期没有季节性。

(4)C_{t-s}的确定。在一个季节性长度内,乘法的C_{t-s}全部直接取值为1,加法的C_{t-s}全部直接取值为0。假如季节性长度为12个月,那么,前12个月的季节性构成计算中,乘法C_{t-s}全部取1,加法C_{t-s}全部取0。

5.7.4 平滑系数α、β和γ的确定

和一次指数平滑、Holt双参数指数平滑法一样,可以采取多种方法确定α、β和γ的值。

Holt-Winters三参数指数平滑法平滑系数α、β和γ的确定,笔者建议采用试算评估法,因为其简单、直接并且有效。

5.7.5 Holt-Winters三参数指数平滑法应用实例(乘法)

以下给出Holt-Winters三参数指数平滑法乘法的实例,见表5-7,加法的计算过程与乘法基本一致,按公式的不同,得出的结果略有不同。

实例中,列出了2016年至2019年共4年的A产品实际需求数据,现在用Holt-Winters三参数指数平滑法对2020年的第1—3期的需求数据进行预测。

表5-7 三参数指数平滑法实例

A产品	α	0.3	β	0.15	γ	0.1
年度	月份	实际值	水平L	趋势T	季节性C	预测值
2016	1	4 189	4 189	−274.0	1.00	3 915
2016	2	3 915	3 915	−274.0	1.00	3 641
2016	3	4 344	3 915	−274.0	1.00	3 641
2016	4	4 260	352	−232.9	1.00	3 619
2016	5	4 903	3 827	−242.4	1.00	3 584
2016	6	5 307	4 004	−201.7	1.00	3 802
2016	7	4 998	4 101	−179.4	1.00	3 922
2016	8	5 608	4 161	−156.9	1.00	4 004
2016	9	4 225	4 427	−143.5	1.00	4 283
2016	10	3 713	4 070	−93.6	1.00	3 977

续表

A 产品	α	0.3	β	0.15	γ	0.1
年度	月份	实际值	水平 *L*	趋势 *T*	季节性 *C*	预测值
2016	11	6 747	4 112	−175.4	1.00	3 937
2016	12	6 343	4 808	−73.3	1.00	4 735
2017	1	3 772	4 659	−44.7	1.00	4 614
2017	2	3 939	4 446	−84.7	0.98	4 361
2017	3	4 094	4 411	−69.9	0.99	4 341
2017	4	4 593	4 281	−77.1	0.99	4 204
2017	5	5 034	4 417	−79.0	1.01	4 333
2017	6	5 617	4 453	−15.2	1.01	4 408
2017	7	4 939	4 722	−61.8	1.03	4 660
2017	8	5 855	4 567	1.9	1.00	4 569
2017	9	4 046	5 018	−7.7	1.03	4 943
2017	10	3 562	4 412	69.3	0.98	4 481
2017	11	7 485	4 535	−155.3	0.98	4 379
2017	12	6 010	5 383	77.3	1.07	5 460
2018	1	4 022	4 868	−4.8	1.01	4 864
2018	2	4 117	5 028	−11.4	0.98	4 922
2018	3	4 558	4 664	19.9	0.96	4 630
2018	4	4 808	4 895	−64.4	0.99	4 796
2018	5	5 129	4 731	51.7	0.99	4 818
2018	6	5 462	4 909	−79.3	1.01	4 897
2018	7	5 153	4 964	70.6	1.02	5 166
2018	8	6 164	4 887	−59.2	1.03	4 850
2018	9	3 677	5 365	48.5	1.03	5 566
2018	10	3 987	4 453	21.4	0.99	4 387
2018	11	7 069	5 009	−95.7	0.97	4 821
2018	12	6 271	5 293	101.7	1.02	5 746
2019	1	4 332	5 206	−38.7	1.08	5 227
2019	2	4 082	5 061	73.3	0.99	5 045
2019	3	4 653	4 863	−54.7	0.97	4 639

续表

A产品	α	0.3	β	0.15	γ	0.1
年度	月份	实际值	水平 L	趋势 T	季节性 C	预测值
2019	4	5 200	5 041	32.7	0.96	5 010
2019	5	5 450	4 946	−19.8	0.99	4 885
2019	6	5 879	5 200	13.5	1.00	5 292
2019	7	5 569	5 186	21.3	1.03	5 331
2019	8	6 605	5 281	9.3	1.03	5 435
2019	9	4 605	5 574	32.4	1.05	5 776
2019	10	4 332	5 044	51.8	1.01	5 065
2019	11	7 878	5 232	−51.9	0.98	5 036
2019	12	6 914	5 999	72.2	1.03	6 218
2020	1	F_1	5 651	70.9	1.04	6 163
2020	2		$F_2=(L+T\times2)\times C_2$			5 757
2020	3		$F_3=(L+T\times2)\times C_3$			5 659

其预测过程如下。

(1)确定 L_1、L_2,T_1、T_2 和 C_1 的初始值。本例直接采用第1期、第2期实际值4 189、3 915为 L_1、L_2 的值。采用第1期第2期的实际趋势为 T_1、T_2 的值,即第2期减去第1期,3 915−4 189=−274。C_1 直接取值为1。

(2)确定第一个季节周期内 C_{t-s} 的值。第一个季节周期,即2016年 C_{t-s} 全部取1,2017年1月开始季节性指数 C 正常计算。

(3)确定平滑系数 α、β 和 γ。这里采用试算评估法,通过不断试算,确定 α 取值为0.3,β 取值为0.15,γ 取值为0.1。

(4)按Holt-Winters三参数指数平滑乘法公式,分别计算各期的水平 L、趋势 T、季节性 C 和预测值 F,见表5-7。

(5)预测2020年1—3期的需求。计算出2020年1月 L 值5 651,T 值70.9,C 值1.04,将这些数据代入Holt-Winters三参数指数平滑乘法公式(2020年1月至3月,m 值分别为1、2、3;同时,C 值直接取2019年对应月份数值),即可得出这三个月的预测值,分别是6 163、5 757、5 659。

5.7.6　加法与乘法比较

Holt-Winters 三参数指数平滑法，不管是加法还是乘法，主要都是处理季节性。

当季节性与时间序列水平和趋势相互影响和作用时，当一个产品的季节性与长期趋势大致呈比例变化，季节性随着时间序列的变化而变化时，那么，说明该季节模式是乘法模式，可以通过 Holt-Winters 三参数指数平滑法乘法来进行建模预测。

当季节性与时间序列水平和趋势相互独立时，当某个产品的季节性是一个定期重复的常量，季节性波动大小不随时间序列的变化而变化时，即季节性变动大致相等，那么使用加法更为合适。

在需求预测实际应用中，Holt-Winters 三参数指数平滑法的乘法应用更多，加法则比较少见，是乘法的替代方法。

5.8　指数平滑法的优缺点和最佳应用范围

需求预测方法没有优劣之分，只有适不适合之别。几乎所有的需求预测方法都有缺点，都受所处条件的限制，从而表现效果千差万别。

所有的数据都是不一样的，需求预测必须考虑数据的局限性和多变性，实际操作中，不能指望一种或固定的几种预测方法就能获得较高的预测准确度。

5.8.1　指数平滑法的优点

指数平滑法通过权重的指数衰减，对各期数据按时期的远近，赋予不同的权重，克服了移动平均法对各期数据都给予相同权重的缺陷，使预测值更接近实际值，能更好地反映需求的波动情况。

指数平滑法数据需求量小，只需少数数据即可对未来需求进行预测，对数据存储的需求也非常小，易于进行系统化和自动化。指数平滑法简单易行，进行预测建模的操作相对简单，容易理解且运行成本低，为大多数预测人员所采用，是最受欢迎和使用最多的时间序列预测方法。

自适应指数平滑法克服了平滑系数 α 值的选择问题，具有自适应性，预测模型能够自动识别数据变化而加以调整。

Holt 双参数指数平滑法和 Holt-Winters 三参数指数平滑法使用多个平滑系数，能有效地预测和把握时间序列未来的趋势和季节性，从而有效地应对时间序列的变化。

5.8.2 指数平滑法的缺点

指数平滑法是一种时间序列预测方法，其预测依据来源于历史数据，对促销和营销活动引起需求变化无法感知。即指数平滑法无法识别诸如价格、广告、促销、市场或经济波动等因素带来的需求变化，不能利用解释性变量进行需求塑造。

指数平滑法较难找到最优的指数平滑系数，对需求变化的调整存在滞后性，无法一定时间内对需求突变进行预测。

指数平滑法能很好地预测未来 1—3 期的需求，但对于更远时期的预测效果不佳。

5.8.3 指数平滑法的最佳应用范围

(1)指数平滑法适合对成熟产品的需求进行预测。成长型产品、新产品和冷门产品均不建议采用指数平滑法。

(2)一次指数平滑法适合水平稳定，没有趋势和季节性的需求进行预测。当水平有波动或变化但仍没有明显的趋势和季节性时，可以采用自适应指数平滑法。

(3)当需求具有明显趋势(增长或下降)但未表现出季节性，Holt 双参数指数平滑法是最好的预测方法。当需求同时具有趋势和季节性，Holt-Winters 三参数指数平滑法是最佳选择。

(4)指数平滑法只适合做短期预测。一次指数平滑法适合对下一个周期进行预测；Holt 双参数指数平滑法和 Holt-Winters 三参数指数平滑法适合对未来 1—3 期进行预测；超过三个周期，不建议使用指数平滑法。

学以致用

学习：

时间序列的常见方法。

思考：

Holt-Winters 三参数指数平滑法是不是比一次指数平滑法要好？

应用：

套用企业数据，使用本章的方法进行需求预测。

第 06 章　需求预测方法 2:线性回归分析预测法

在需求预测实践中,时间序列技术的缺点是不能考虑外部因素对需求的影响。但外部因素如降价、促销、竞品上市等存在时,它们对需求的影响是实实在在的,在需求预测中,必须考虑这些影响。这时,就用到了回归分析预测。

回归分析预测法也是一种定量预测方法,它是以外生数据(解释性数据)为分析对象的一种预测方法。前文回归分析的分类中,提到一些非常复杂的回归分析方法,如岭回归、Lasso 回归、泊松回归等,但它们并不能有效提升,甚至不能提升预测准确率,在需求预测实践中意义不大。因此本书主要介绍线性回归分析。

6.1　回归分析的基础概念

将线性回归应用于需求预测,需要先了解回归分析的一些基础的概念。本节介绍回归分析的 13 个基础概念,分别是:变量、自变量、因变量、相关性、相关系数、正相关、负相关、强相关、中相关、弱相关、不相关、回归分析和回归分析预测法。

6.1.1　变量

回归分析需要了解的第一个概念是变量。简单地说,变量,是可以变化的量。变量是相对于常量的一个概念,在回归分析中,变量指存在不同值的各种指标。

变量具有以下特征。

(1)变量需要有一个载体(或者说指标)。比如销量、折扣、时间等都是变量的载体。

(2)变量是一个数量。这个数量可以体现为数值，如销量50元；也可以体现为某一项特征，如性别的男、女。

(3)变量的值是可以变化的。如气温每天在变化，每天的温度值不同等。

(4)变量有很多种，回归分析的任务之一就是要找出一些有用的变量，来进行分析、评估和利用。

6.1.2　自变量与因变量

自变量也称解释性变量，或预测变量，指回归分析者主动操纵的变量。因变量也称目标变量，指被测定或被记录的变量。因变量是由于自变量变动而引起变动的量。

这两个概念可以换一种表达来加深理解：自变量是“原因”，因变量是“结果”。也就是说，那些表示原因的是自变量，因原因而得到的结果就是因变量。

比如，某公司为提升销量进行一轮降价促销，其中价格就是自变量，价格变动会带来销量的变化，销量就是因变量。再比如，某公司采用做广告的方式来提升销量，广告投入就是自变量，广告投入带来不同的销量变化，销量就是因变量。

在以需求预测为目的的回归分析中：需要进行预测变量的是因变量，其他一切为计算预测值而引用的变量都是自变量。

比如，以气温变化和居民空调数量来预测用电量，要预测的是用电量，用电量就是因变量；为了预测用电量而采集的数据“每日温度”和“居民空调数量”就是自变量。

在进行回归分析时，自变量可以有若干个，但因变量只有一个。

6.1.3　相关性与相关系数

在回归分析中，相关性是指变量与变量之间的相互影响程度或相互关联程度。各变量之间是共变关系，即“你变我也变”，互相影响互相关联。当然，变的方向和变的程度可以不同。

相关系数是衡量两个变量相关性的指标，用字母R表示，其取值在－1到＋1之间。相关系数最早由英国统计学家卡尔·皮尔逊设计并提出。相关系数的计算公式如图 6-1 所示。

$$公式：R=\frac{\sigma_{xy}}{\sigma_x \sigma_y}=\frac{S_{xy}}{\sqrt{S_{xx}S_{yy}}}$$

σ_{xy}：协方差	σ_x：x标准差
σ_y：y标准差	S_{xy}：xy离差积和
S_{xx}：x离差平方和	S_{yy}：y离差平方和

$$R=\frac{\sum(x-\bar{x})(y-\bar{y})}{\sqrt{\sum(x-\bar{x})^2(y-\bar{y})^2}}$$

图 6-1　相关系数计算公式

图中的公式看起来很复杂，很多人看不懂。看不懂没关系，本书也不准备讲解，因为在实际操作中，计算相关系数有简单易学的算法。供应链管理主要是为了实践，在各种计算工具越来越先进、越来越简单的今天，对一些复杂的算法，供应链从业者只需要了解就可以。

计算相关系数简单的算法是用 Excel 函数计算，即用 Excel 中的 CORREL 函数就可以轻松地计算相关系数。

CORREL 函数有两个参数，分别是两个变量的数组区域，如图 6-2 所示是 CORREL 函数介绍。

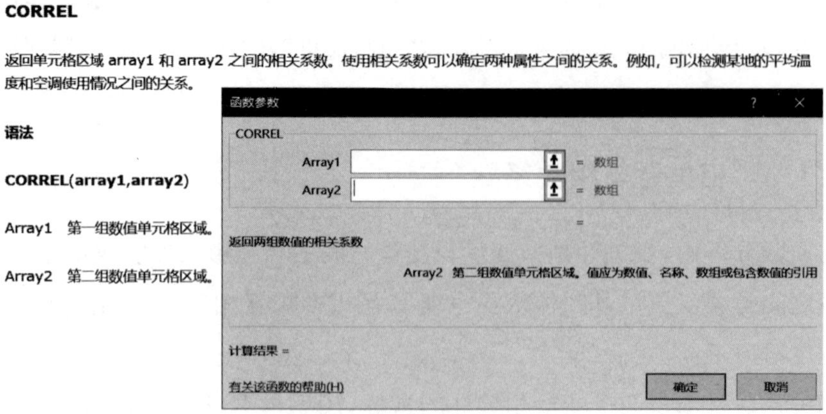

图 6-2　CORREL 函数介绍

以一个实例来说明用 CORREL 函数计算相关系数，如图 6-3 所示。

图中，CORREL 函数的两个参数，第一个参数是自变量气温，选择气温的数据区域 B3：B16（B 列第 3 行到 16 行）；第二个参数是因变量业绩，选择业绩的数据区域 C3：C16（C 列第 3 行到 16 行）。输入两个参数，CORREL 函数即可得出气温和业绩两个变量的相关系数（R 值）。本例计算的 R 值约为－0.818（相关系数 R 值为负，表示两个变量负相关，即气温越高，业绩越低）。

回归火锅店气温与业绩

日期	自变量 x 气温℃	因变量 y 业绩/元
1月5日	4	5 628
1月6日	3	5 025
1月7日	9	3 886
1月8日	6	5 159
1月9日	0	5 360
1月10日	4	5 628
1月11日	7	3 417
1月12日	6	4 154
1月13日	-1	6 231
1月14日	8	3 953
1月15日	0	6 097
1月16日	6	4 355
1月17日	1	4 891
1月18日	5	4 288

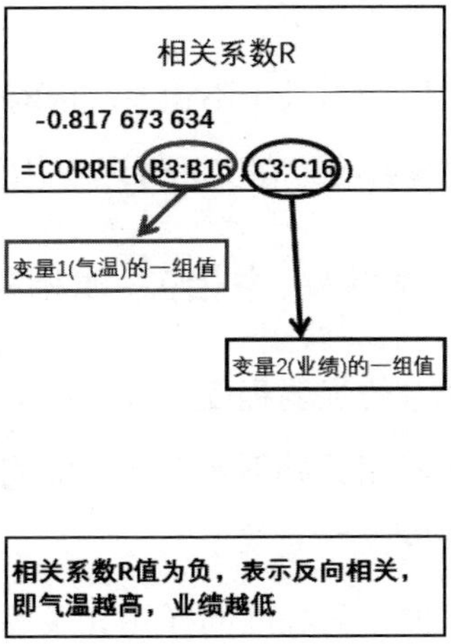

图 6-3　CORREL 函数实例

6.1.4　正相关、负相关和不相关

相关性按变化的方向一般分为三种：正相关、负相关和不相关。当 R 为 0 时，表示两个变量绝对不相关。当 R 大于 0 时，两个变量正相关，即“你增加我也增加，你减少我也减少”。当 R 小于 0 时，两个变量负相关，即“你增加我减少，你减少我增加”。当 R 等于 1 或－1 时，表示两个变量绝对相关。

(1)当 R 为正值时,表示正相关。即当一个变量变化时,另一个变量和它相同方向变化,一个增加另一个也增加,或一个减少另一个也减少。比如,当气温上升时,空调耗电量就增加;当气温下降时,空调耗电量也会下降。气温和空调耗电量就是正相关。

(2)当 R 为负值时,表示负相关。即当一个变量变化时,另一个变量和它相反方向变化,一个增加另一个减少,或一个减少另一个增加。比如,当气温上升时,吃麻辣火锅的人就会减少;当气温下降时,吃麻辣火锅的人就会增加,气温和吃麻辣火锅的人数就是负相关。

(3)当 R 为 0 时,表示不相关。指两个变量之间没有关系,一个变量的变化对另一变量没有明显影响。在实际管理中,R 为 0 的情况(即完全不相关)几乎不会出现。

6.1.5 强相关、中相关、弱相关和不相关

按相关关系的强弱程度可以将相关性分为四种:强相关、中相关、弱相关和不相关。这里的不相关并不是上文中的完全不相关,即相关系数为 0,而是指相关程度非常低的情况。

相关关系的强弱程度同样用相关系数 R 值判定,其取值在[-1,1]。各相关强弱程度对应的 R 值,本书给出如下标准,如图 6-4 所示。

(1)当 R 大于 0.7(或小于-0.7),两个变量强相关。

(2)当 R 在 0.5—0.7 之间(或-0.7—-0.5),两个变量中相关。

(3)当 R 在 0.3—0.5 之间(或-0.5—-0.3),两个变量弱相关。

(4)当 R 小于 0.3(或大于-0.3),两个变量不相关(几乎不存在相关关系)。

R 值范围	相关程度
±0.7 或更大(小)	强相关
±0.5—±0.7	中相关
±0.3—±0.5	弱相关
±0.3 或更小(大)	不相关

图 6-4　相关程度判定标准

6.1.6　回归分析的特征

回归分析是对两个或两个以上变量之间的相关关系进行定量研究的一种统计分析方法，其有以下特征。

(1)回归分析研究的是两个或两个变量之间的关系，单一的变量不存在回归分析。

(2)回归分析研究的是相关关系，当两个变量之间不存在相关关系时，就没有进行回归分析的必要。

(3)回归分析是一种定量研究方法，是一种统计分析方法。

6.1.7　回归分析预测法

它是在分析自变量和因变量之间相关关系的基础上，建立变量之间的回归方程，并将回归方程作为预测模型进行预测的一种预测方法。

回归分析预测法，主要是发现需求(因变量)和影响需求的因素(自变量)之间的关系，从而利用这些关系来帮助预测未来的需求。

回归分析是对两个变量之间的相关关系进行分析，不分因变量和自变量；而回归分析预测，主要是以自变量来解释和预测因变量(即需求)。

6.2　一元线性回归分析

需求预测中，按自变量的个数不同，将线性回归分析分为一元线性回归分析和多元线性回归分析。

一元线性回归分析是只有一个自变量的回归分析，是指因变量 Y(预测变量)依赖单一自变量 X(解释变量)的回归分析。它是简单回归分析。

当然，实际需求预测场景中，一个自变量(影响需求的因素)是一种非常理想的状况，很少出现，甚至几乎不存在。线性回归分析在需求预测中的应用，主要还是多元线性回归。

但因为一元线性回归是多元线性回归的基础，所以在这里有必要先讲解一元线性回归。

6.2.1 一元线性回归方程

线性回归分析，是假设因变量和自变量之间存在线性关系的回归分析，线性关系可以用一元或多元方程的形式表现出来，这个方程就是一元（或多元）线性回归方程。

一元线性回归方程方程式是 $y=ax+b$，如图 6-5 所示。

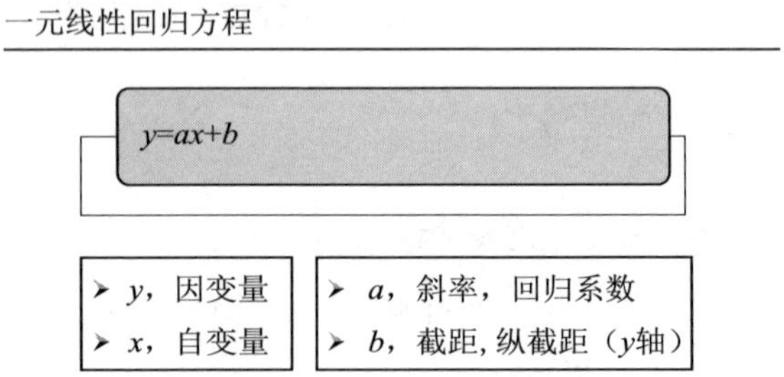

图 6-5 一元线性回归方程

式中，y 为因变量，x 为自变量。a 为回归直线的斜率，也称为回归系数（regression coefficient），它表示自变量 x 对因变量 y 影响大小的参数。回归系数越大，代表自变量 x 对因变量 y 的影响越大。

回归系数与相关系数的正负方向相同，即正相关关系的回归系数为正数，表示因变量 y 随着自变量 x 增大而增大；负相关关系的回归系数为负数，表示因变量 y 随着自变量 x 增大而减少（负向增大）。

b 为截距。截距分为横截距和纵截距，横截距是直线与 X 轴交点的横坐标，纵截距是直线与 Y 轴交点的纵坐标。在线性回归方程中，b 是指的纵截距，即回归直线与 Y 轴交点的纵坐标。

6.2.2 求解一元回归方程

表 6-1 模拟了一组数据，记录了回归火锅店 1 月 5 日至 1 月 8 日的气温和销

售业绩。气温和销售业绩是一个数据集。回归分析其实就是寻找一条最能“拟合”这组数据集的最佳直线。所谓“拟合”，指找出一条穿过数据集的，并且这组数据集上的每个数据点到直线距离最近的直线。

表 6-1　回归火锅店气温与销售业绩

日　期	自变量 x 气温/℃	因变量 y 业绩/元
1 月 5 日	4	5 628
1 月 6 日	3	5 025
1 月 7 日	9	3 886
1 月 8 日	6	5 159
1 月 9 日	0	5 360
1 月 10 日	4	5 628
1 月 11 日	7	3 417
1 月 12 日	6	4 154
1 月 13 日	−1	6 231
1 月 14 日	8	3 953
1 月 15 日	0	6 097
1 月 16 日	6	4 355
1 月 17 日	1	4 891
1 月 18 日	5	4 288

这条最佳的直线就是需要求解的回归直线 $y=ax+b$，这条直线方程有线性回归系数 a 和截距 b 两个未知数，求解回归方程的目的就是要解出这两个未知数。

求解回归方程的方法有很多种，比如最小二乘法。不过最小二乘法从原理方面求解的方法有些复杂，做需求预测时没必要了解这些理论和原理。所以，本书不做介绍，只介绍更为简便的三种回归议程的 Excel 求解法。

1. 用 LINEST 函数求解

LINEST 函数求解就是用 Excel 函数 LINEST 求出回归系数 a 和截距 b，从而得出回归方程。

LINEST 函数的用法如图 6-6 所示。LINEST 函数一般有 4 个参数，但后两个参数基本用不上，在需求预测实战中可以直接忽略，使用前面两个参数即可。

在一元线性回归方程求解中，LINEST 函数第一个参数是因变量数据区域，第二个参数是自变量数据区域。第一个参数因变量，在本例中是业绩，数据区域是 C3:C16（C 列第 3 行到 16 行）。第二个参数自变量，在本例中是气温，数据区域是 B3:B16（B 列第 3 行到 16 行）。

同时选定需要计算的回归系数 a 和截距 b 的单元格，将这两个数据区域（两个参数）录入 LINEST 函数，Ctrl＋Shift＋Enter 三键同按完成输入，即可得出回归系数 a 和截距 b 的求解结果。本例中，回归系数 $a=-225.8$，截距 $b=5\ 797.7$，由此可解出一元线性回归方程 $y=ax+b=-225.8x+5\ 797.7$。

从图 6-6 可以看到，LINEST 函数外面有大括号，因为它是一个数组公式。Excel 中，数组公式需要 Ctrl＋Shift＋Enter 三键同按完成输入。

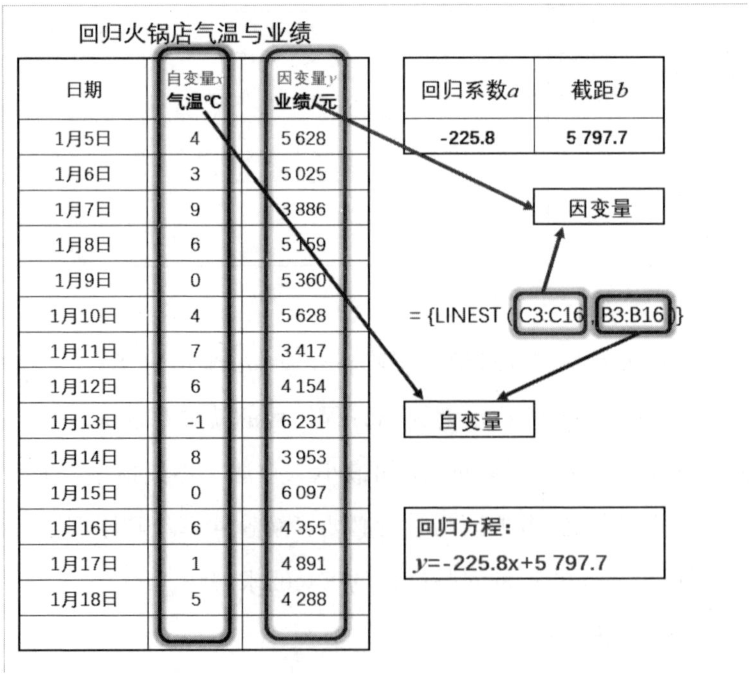

图 6-6　用 LINEST 函数求解回归方程

2. 使用 Excel 中散点图功能自动求解

如图 6-7 所示，在 Excel 中插入散点图后，选择趋势线—线性，这时，散点图中增加了一条趋势线，这条趋势线就是回归方程的回归直线。

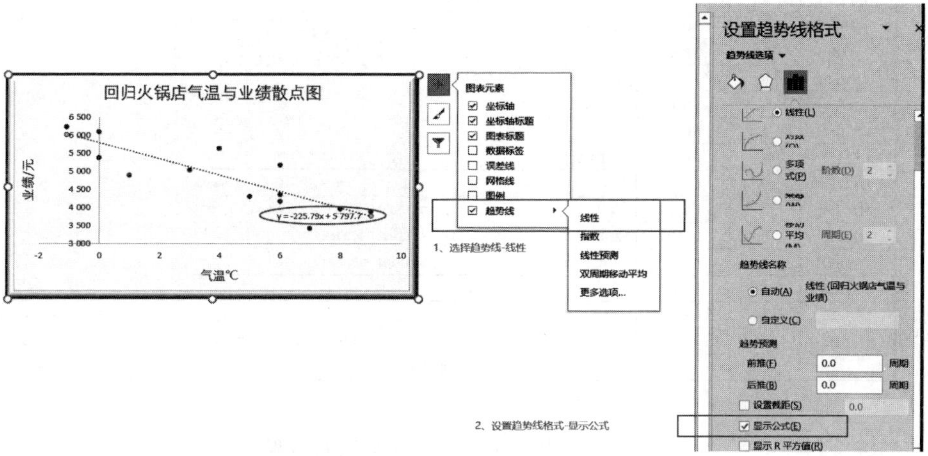

图 6-7　散点图求解一元回归方程

增加趋势线后，再进行趋势线格式设置。在设置页面，选择“显示公式”，这样，回归方程就显示在散点图中的回归直线旁边（$y=-225.8x+5\ 797.7$）。

与 LINEST 函数求解结果一致。

3. 使用 Excel 数据分析工具

数据分析是 Excel 自带的一个统计分析工具，里面有多种统计方法和统计工具可以使用，如方差计算、指数平滑和回归分析等。

点开 Excel 中数据分析工具，选择“回归”，在跳出的选项卡中，分别填入因变量区域、自变量区域及数据输入区域；点击确认后，即可生成回归分析结果，如图 6-8 所示。在这个分析结果中，含有回归系数 a 和截距 b 两个未知数的计算结果，这就解出了回归方程。

本例生成的回归分析结果中，回归系数 $a=-225.8$，截距 $b=5\ 797.7$，由此可解出一元线性回归方程 $y=ax+b=-225.8x+5\ 797.7$，与 LINEST 函数求解、

Excel 数据分析工具求解的结果完全一致。

回归火锅店气温与业绩

日期	自变量x 气温℃	因变量y 业绩/元
1月5日	4	5 628
1月6日	3	5 025
1月7日	9	3 886
1月8日	6	5 159
1月9日	0	5 360
1月10日	4	5 628
1月11日	7	3 417
1月12日	6	4 154
1月13日	-1	6 231
1月14日	8	3 953
1月15日	0	6 097
1月16日	6	4 355
1月17日	1	4 891
1月18日	5	4 288

回归统计	
Multiple R	0.817 674
R Square	0.668 59
Adjusted R Square	0.640 973
标准误差	522.656 5
观测值	14

回归方程：
y=-225.8x+5 797.7

方差分析

	df	SS	MS	F	ignificance F
回归分析	1	6 613 153	6 613 153	24.208 94	0.000 354
残差	12	3 278 038	273 169.8		
总计	13	9 891 191			

	Coefficients	标准误差	t Stat	P-value	Lower 95%	Upper 95%	下限 95.0%	上限 95.0%
Intercept	5 797.714	235.917	24.575 22	1.24E-11	5 283.695	6 311.733	5 283.695	6 311.733
X Variable 1	-225.793	45.890 46	-4.920 26	0.000 354	-325.78	-125.806	-325.78	-125.806

图 6-8　数据分析工具求解回归方程

6.3　多元线性回归分析

实际需求预测场景中，影响需求的外部因素不止一个，这时需要用到多元线性回归分析。

6.3.1　多元线性回归方程

多元线性回归分析，是通过多个因素（自变量）对目标（因变量）进行预测的一种手段和方法，可以简单理解为有两个或两个以上自变量的回归分析。

多元线性回归分析自变量和因变量的关系，可以用多元线性方程式的形式表现出来，这个多元线性方程式表示为 $y=a_1x_1+a_2x_2+\cdots+a_nx_n+b$，如图 6-9 所示。

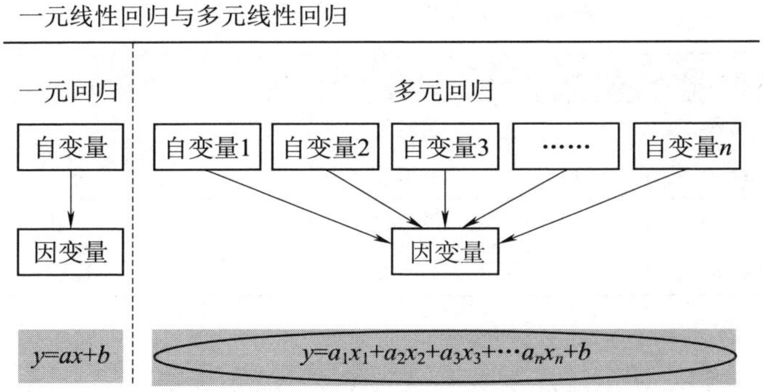

图 6-9　多元线性回归方程

y 为因变量，即要预测的变量，x_1 为自变量 1，x_2 为自变量 2，x_3 为自变量 3，……，x_n 为自变量 n。

a_1，a_2，a_3，…，a_n 分别为 x_1，x_2，x_3，…，x_n 的回归系数（也叫偏回归系数），代表每个自变量对因变量影响的大小。b 为截距，为多元回归直线与 Y 轴交点的纵坐标。

6.3.2　多元线性回归方程自变量的确定

需求预测实践中，影响需求的外部因素（自变量）有很多，这些外部因素有的重要，有的不重要。做多元线性回归分析时，不可能也没有必要把全部自变量都纳入回归方程。在实际预测中，只需要采取措施将影响较大的自变量纳入回归方程即可。

做相关分析是判断自变量纳不纳入多元线性回归方程的一种常见方法。

其步骤分为四步：(1)列出因变量和所有自变量；(2)对每一个自变量和因变量做相关分析，求出每一个自变量和因变量的相关系数 R；(3)确定纳入多元回归方程相关系数 R 的标准；(4)按事先确定的标准，将相关系数 R 达到标准的变量纳入回归方程（这里涉及“多重共线性”的问题，将在下一节讲述，这里暂不深入）。

第(2)步中，相关系数 R，可以采用 Excel 中的函数 CORREL 来计算，见上文所述。第(3)步确定纳入多元回归方程相关系数 R 的标准，见表 6-2。

表 6-2　是否纳入回归方程判定标准

R 值范围	相关程度	是否纳入回归方程
$R \geqslant 0.7$ 或 $R \leqslant -0.7$	强相关	纳入多元回归方程
$0.5 \leqslant R < 0.7$ 或 $-0.5 \geqslant R > -0.7$	中相关	
$0.3 \leqslant R < 0.5$ 或 $-0.3 \geqslant R > -0.5$	弱相关	考虑
$R < 0.3$ 或 $R > -0.3$	不相关	不考虑

(1)强相关、中相关直接纳入多元回归方程,即相关系数 R 的绝对值大于或等于 0.5 的自变量直接纳入多元回归方程。

(2)弱相关,即相关系数 R 的绝对值在 0.3—0.5 之间的变量,可考虑纳入多元回归方程。根据其他数据情况(比如多重共线性),以及这个变量的特性及未来发展预期等情况综合考虑。

(3)微弱相关或不相关,即相关系数 R 的绝对值小于 0.3 的变量,直接排除在多元回归方程之外。

如图 6-10 所示,给出了一个纳入多元回归方程自变量选择的实例。仍以"回归火锅店"的一组数据(为便于讲解,只列出了三个自变量:气温、折扣、帅哥站台。)

回归火锅店每日业绩

日期	自变量 x_1 气温℃	自变量 x_2 折扣	自变量 x_3 帅哥站台	因变量 y 业绩/元
1月5日	4	0.95	0	5 628
1月6日	3	1	0	5 025
1月7日	9	1	1	3 886
1月8日	6	1	1	5 159
1月9日	0	0.93	1	5 360
1月10日	4	0.98	0	5 628
1月11日	7	1	0	3 417
1月12日	6	1	0	4 154
1月13日	-1	0.92	1	6 231
1月14日	8	1	0	3 953
1月15日	0	0.92	0	6 097
1月16日	6	1	1	4 355
1月17日	1	1	1	4 891
1月18日	5	1	0	4 288

相关系数 R_1	相关系数 R_2	相关系数 R_3
-0.818	-0.793	0.122

= CORREL (B3:B16 , $E$3:$E$16)

R值范围	相关程度	是否纳入回归方程
R≥0.7 或R≤-0.7	强相关	纳入多元回归方程
0.5≤R<0.7 或-0.5≥R>-0.7	中相关	
0.3≤R<0.5 或-0.3≥R>-0.5	弱相关	考虑
R<0.3 或R>-0.3	不相关	不考虑

图 6-10　多元回归自变量选择实例

分别用 CORREL 函数计算每个自变量与因变量(业绩)的相关系数 R，计算结果气温与业绩的相关系数是－0.818，折扣与业绩的相关系数是－0.793，帅哥站台与业绩的相关系数是 0.122。

从图中可以看出，气温越低，业绩越好，折扣越低(即促销力度越大)，业绩越好。所以回归火锅店的业绩，与气温和促销折扣强相关关系(反相关)，需要将这两个自变量纳入多元回归方程。

而帅哥站台，其相关系数 R 为 0.122，与回归火锅店的业绩几乎没有关系，将其剔除在回归分析之外。当然，下回可以换美女站台试试。

6.3.3　求解多元回归方程

按图 6-10 中的数据，最终选择两个变量：气温和促销折扣，列出多元线性回归方程：$y=a_1x_1+a_2x_2+b$。

求解多元回归方程同样也可以用最小二乘法进行，但算法过于复杂且不实用，本书建议采用简单易懂的 Excel 求解方法。当然，有一些统计软件或专业的预测系统，如 SPSS 等，也能很好地提供这个功能，但其使用者远不如用 Excel 的人多，并且最重要的是，用 Excel 求解并不比这些系统差，所以本书推荐使用 Excel 求解的方法。

用 Excel 求解多元线性回归方程与求解一元线性回归方程相类似，这里不再赘述。

6.4　多重共线性

在需求预测实践中，回归方程本身还存在较多的不确定性，比如，多重共线性、回归方程精度、显著性验证等，不宜直接求解回归方程以得出预测结果。

6.4.1　什么是多重共线性

用回归分析做需求预测，主要是发现和分析“需求”(因变量)和“影响需求的因素”(自变量)之间的相关关系,从而利用这些相关关系来预测未来的需求。但是,在实际应用场景中,因变量和自变量存在相关关系,而自变量与自变量之间也会存在相关关系,有时还会是强相关关系。

在回归分析中,如果两个或两个以上自变量之间存在相关性,这种自变量之间的相关性就称多重共线性,也称自变量间的自相关性。多重共线性这种现象,在回归分析中普遍存在,其原因有以下几点。

第一,在某一时间段或某一个项目中,公司做的某一个决策,往往由很多小方案组成,比如,同时采用做广告、折扣、积分返利等方式提升销量。这些小方案就是一个个的自变量,这些自变量由于是共同构成公司策略的一部分,所以可能会出现相互关联或互为补充现象,从而出现多重共线性。

第二,实际需求场景中,总会存在样本信息不充分,或者历史数据不全面和错误等情况,导致回归分析模型的参数不能准确估计与计算,从而不可避免地产生一些多重共线性。

6.4.2 多重共线性的影响

多重共线性普遍存在,适度的多重共线性不会对预测结果产生明显影响,但当存在严重的多重共线性时,也就是自变量之间高度相关时(比如相关系数 R 在±0.7 或以上),不同自变量所解释的可能是需求(因变量)的同一种变化,从而使得判定每一个单独的自变量对需求的影响程度非常困难。

如果自变量是各自独立的变量(即不存在多重共线性),回归分析能起到较好的作用。但是,当存在严重的多重共线性时,自变量之间会相互影响和相互变化。因在实际需求场景中,无法固定其他自变量来避免这些影响和变化,也就无法得到这个自变量和因变量之间的真实关系,从而使回归分析失去作用。

多重共线性的主要影响,在数据上表现出来为以下三个方面。

(1)求不出回归系数 α 或回归系数 α 变得不可靠,使得回归模型失真,导致预测结果不稳定或不可靠。

(2)即便可以求出回归系数 α,但会出现本应该出现正值的地方出现负值或者相反。

(3)判定系数 R^2 变得不可靠或不准确(判定系数将在后文介绍)。

6.4.3　多重共线性的判定与实例

判定或检测多重共线性最常用的方法是计算方差膨胀因子，根据其大小来判定多重共线性。

方差膨胀因子(Variance Inflation Factor，VIF)，指某一变量存在多重共线性时的方差，与不存在多重共线性时的方差之比。如果不存在多重共线性，那么 VIF＝1。多重共线性越严重，VIF 就越大。

一个通用的标准是，当方差膨胀因子 VIF 大于 10 时，认为变量之间有强烈的多重共线性，不能接受；当 VIF 在 5－10 之间时，表明存在多重共线性，需要采取措施加以纠正；当 VIF 小于 5 时，这个多重共线性可以接受，或者认为没有多重共线性。

可以用公式 $VIF=\frac{1}{1-R^2}$ 简单快速地计算方差膨胀因子。

如图 6-11 所示，为方差膨胀因子 VIF 的计算实例。

回归火锅店每日业绩

日期	自变量x_1 气温℃	自变量x_2 折扣	自变量x_3 帅哥站台	因变量y 业绩/元
1月5日	4	0.95	0	5 628
1月6日	3	1	0	5 025
1月7日	9	1	1	3 886
1月8日	6	1	1	5 159
1月9日	0	0.93	1	5 360
1月10日	4	0.98	0	5 628
1月11日	7	1	0	3 417
1月12日	6	1	0	4 154
1月13日	-1	0.92	1	6 231
1月14日	8	1	0	3 953
1月15日	0	0.92	0	6 097
1月16日	6	1	1	4 355
1月17日	1	1	1	4 891
1月18日	5	1	0	4 288

方差膨胀因子VIF计算

变量	R= CORREL(C3:C16,F3:F16)	$VIF=\frac{1}{1-R^2}$
自变量x_1 气温℃	-0.818	3.022
自变量x_2 折扣	-0.793	2.694

$$VIF=\frac{1}{1-R^2}$$

3.022与2.694均小于5
两个自变量不存在多重共线

图 6-11　方差膨胀因子

从计算结果看,气温的 VIF=3.022,折扣的 VIF=2.694,本案例选用的两个自变量 VIF 都小于 5,表示本案例中变量之间不存在多重共线性。

另外,方差膨胀因子 VIF 的倒数称为容忍值或容差值、容许度(Tolerance,Tol),即 $Tol=\frac{1}{VIF}$。容忍值 Tol 也可以用来判断多重共线性。

6.4.4 如何消除多重共线性

如果方差膨胀因子 VIF 过大(大于 5),需要采取措施补救或消除多重共线性。本书介绍 3 种较常用并实用的方法,一些比较复杂的,比如逐步回归分析法、岭回归法、主成分分析法等方法也能消除多重共线性,但只适合做学术研究,对于需求预测实践来说,过于复杂而不实用,本书不做介绍。

1. 去掉冲突的自变量

自变量之间存在共线性,说明自变量所提供的信息是重叠的,可以删除不重要的自变量以减少重复信息。

这个方法的逻辑是,保留重要自变量,去掉次要的或可替代的自变量。即 VIF 大于 10 的直接去掉,VIF 在 5—10 之间的参考其他因素进行取舍,VIF 小于 5 的保留。

当只有一个自变量的 VIF 大于 10(其他均小于 10),我们直接去掉这个自变量。这种情况是“去掉冲突的自变量”方法最适合的应用场景。

2. 将强相关的自变量组合成一个新的自变量

如何将强相关的自变量合并成单独的一个指标或自变量呢?以一个例子来说明:比如,需要对某一款产品进行促销活动时产生的需求进行预测,自变量涉及很多方面,其中包括促销广告投放费用和进店流量两个自变量。按历史数据,这两个自变量之间相关系数为 0.76,表示这两个自变量强相关,不能都纳入回归方程。这时,可以将这两个自变量合并成为一个新的变量纳入回归方程,比如合并为流量费率。

合并成单一的新的自变量的方法比较有效,但其前提是,能够合并的自变量需要有同一计量单位或可转化为同一的计量单位，否则，会存在不同单位无法合并或合并后无法分析等诸多问题，在实践中需要注意和避免。

3. 增加样本容量

这个方法主要是通过加大样本规模或包括因变量在内的每个变量的历史数据来增加信息量，从而减轻多重共线的影响。

造成多重共线性的原因之一是，样本信息不充分导致模型参数不能准确估计，因此追加样本信息是解决多重共线性的一条有效途径。但是，由于资料收集及调查的困难，要追加样本信息在实践中有时并不容易。

事实上，这个方法费时费力，还并不总能起到作用。在实际需求预测中，一般不建议专门采用，即单纯为了消除多重共线性而专门增加信息采集工作。

6.5　回归方程的精度

求出回归方程后，这个方程到底怎么样，能不能起到作用，需要对求出的回归方程进行一系列评价和评估。首先要做的，是确认回归方程的精度。

6.5.1　判定系数

回归分析中，与相关系数 R 一同出现的还有一个指标，即判定系数。判定系数又称决定系数，指在线性回归中，回归可解释离差平方和与总离差平方和之比值，用 R^2 表示。如图 6-12 所示。（不了解判定系数的含义和原理并不影响做回归分析）

图中是销售量与促销费用的线性回归。当没有促销时，销售预测为平均线 A；当促销产生时，销售预测为回归直线 L。

P 点为一定促销费用时的实际销售量，与回归线 L 相交于 y' 点，与平均线 A 相交于 O 点。P 点到平均线 A 的距离 PO 为不做回归分析的离均差，称为总离差。P 点与回归线 L 的交点 y' 到平均线 A 的距离 $y'O$，是做了回归分析后能够预测到的部分,即回归模型可解释的部分,称为回归可解释离差。

判定系数是回归可解释离差平方和与总离差平方和的比值,公式为:

$$判定系数=\frac{可解释离差平方和}{总离差平方和}$$

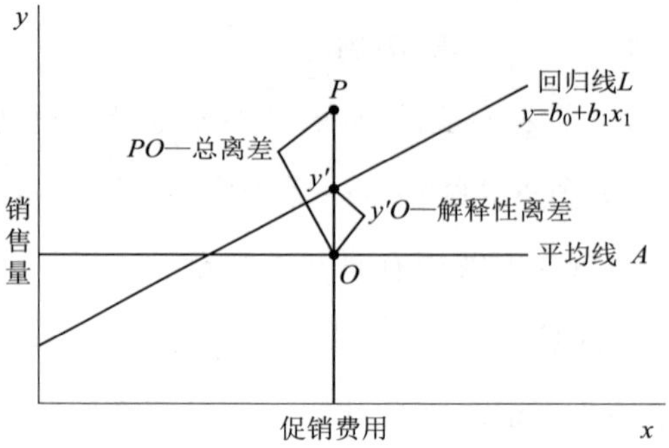

图 6-12　R^2 解释:可解释离差与总离差

不过,在实际操作中,判定系数的计算远不需要这么复杂。判定系数用 R^2 表示,R 是相关系数,判定系数直接等于相关系数的平方。

6.5.2　什么是回归方程的精度

回归方程的精度,是用来表示预测点与回归方程拟合程度的指标,又称回归方程的拟合程度,实际的需求点与回归直线的拟合程度。回归方程的拟合程度越高,回归预测的结果就越准确。

那么,什么是回归方程的拟合程度呢?请看如图 6-13 所示的两个散点图。

从图中可以明显看出,左图的点到回归直线的距离更近一些,即左图的点和回归直线吻合得更好一些,也就是回归方程的拟合度更好。

解出了回归方程之后,首先需要确认回归方程的精度。当然,回归方程的精度不能直接以看散点图的方式判定,这样效率太低,也过于主观。要想快速准确地确认回归方程的精度,需要找到衡量回归方程精度的指标以及设定回归方程精度的评定标准。

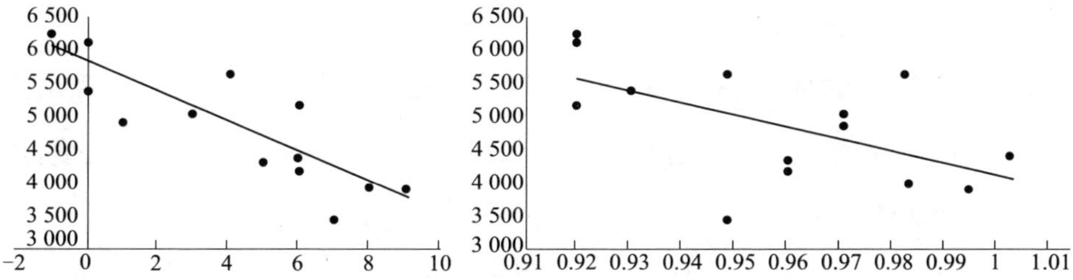

线性回归散点图1　　线性回归散点图2

图 6-13　回归直线拟合度对比

6.5.3　衡量回归方程精度的指标及评定标准

衡量回归方程精度的指标是判定系数 R^2。在回归分析中，其主要作用就是评估回归模型对因变量 y 产生变化的解释程度，其评估的是回归方程的拟合程度，即回归方程的精度。

计算判定系数 R^2，需要先算出相关系数 R。其计算步骤如图 6-14 所示。

回归火锅店气温与业绩

日期	自变量 x_1 气温℃	自变量 x_2 折扣	因变量 y 实际业绩/元	预测值 y' 预测业绩/元
1月5日	4	0.95	5 628	4 895
1月6日	3	0.97	5 025	5 120
1月7日	9	0.99	3 886	3 766
1月8日	6	0.92	5 159	4 443
1月9日	0	0.93	5 360	5 798
1月10日	4	0.98	5 628	4 895
1月11日	7	0.95	3 417	**4 217**
1月12日	6	0.96	4 154	4 443
1月13日	-1	0.92	6 231	6 024
1月14日	8	0.98	3 953	3 991
1月15日	0	0.92	6 097	5 798
1月16日	6	1	4 355	4 443
1月17日	1	0.97	4 891	5 572
1月18日	5	0.96	4 288	4 669

回归系数 a	截距 b
-226	5,798

y与y'的R	R^2
0.818	0.669

=G3*B9+H3
将气温和折扣数据代入回归方程得出的值

回归方程：
y=-225.8x+5,797.7

图 6-14　回归方程的精度 R^2 计算

(1)需求实际值就是表格中实际业绩，即因变量 y。

(2)回归模型预测值是指预测业绩 y'，指将自变量代入回归方程计算出来的预测值。图中，将每一天的气温和折扣代入回归方程，得到每天的预测业绩，这就是回归模型预测值 y'。

(3)用 CORREL 函数计算 y 与 y' 的相关系数 R，得出 y 与 y' 的相关系数是0.818。

(4)计算 y 与 y' 的判定系数 R^2。直接取相关系数 R 的平方即可，得出判定系数 $R^2=0.818^2=0.669$。

得出判定系数 R^2 的值后，需要确定评定标准以判断回归方程的精度。回归方程精度的评定标准，需要根据不同企业、不同场景的实际情况而确定，目前为止，还没有一个确定的统一标准。一般认为，判定系数 R^2 的值在 0.5 以上，代表回归方程拟合较好，回归方程的精度较高。

对于回归方程精度的评定标准，笔者建议如下。

(1)判定系数 R^2 的值大于 0.75，表示回归模型拟合度很好，回归方程的可解释程度较高，即回归方程的精度较高。

(2)判定系数 R^2 的值小于 0.5，表示回归模型拟合有问题，需要调整自变量重新进行回归分析。

(3)判定系数 R^2 的值在 0.5 和 0.75 之间，表示回归模型的拟合可以接受，但需要进一步修正回归模型。

6.5.4 调整后的 R^2 及计算实例

实际应用中，判定系数 R^2 有个最大的问题，即增加自变量 x 的个数时，判定系数 R^2 就会增加。也就是说，随着自变量 x 的个数增多，判定系数 R^2 会越来越大，这样会显得回归方程精度很高，有较好的拟合效果；但实际上可能并非如此。有些自变量与因变量完全不相关，增加这些能提高 R^2 值的自变量，并不会提升拟合水平和预测精度。

为解决这种问题，需要对判定系数 R^2 进行调整。调整后的 R^2 又称为修正自由度的判定系数。

用样本量 n 和自变量的个数 k 进行调整，是对判定系数 R^2 进行调整的常用方法。调整后的 R^2 计算公式：

调整后的 $R^2 = 1-(1-R^2) \times \frac{(n-1)}{(n-k-1)}$。

式中，k 为自变量的个数，n 为样本数量，即原始数据的行数或组数。在回归火锅店案例中，k 为 2，样本数量为 14（1 月 5 日到 1 月 18 日共 14 组数据）。

从调整后的 R^2 计算公式看出，调整后的 R^2 同时考虑了样本量（n）和回归中自变量的个数（k）的影响。公式中，因为（$n-1$）大于（$n-k-1$），所以，多元线性回归中，调整后的 R^2 永远小于判定系数 R^2，从而调整后的 R^2 的值不会由于自变量个数的增加而增加。

因调整后的 R^2 较判定系数 R^2 测算更全面也更准确，所以，在线性回归分析尤其是多元线性回归分析中，通常使用调整后的 R^2 对回归方程的精度进行测算和评定，以评估回归方程的拟合度和回归分析预测的效果。

同判定系数 R^2 一样，在回归分析中，0.5 为调整后的 R^2 的临界值，如果调整后的 R^2 小于 0.5，则要分析所采用和未采用的自变量，调整回归方程，重新进行回归分析。

另外，还需要注意，在进行回归方程精度评定时，如果调整后的 R^2 与判定系数 R^2 存在明显差异，则意味着所用的自变量不能很好地测算因变量的变化，或者可能是遗漏了一些可用的自变量。调整后的 R^2 与判定系数 R^2 间差距越大，模型的拟合程度越差。

如图 6-15 所示，为回归火锅店调整后的 R^2 计算实例。调整后的 R^2 计算结果为 0.686，表示回归火锅店回模方程精度可以接受。

回归火锅店每日业绩

日期	自变量x_1 气温℃	自变量x_2 折扣	因变量y 业绩/元	预测值y' 业绩/元
1月5日	4	0.95	5 628	5 185
1月6日	3	1	5 025	4 796
1月7日	9	1	3 886	3 952
1月8日	6	1	5 159	4 374
1月9日	0	0.93	5 360	5 959
1月10日	4	0.98	5 628	4 867
1月11日	7	1	3 417	4 234
1月12日	6	1	4 154	4 374
1月13日	-1	0.92	6 231	6 206
1月14日	8	1	3 953	4 093
1月15日	0	0.92	6 097	6 065
1月16日	6	1	4 355	4 374
1月17日	1	1	4 891	5 078
1月18日	5	1	4 288	4 515

回归系数a_2	回归系数a_1	截距b
-10 582.7	-140.7	15 801.2

y与y'的R	R^2
0.857	**0.734**

调整后的R^2
0.686

$$= 1 - (1-0.734)\times\frac{14-1}{14-2-1}$$

回归方程:
$y=-140.7x_1-10\,582.7x_2+15\,801.2$

图 6-15　回归方程的精度调整后的 R^2

6.6　显著性验证

在回归分析中,求出回归方程后,除了确认回归方程的精度外,还需要对回归方程进行显著性验证,以确认回归方程的有效性。

6.6.1　什么是显著性验证

它也称有效性验证,是事先对总体(随机变量)的参数或总体分布形式做出一个假设,然后利用样本信息来判断这个假设是否合理,即判断总体的真实情况与原假设是否有显著性差异。

显著性验证的定义非常复杂。在这里我们不研究回归分析本身,只是将回归分析应用于需求预测,所以笔者给了显著性验证一个粗暴的定义。

如果回归模型(回归方程)用于需求预测是有效的(显著的),那么,回归模型不仅仅是对建模时所用到的数据有效，对其他数据也应该同样有效。证明回归模型对其他数据同样有效的过程，就是显著性验证(significance testing)。

如果显著的验证结果是对其他数据无效，那么，代表回归模型(回归方程)出现了问题，需要调整自变量或重新建模。

6.6.2　显著性水平

显著性验证的方法一般有两种：一是测算回归方程总体显著性的 F 检验；二是测算变量解释系数(即回归系数)个体显著性的 t 检验。

不论是进行 F 检验还是 t 检验，都需要了解一个概念：显著性水平。它是估计总体参数落在某一区间内，可能犯错误的概率，用 α 表示。

简单理解：显著性水平就是对这个模型运行结果没有把握的程度。与之相对应或相反的是有把握的程度，称为置信度。比如说，用回归分析对火锅店的业绩进行预测，对预测结果有 80% 的把握度，这 80%就是置信度；而 20%则是显著性水平(没把握)。

6.6.3　回归方程的总体显著性验证(F 检验)

F 检验和 t 检验，本书都不进行原理性讲解，只介绍其计算方法和判定标准。

F 检验测算的是回归方程的总体显著性，可以用 Excel 的数据分析工具进行 F 检验。

如图 6-16 所示，是以 5%的显著性水平(置信度 95%)，用 Excel 的数据分析工具中的回归分析计算的结果。结果显示，F 统计值为 15.19。

F 统计值得出结果后，其值在回归方程的总体显著性验证中如何评估呢？这就需要根据 F 检验的评价标准而定。F 检验的评价标准及评价，分两步进行。

第一步，按显著性水平、第一自由度和第二自由度查“F 分布表”，得出标准的 F 统计值。(第一自由度和第二自由度本书就不具体解释了，可以简单认为第一自由度＝回归方程自变量的个数，第二自由度＝样本个数－自变量个数－2。)

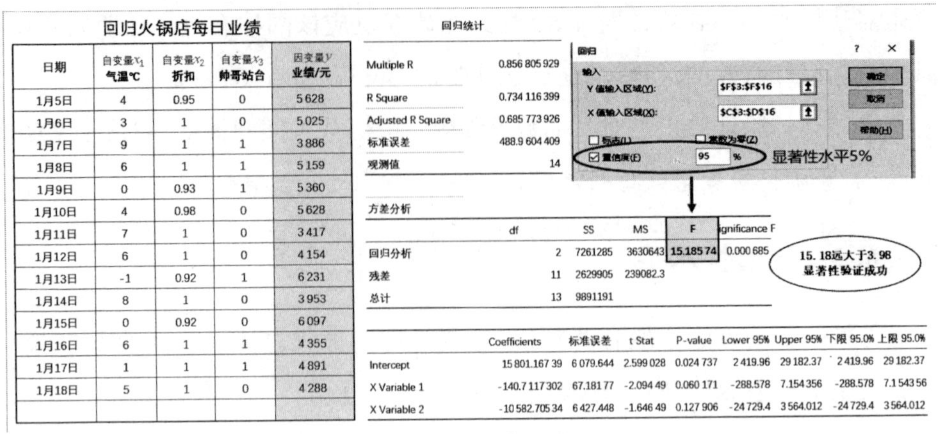

图 6-16　显著性验证——F 检验

第二步,将计算的实际F统计值与标准F统计值相对比,实际F统计值比标准F统计值大,代表F检验成功。实际F统计值越大,代表F检验越成功。如果实际F统计值比标准F统计值小,则需要重新选择自变量或重新建模。

表 6-3　F 分布表

第2自由度　第1自由度　$\alpha=0.05$ → 显著性水平

n_2 \ m_1	1	2	3	4	5	6	7	8	9	10	12	15	20	24	30	40	60	120	∞
1	161.4	199.5	215.7	224.6	210.2	234.0	236.8	218.9	240.5	241.9	243.9	245.9	248.0	249.1	250.1	251.1	252.2	253.3	254.3
2	18.51	19.00	19.16	19.25	19.30	19.33	19.35	19.37	19.38	19.40	19.41	19.43	19.45	19.45	19.46	19.47	19.48	19.49	19.50
3	10.13	9.55	9.28	9.12	9.01	8.94	8.89	8.85	8.81	8.79	8.74	8.70	8.66	8.64	8.62	8.59	8.57	8.55	8.53
4	7.71	6.94	6.59	6.39	6.26	6.16	6.09	6.04	6.00	5.96	5.91	5.86	5.80	5.77	5.75	5.72	5.69	5.66	5.63
5	6.61	5.79	5.41	5.19	5.05	4.95	4.88	4.82	4.77	4.74	4.68	4.62	4.56	4.53	4.50	4.46	4.43	4.40	4.36
6	5.99	5.14	4.76	4.53	4.39	4.28	4.21	4.15	4.10	4.05	4.00	3.94	3.87	3.84	3.81	3.77	3.74	3.71	3.67
7	5.59	4.74	4.35	4.12	3.97	3.87	3.79	3.73	3.68	3.64	3.57	3.51	3.44	3.41	3.38	3.34	3.30	3.27	3.23
8	5.32	4.46	4.07	3.84	3.69	3.58	3.50	3.44	3.39	3.35	3.28	3.22	3.15	3.12	3.08	3.04	3.01	2.97	2.93
9	5.12	4.26	3.86	3.63	3.48	3.37	3.29	3.23	3.18	3.14	3.07	3.01	2.94	2.90	2.86	2.83	2.79	2.75	2.71
10	4.96	4.10	3.71	3.48	3.33	3.22	3.14	3.07	3.02	2.98	2.91	2.85	2.77	2.74	2.70	2.66	2.62	2.58	2.54
11	4.84	3.98	3.59	3.36	3.20	3.09	3.01	2.95	2.90	2.85	2.79	2.72	2.65	2.61	2.57	2.53	2.49	2.45	2.40
12	4.75	3.89	3.49	3.26	3.11	3.00	2.91	2.85	2.80	2.75	2.69	2.62	2.54	2.51	2.47	2.43	2.38	2.34	2.30
13	4.67	3.81	3.41	3.18	3.03	2.92	2.83	2.77	2.71	2.67	2.60	2.53	2.46	2.42	2.38	2.34	2.30	2.25	2.21
14	4.60	3.74	3.34	3.11	2.96	2.85	2.76	2.70	2.65	2.60	2.53	2.46	2.39	2.35	2.31	2.27	2.22	2.18	2.13
15	4.54	3.68	3.29	3.06	2.90	2.79	2.71	2.64	2.59	2.54	2.48	2.40	2.33	2.29	2.25	2.20	2.16	2.11	2.07

表6-3是"F分布表"的一部分,显著性水平为0.05,横向行为第1自由度n_1,竖向列为第2自由度n_2。按回归火锅店的案例,$n_1=2$,$n_2=14-2-1=11$,查表得出,标准的F统计值为3.98,计算得出的实际F统计值为15.19,很明显15.19大于

3.98。所以，回归方程（$y=-140.7x_1-10\ 582.7x_2+15\ 801.2$）F 检验成功。

另外，标准的 F 统计值确定，除了查“F 分布表”以外，还可以用 Excel 中的函数 FINV 进行计算。如图 6-17 所示，FINV 函数有三个参数，分别是显著性水平、第 1 自由度和第 2 自由度。回归火锅店案例中，将 0.05、2 和 11 输入函数，得出标准的 F 统计值 3.98，与查表一致。

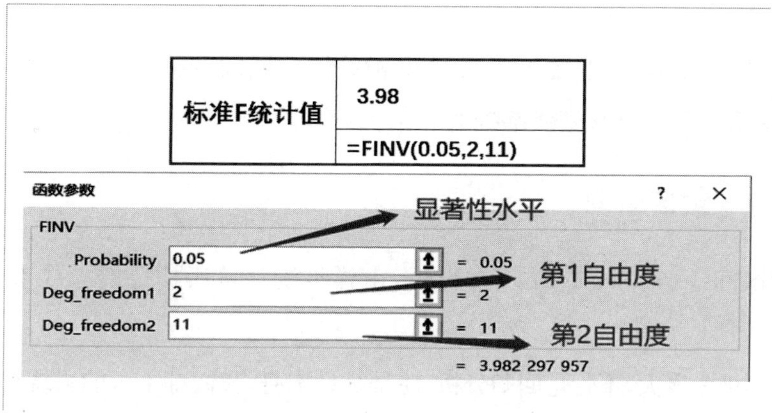

图 6-17　FINV 函数参数

6.6.4　回归系数的个体显著性验证（t 检验）

在一元线性回归分析中，F 检验结果和 t 检验一致，所以做了 F 检验就不用再进行 t 检验。但在多元线性回归分析中，在确定回归模型的总体显著性之后，回归系数的个体显著性同样非常重要，需要进行回归系数的个体显著性验证的 t 检验。

t 检验是对每一个自变量在其他所有自变量都存在的条件下，其显著性的一种检验，即确定每个自变量是否对因变量 y 的预测都起到了各自的作用。

仍然可以使用 Excel 数据分析工具中的回归分析进行 t 检验，其计算过程与 F 检验相当，这里不再赘述。

同 F 检验一样，t 检验也需要评价标准。其标准目前有一定的争议，但一般认为，在 95%的置信水平下（即 5%的显著性水平），当单个的自变量 t 检验值为大于等于1.65 或小于等于−1.65 时，代表该自变量在整体结构上具有显著性，即 t 检验成功。

6.7 置信度与置信区间

置信区间是回归分析的一个重要概念,但是将回归分析应用到需求预测时,并不强求引入置信区间。所以,从这一点来说,读者如果没有这方面的需要,可以跳过这一节。

不过,做回归分析,非常有必要懂得相关置信区间的概念、逻辑和计算方法。所以,还是用一小节对此做些基础的介绍。

6.7.1 置信区间

置信区间(Confidence interval)是指由样本统计量所构造的总体参数的估计区间。

因数据极为庞大,不管是回归分析,还是统计本身,我们都不可能去统计和分析全部数据。一般统计学上采取的做法是,用样本去估计总体,也就是用局部去估计全部。

因为样本毕竟是总体中的一部分,所以,用样本估算的总体存在一定的不可靠性,为了量化这种不可靠性,统计上一般以"一定的范围"来表示,这个"一定的范围"就是置信区间。

回归分析的置信区间,可以简单理解为,最终的预测结果,不是一个确定的值,而是一个区间范围。

比如回归火锅店,当未来某天气温 3 度,打 99 折时,最终的预测结果为销售额在 4 471 元至 5 333 元之间,这个区间就是置信区间。

6.7.2 置信度

置信度可以粗暴地理解为,对回归模型运行结果有把握的程度。比如,对"明天气温在 20℃—30℃之间"这个预测结果有多大的把握呢?或者说"明天气温在 20℃—30℃之间"这个结果的可信程度有多大呢?量化"把握"与"可信程度"的指标就是置信度。

置信度一般用百分比来表示，如，气象预测人员对“明天气温在 20℃—30℃之间”有 90％的把握，或者说明天气温有 90％的可能在 20℃—30℃之间，这个 90％就是置信度。

需要强调的一点是，置信度并不是在求出置信区间后判断出来的。实际上，置信度是在求解置信区间之前，由预测人员自己“决定”的，采用不同的置信度，会带来不同的置信区间。

比如，明天气温有 90％的可能在 20℃—30℃之间，置信度是 90％；如果将置信度调到 100％，就需要调整置信区间。为了置信度有 100％，那么，显示温度区间范围越大越有把握，所以最后的结果很可能是，“明天气温 100％在 0℃—100℃之间”，这样的结果显然没有任何意义。

所以，置信度不是越高越好，因为随着置信度的上升，置信区间的跨度也就越来越大，直到无任何意义。

通常情况下，95％是最常采用的置信度。

置信度与显著性水平是对应关系（相反关系），置信度是有把握的程度，而显著性水平可以理解为没有把握的程度。置信度＋显著性水平＝1，即置信度＝1－显著性水平。比如，显著性水平为 5％，那么置信度＝1－5％＝95％。

6.7.3　置信区间的计算与实例

置信度是由预测人员自己决定的，置信区间则需要经计算得出。

置信区间的计算过程及计算原理很复杂。本着“着眼于实践”的思路，本书只讲解一种较简单和直观的置信区间计算公式，即以 Excel 公式计算置信区间的计算方法，如图 6-18 所示。

$$\sqrt{F(k,n-k-1,\alpha)\times\left(\frac{1}{n}+\frac{D^2}{n-1}\right)\times\frac{S_e}{n-k-1}}$$

图 6-18　置信区间复杂计算公式

如图 6-19 所示，是笔者推荐的置信区间简单计算公式，用 Excel 相关函数计算即可。

$$置信区间=\pm t\times\frac{s}{\sqrt{n}}$$

t：t值

s：因变量业绩y的标准差

n：样本个数

图 6-19　置信区间简单计算公式

其中，t 为 t 值，S 为因变量（业绩 y）的标准差，n 为样本个数。

回归火锅店回归分析置信区间使用 Excel 计算步骤如下，如图 6-20 所示。

回归火锅店每日业绩

日期	自变量x_1 气温℃	自变量x_2 折扣	因变量y 业绩/元	预测值y' 业绩/元
1月5日	4	0.95	5 628	5 185
1月6日	3	1	5 025	4 796
1月7日	9	1	3 886	3 952
1月8日	6	1	5 159	4 374
1月9日	0	0.93	5 360	5 959
1月10日	4	0.98	5 628	4 867
1月11日	7	1	3 417	4 234
1月12日	6	1	4 154	4 374
1月13日	-1	0.92	6 231	6 206
1月14日	8	1	3 953	4 093
1月15日	0	0.92	6 097	6 065
1月16日	6	1	4 355	4 374
1月17日	1	1	4 891	5 078
1月18日	5	1	4 288	4 515

置信区间计算步骤

1、计算t值　=TINV(0.05,14-1)　= 2.16

2、计算y'的标准差　=STDEVA(F3:F16)　= 747

3、置信区间 $=\pm t\times\frac{s}{\sqrt{n}}$

置信区间 = ±2.16*747/SQRT(14) = ± 431

图 6-20　置信区间计算步骤

第一步，计算 t 值。t 值使用函数 TINV 计算，TINV 函数有两个参数，分别是显著性水平（α）和样本个数减去 1（$n-1$）。本例中，显著性水平 α=0.05，样本个数 $n=14$，t 值=TINV(0.05，14−1)=2.16。

第二步，计算预测业绩 y'的标准差。我们用标准差函数 STDEVA 计算，如图所示，y'的标准差=747。

第三步，将以上数据套入置信区间的计算公式，计算置信区间。本例得出，置信区间＝±2.16×747÷SQRT(14)＝±431，也就是我们使用回归分析得出预测值，在 95%的置信度下，预测结果在预测值±431 之间。

6.8　多元回归分析预测的十大步骤

笔者梳理了用多元回归分析进行需求预测的十大步骤（包括置信区间计算）：数据收集、数据清洗、列出所有的变量、确定纳入回归方程的自变量、确定并消除多重共线性、求解多元回归方程、确认回归方程的精度、显著性验证、计算置信区间、正式预测，如图 6-21 所示。

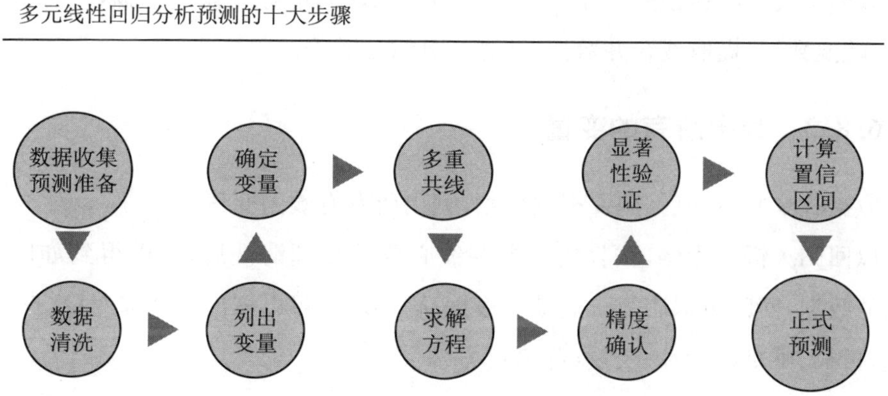

图 6-21　多元线性回归分析预测的十大步骤

6.8.1　数据收集

进行数据分析，首先需要有数据。

数据收集是按照确定的数据分析和框架内容，有目的收集、整合相关数据的一个过程。从这个定义可以看出，数据收集需要有明确的目的，即我们先要确定为了什么事而去收集数据。

在这里，收集数据的目的非常明确，就是为了有效地采用回归分析的方法来进行需求预测。所以,这里需要收集的,就是与需求预测这个目的相关的数据,比如销量数据(因变量),以及各种影响销量因素的数据(自变量)等。对需求预测没有帮助的数据,在回归分析中不需要收集,如相关财务数据等。

回归分析需要的数据一般来源于供应链管理日常的记录(含人工记录与系统生成),比如生产原始单据与报表、出入库报单、销售数据、促销信息、重大事件特殊事件记录、调查与调研信息等。

6.8.2 数据清洗

有了一定量的数据后,有一些数据往往不是直接能用的,需要对数据进行一些处理与加工,使其能够被后续进行的各分析所使用,这个过程就是数据清洗。

数据清洗一般包括的工作:清除不必要的数据,清除错误的数据,填补缺失的数据,转换数据,提取或合并数据,计算与分组分类等。

6.8.3 列出所有的变量

数据收集并清洗后,需要根据数据,列出所有有效的变量。

以回归火锅店为例,在收集数据并经必要的整理清洗后,可以得到如图 6-22 所示的数据:回归火锅店每日业绩。根据这些数据,可以列出了全部变量(自变量:气温、折扣、帅哥站台;因变量:业绩)。

回归火锅店每日业绩

日期	自变量 x_1 气温℃	自变量 x_2 折扣	自变量 x_3 帅哥站台	因变量 y 业绩/元
1月5日	4	0.95	0	5 628
1月6日	3	1	0	5 025
1月7日	9	1	1	3 886
1月8日	6	1	1	5 150
1月9日	0	0.93	1	5 360
1月10日	4	0.98	0	5 628
1月11日	7	1	0	3 417
1月12日	6	1	0	4 154
1月13日	-1	0.92	1	6 231

因变量

自变量3

自变量2

自变量1

图 6-22 列出所有变量

6.8.4　进行相关分析，确定纳入回归方程的自变量

列出全部的自变量后，对每个自变量与因变量进行相关分析，以确定将哪些自变量纳入回归方程。

如图 6-23 右上所示，是采取 Excel 函数中的 CORREL 计算相关系数，三个自变量的相关系数分别为：气温－0.818，折扣－0.793，帅哥站台 0.122。

按照自变量相关程度的标准和是否纳入回归方程的标准，如图 6-23 右下所示，气温和折扣为强相关，直接纳入回归方程；帅哥站台为不相关，将其排除在回归方程之外。即：经相关分析后，可以确定回归方程的两个自变量：气温和折扣。

回归火锅店每日业绩

日期	自变量x_1 气温℃	自变量x_2 折扣	自变量x_3 帅哥站台	因变量y 业绩/元
1月5日	4	0.95	0	5 628
1月6日	3	1	0	5 025
1月7日	9	1	1	3 886
1月8日	6	1	1	5 159
1月9日	0	0.93	1	5 360
1月10日	4	0.98	0	5 628
1月11日	7	1	0	3 417
1月12日	6	1	0	4 154
1月13日	-1	0.92	1	6 231
1月14日	8	1	0	3 953
1月15日	0	0.92	0	6 097
1月16日	6	1	1	4 355
1月17日	1	1	1	4 891
1月18日	5	1	0	4 288

相关系数 R_1	相关系数 R_2	相关系数 R_3
-0.818	-0.793	0.122

= CORREL (B3:B16 , $E$3:$E$16)

R值范围	相关程度	是否纳入回归方程
R≥0.7 或R≤-0.7	强相关	纳入多元回归方程
0.5≤R＜0.7 或-0.5≥R＞-0.7	中相关	
0.3≤R＜0.5 或-0.3≥R＞-0.5	弱相关	考虑
R＜0.3 或R＞-0.3	不相关	不考虑

图 6-23　确定纳入回归方程的自变量

6.8.5　确定并消除多重共线性

确定了纳入回归方程的自变量，接下来需要判定回归方程存不存在多重共线性。如果存在，需要进行消除。

用方差膨胀因子 VIF 来判定回归方程存不存在多重共线性。如图 6-24 所示。本例中,VIF 计算结果:气温(VIF=3.022),折扣(VIF=2.694)。根据方差膨胀因子可接受的标准,两个自变量 VIF 都小于 5,表明这两个自变量之间不存在多重共线性,不需要进行消除多重共线性的操作。

回归火锅店每日业绩

日期	自变量x_1 气温℃	自变量x_2 折扣	自变量x_3 帅哥站台	因变量y 业绩/元
1月5日	4	0.95	0	5 628
1月6日	3	1	0	5 025
1月7日	9	1	1	3 886
1月8日	6	1	1	5 159
1月9日	0	0.93	1	5 360
1月10日	4	0.98	0	5 628
1月11日	7	1	0	3 417
1月12日	6	1	0	4 154
1月13日	-1	0.92	1	6 231
1月14日	8	1	0	3 953
1月15日	0	0.92	0	6 097
1月16日	6	1	1	4 355
1月17日	1	1	1	4 891
1月18日	5	1	0	4 288

方差膨胀因子VIF计算

变量	R= CORREL(C3:C16,F3:F16)	VIF = $\frac{1}{1-R^2}$
自变量x_1 气温℃	-0.818	3.022
自变量x_2 折扣	-0.793	2.694

$$VIF = \frac{1}{1-R^2}$$

3. 022与2. 694均小于5
两个自变量不存在多重共线

图 6-24 消除多重共线性

6.8.6 求解多元线性回归方程

经过以上步骤,按回归火锅店的数据,最终选择两个自变量,气温和促销折扣,列出多元线性回归方程:$y=a_1x_1+a_2x_2+b$。接下来,是进行多元线性回归方程的求解。

如图 6-25 所示,采用 Excel 中的函数 LINEST 求解多元回归方程。(特别提醒,LINEST 函数是一个数组函数,一起选中需要输入公式的三个单元格,完成公式内容输入后,Ctrl+Shift+Enter 三键同按最终完成公式录入,得出函数计算结果。)

本例中,两个自变量从左到右依次是气温和折扣,LINEST 函数计算出来的回归系数从左到右依次是折扣和气温，顺序相反。两个自变量回归系数分别是，气温回归系数－140.7，折扣回归系数是－10 582.7，截距为15 801.2。两个回归系数均为负数，代表这两个自变量和因变量都是反相关关系。即气温越高，业绩越低，折扣力度越大，业绩越高。

本例多元回归方程求解结果：$y=-140.7x_1-10\ 582.7x_2+15\ 801.2$。

回归火锅店每日业绩

日期	自变量x_1 气温℃	自变量x_2 折扣	因变量y 业绩/元
1月5日	4	0.95	5 628
1月6日	3	1	5 025
1月7日	9	1	3 886
1月8日	6	1	5 159
1月9日	0	0.93	5 360
1月10日	4	0.98	5 628
1月11日	7	1	3 417
1月12日	6	1	4 154
1月13日	-1	0.92	6 231
1月14日	8	1	3 953
1月15日	0	0.92	6 097
1月16日	6	1	4 355
1月17日	1	1	4 891
1月18日	5	1	4 288

回归系数 a_2	回归系数 a_1	截距 b
-10 582.7	-140.7	15 801.2

{=LINEST(F3:F16 , C3:D16)}

F3:F16	因变量

C3:D16	自变量

y=-140.7x_1-10 582.7x_2+15 801.2

图 6-25　求解多元线性回归方程

6.8.7　确认回归方程的精度

求出回归方程后，需要对这个回归方程进行一系列评价和评估，第一步要做的是确认回归方程的精度。本例用调整后的 R^2 来衡量回归方程精度。

其步骤如下，如图 6-26 所示。

第一步，按求出的回归方程对已有数据进行预测，得到预测业绩数据列（y'）。

第二步，计算因变量实际业绩 y 与预测业绩 y'的相关系数 R，计算结果为 0.857。

第三步，计算因变量实际业绩 y 与预测业绩 y' 的判定系数 R^2，计算结果为 0.734。

第四步，计算调整后的 R^2，计算结果为 0.686

第五步，按确认回归方程精度的判定标准，调整后的 R^2 为 0.686，接近 0.75，表示回归模型拟合度较好，回归方程的精度较高，回归方程的精度确认成功。

回归火锅店每日业绩

日期	自变量 x_1 气温℃	自变量 x_2 折扣	因变量 y 业绩/元	预测值 y' 业绩/元
1月5日	4	0.95	5 628	5 185
1月6日	3	1	5 025	4 796
1月7日	9	1	3 886	3 952
1月8日	6	1	5 159	4 374
1月9日	0	0.93	5 360	5 959
1月10日	4	0.98	5 628	4 867
1月11日	7	1	3 417	4 234
1月12日	6	1	4 154	4 374
1月13日	-1	0.92	6 231	6 206
1月14日	8	1	3 953	4 093
1月15日	0	0.92	6 097	6 065
1月16日	6	1	4 355	4 374
1月17日	1	1	4 891	5 078
1月18日	5	1	4 288	4 515

回归系数 a_2	回归系数 a_1	截距 b
-10 582.7	-140.7	15 801.2

y 与 y' 的R	R^2
0.857	0.734

调整后的 R^2
0.686

调整后的 $R^2 = 1-(1-R^2) * \frac{(n-1)}{(n-k-1)}$

=1-(1-0.734)*(14-1)/(14-2-1)

0.686接近0.75
回归方程精度确认成功

回归方程：

$y=-140.7x_1-10\ 582.7x_2+15\ 801.2$

图 6-26 确认回归方程的精度

6.8.8 显著性验证

本例中，采用回归方程的总体显著性验证的 F 检验。

F 检验测算的是回归方程的总体显著性，本例以 Excel 的数据分析工具来进行 F 检验。如图 6-27 所示。

图中是以 5%的显著性水平(置信度 95%)，用 Excel 的数据分析工具中的回归分析计算的结果。结果显示，F 统计值为 15.19。

用 Excel 中的函数 FINV 来计算标准的 F 统计值，将显著性水平 0.05，第 1 自由度 2，第 2 自由度 11(14－2－1)输入函数，得出标准的 F 统计值 3.98。

计算的 F 统计值为 15.19，远大于标准的 F 统计值 3.98，本例显著性验证 F 检验成功。

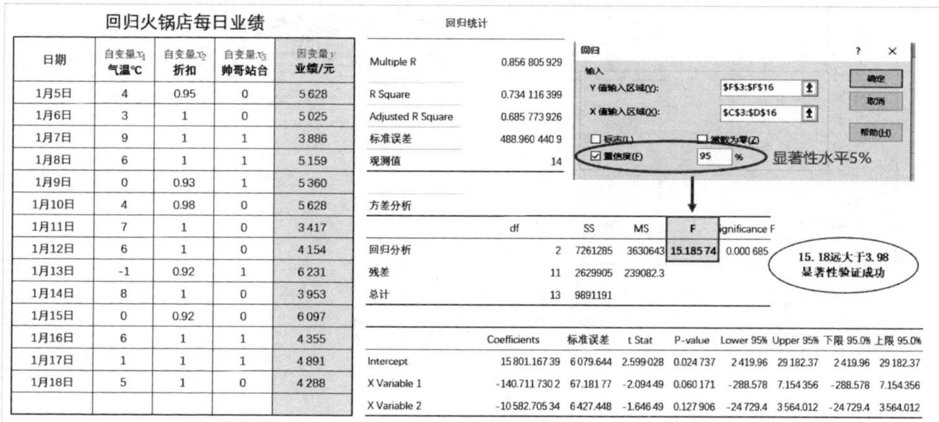

回归火锅店每日业绩

日期	自变量 x_1 气温℃	自变量 x_2 折扣	自变量 x_3 帅哥站台	因变量 y 业绩/元
1月5日	4	0.95	0	5 628
1月6日	3	1	0	5 025
1月7日	9	1	1	3 886
1月8日	6	1	1	5 159
1月9日	0	0.93	1	5 360
1月10日	4	0.98	0	5 628
1月11日	7	1	0	3 417
1月12日	6	1	0	4 154
1月13日	-1	0.92	1	6 231
1月14日	8	1	0	3 953
1月15日	0	0.92	0	6 097
1月16日	6	1	1	4 355
1月17日	1	1	1	4 891
1月18日	5	1	0	4 288

回归统计

Multiple R	0.856 805 929
R Square	0.734 116 399
Adjusted R Square	0.685 773 926
标准误差	488.960 440 9
观测值	14

方差分析

	df	SS	MS	F	ignificance F
回归分析	2	7261285	3630643	15.185 74	0.000 685
残差	11	2629905	239082.3		
总计	13	9891191			

	Coefficients	标准误差	t Stat	P-value	Lower 95%	Upper 95%	下限 95.0%	上限 95.0%
Intercept	15 801.167 39	6 079.644	2.599 028	0.024 737	2 419.96	29 182.37	2 419.96	29 182.37
X Variable 1	-140.711 730 2	67.181 77	-2.094 49	0.060 171	-288.578	7.154 356	-288.578	7.154 356
X Variable 2	-10 582.705 34	6 427.448	-1.646 49	0.127 906	-24 729.4	3 564.012	-24 729.4	3 564.012

图 6-27　显著性验证

6.8.9　计算置信区间

经过回归方程的显著性验证，接下来计算置信区间(对于需求预测来说，也可以略过这一步，直接进入正式预测)。

本例用 Excel 中的函数 TINV＋STDEVA＋ SQRT 来计算置信区间，如图 6-28 所示。

第一步，用 TINV 函数计算 t 值。将显著性水平 α＝0.05，样本个数 n＝14，输入函数，t 值＝TINV(0.05，14－1)＝2.16。

第二步，用 STDEVA 函数计算预测业绩 y'的标准差，y'的标准差＝747。

第三步，将以上数据套入置信区间的计算公式，得出，置信区间＝±2.16×747÷SQRT(14)＝±431。

回归火锅店每日业绩

日期	自变量x_1 气温℃	自变量x_2 折扣	因变量y 业绩/元	预测值y' 业绩/元
1月5日	4	0.95	5 628	5 185
1月6日	3	1	5 025	4 796
1月7日	9	1	3 886	3 952
1月8日	6	1	5 159	4 374
1月9日	0	0.93	5 360	5 959
1月10日	4	0.98	5 628	4 867
1月11日	7	1	3 417	4 234
1月12日	6	1	4 154	4 374
1月13日	-1	0.92	6 231	6 206
1月14日	8	1	3 953	4 093
1月15日	0	0.92	6 097	6 065
1月16日	6	1	4 355	4 374
1月17日	1	1	4 891	5 078
1月18日	5	1	4 288	4 515

置信区间计算步骤

1、计算t值 =TINV(0.05,14-1) = 2.16
2、计算y'的标准差 =STDEVA(F3:F16) = 747

3、置信区间 = $\pm t \times \frac{s}{\sqrt{n}}$

置信区间 = ±2.16*747/SQRT(14) = ± 431

图 6-28 计算置信区间

6.8.10 正式预测并得出预测结果

经过上述 9 步的操作，接下来就可以正式预测了。

经天气预报查询，未来 1 月 26 日气温为－2℃，经回归火锅店管理层决定，当天火锅店进行 97 折促销，下面以回归分析来预测 1 月 26 日回归火锅店的业绩，如图 6-29 所示。

(1)将需要预测当天的两个自变量(气温为－2℃，折扣 0.97)，代入确认过精度和进行过显著性验证的多元回归方程 $y=-140.7x_1-10\ 582.7x_2+15\ 801.2$，得出当天业绩预测的基准结果(如预测过程中没有引进置信区间，这个基准结果就是最终预测结果)，即 $y=-140.7\times(-2)-10\ 582.7\times0.97+15\ 801.2=5\ 817$元。

(2)本例设定的置信水平是 95%，根据第 9 步的计算结果，置信区间＝±431，以预测的基准结果±431，得到当日预测业绩的上下限，即 5 817±431，最大 6 248 元，最小 5 386 元。

(3)当气温－2 度，并进行 97 折促销时，经过多元回归分析，得出预测结果：1

月 26 日，回归火锅店的业绩，有 95％的可能在 5 386 元到 6 248 元。

回归火锅店每日业绩

日期	自变量x_1 气温℃	自变量x_2 折扣	自变量x_3 帅哥站台	因变量y 业绩/元
1月5日	4	0.95	0	5 628
1月6日	3	1	0	5 025
1月7日	9	1	1	3 886
1月8日	6	1	1	5 159
1月9日	0	0.93	1	5 360
1月10日	4	0.98	0	5 628
1月11日	7	1	0	3 417
1月12日	6	1	0	4 154
1月13日	-1	0.92	1	6 231
1月14日	8	1	0	3 953
1月15日	0	0.92	0	6 097
1月16日	6	1	1	4 355
1月17日	1	1	1	4 891
1月18日	5	1	0	4 288

回归方程：

y=-140.7x_1-10 582.7x_2+15 801.2

经天气预报查询，1月26日气温为-2℃，回归火锅店决定当天进行97折促销，请预测1月26日回归火锅店的业绩。

	气温	促销折扣
1月26日	-2	0.97

y=-140.7*(-2)-10 582.7*0.97+15 801.2

y=5,817元　置信区间=±431

气温-2度，促销97折时，预测结果：

预测当天回归火锅店业绩有95%的可能在5,386元~6,248元之间。

图 6-29　正式预测

学以致用

学习：

多元线性回归的十大步骤。

思考：

哪些变量需要纳入多元回归方程?

应用：

对企业的促销活动进行多元线性回归分析。

第 07 章　需求预测方法 3：定性预测法

定性预测指根据人们的观察和经验，以逻辑思维和逻辑推理进行预测的方法（WB/T 1039—2008 物流定量预测）。

定性预测是主观的预测方法，俗话说就是"拍脑袋"。不同的定性预测方法，其实就是不同的人"拍脑袋"。这些不同的人"拍脑袋"的方法主要有：专家"拍脑袋"的德尔菲法，领导"拍脑袋"的部门主管意见法，销售部门"拍脑袋"的销售人员组合法，客户"拍脑袋"的用户调查法以及笔者提出的大家一起"拍脑袋"的专家意见加权评估法。

7.1　专家"拍脑袋"——德尔菲法

德尔菲法（Delphi Method），是根据有专门知识、能力的人的直接经验进行预测的一种定性方法。它是将专家意见经过多次反复综合起来的定性预测方法，每次反复的结果均用于下一次，以便整合专家意见（GB/T 25109.1—2010 企业资源计划 第 1 部分 ERP 术语）。

德尔菲法由美国兰德公司首先应用于预测领域。德尔菲这一名称起源于古希腊有关太阳神阿波罗的神话。

相传,古希腊有座神庙名德尔菲,其主神最早是众神之母大地女神盖亚,后来几经波折,阿波罗成为德尔菲神庙的主神。传说中阿波罗具有预见未来的能力,在古希腊,大到征战祭祀,小到生老病死,在人们做出决定之前,都会来德尔菲神庙请示神谕。

就这样,德尔菲与预测(神谕)有密不可分的联系,也正因为如此,才将这种专家意见预测法称为德尔菲法。德尔菲法最初应用于科技领域,后来逐渐被应用于各种领域的预测。本书所讲的德尔菲法,是应用于供应链管理中需求预测的德尔菲法。

7.1.1 德尔菲法的特点

德尔菲法是由专家单方面独立的、凭自己的经验和感觉("拍脑袋")进行预测的定性方法。它并不是将专家召集到一起共同商量预测结果,恰恰相反,它是要求专家之间不得互相讨论,不发生横向联系,每一位专家完全独立,依据自己的判断,单方面提供预测(回答预测组织者的问题),这是德尔菲法的最大特点。也正因为这个特点,人们普遍认为德尔菲法本质上是一种反馈匿名函询法。

德尔菲法的特点或优势就是"独立"(匿名性),独立代表着不受核心人物(比如领导或者行业"大神")和集体思维(比如一致意见)的影响,能够使专家们的思路得到充分发挥,从而使预测结果更为合理和有效。

7.1.2 德尔菲法的应用

在需求预测中,德尔菲法的主要应用是中长期预测(尤其是长期预测),原因是:

(1)德尔菲法主要作出预测的人是专家。他们是解决某些问题的高手或是某些方面的权威,这些都表明专家绝大部分不会是具体的执行人,无法让他们给出具体执行的预测,他们能够给出的,只能是指明方向或者是具指导意义的中长期预测。

(2)德尔菲法的主角尽管是专家,但毕竟是一种定性的方法。需求预测实践中，数据占据重要位置，只有在数据不充分或数据缺乏的时候，才可以用“拍脑袋”来补充。一般来说，短期预测所需要的数据相对全面，不需要靠“拍脑袋”来决定（新产品或新市场等数据不充分的短期预测后面章节讨论），而中长期预测则在很多情况下需要“拍脑袋”。

（3）德尔菲法是专家“拍脑袋”，其预测结果严重受专家成员意见的影响，这样使预测结果不可靠，不建议用于侧重执行的短期预测。

7.1.3　德尔菲法的预测流程

德尔菲法的一般操作是，企业组成一个专家团队（含企业内部专家及外部邀请的专家），按照既定的程序，专家对未来的需求发表意见和看法，通过多轮专家预测，最后汇总成全部专家基本一致的数据，作为预测的最终结果。具体的预测流程一般有如下几步。

（1）确定预测组织者。预测组织者一般由需求计划或需求预测人员担当，负责制定预测标的（一般为总业绩或分类总业绩）、拟定预测流程、组织专家预测和收集整理预测结果。

（2）确定预测标的与预测流程。需求计划人员制定预测标的和预测要求，拟定预测流程并按规定提交相应级别管理人员审批确定。

（3）确定专家团队。也就是需要确定由哪些专家来“拍脑袋”。专家团队的确定需要根据企业的实际情况决定，一般情况下，笔者建议由内部专家和外部专家组成，内部专家要包括销售负责人、销售精英、市场（产品）负责人、供应链管理负责人、计划高手等；外部专家则主要由企业顾问、大客户和相关战略供应商组成。

（4）专家第一轮预测。需求计划人员向参与预测的专家发送预测标的和要求，专家在规定的时间独立做出预测，并将做出的预测结果和自己得出这个结果的理由回发需求计划人员。

（5）专家第二轮预测。需求计划人员将所有专家的预测结果和理由进行汇总与归纳（去除相同或相似的结果），给出一个缩小的预测结果范围，然后将汇总之后的各个预测结果（和理由）及缩小后的预测范围再发给每一位专家（不告之每种预测结果的提供者是谁)，专家进行第二轮预测(如果自己第一轮预测在缩小后的预测结果范围内，可保留自己第一轮所做出的预测)。

(6)专家第 n 轮预测。需求计划人员重复第 5 步动作，不停地缩小预测范围，直至全部专家都不再修改自己的预测为止。

(7)得出预测结果。当全部专家都不再修改自己的预测时，这时的预测范围就是最终的预测结果。

(8)预测执行与跟踪(纠偏)。关于预测纠偏，将在后文详细说明。

7.2 领导“拍脑袋”——部门主管意见法

部门主管意见法(Jury Of Executives)，是将相关部门的主管人员(如销售、市场、供应链管理、财务等)聚集到一起，对预测事项共同讨论并得到一致的意见，从而得出预测结果的一种预测方法。

部门主管意见法与德尔菲法的最大不同是“共同”。部门主管意见法利用群体讨论的方式，将各部门主管聚集到一起，共同沟通讨论得出一致的预测结果。

7.2.1 部门主管意见法的优缺点

部门主管意见法是定性预测中使用较为广泛的一种，原因是它实施起来比较容易，不需要准备详细的信息与数据(或数据对未来参考性不强)。

这个优点使其有两个最常见的应用场景：新品预测和针对产品群(族)的中长期预测。当缺乏历史数据或历史数据对未来参考性不强时，部门主管意见法就可以充分利用主要管理人员的直觉、经验与知识，并经由不同主管之间的讨论达成共识，最终得出预测结果。

但是，也正因为这种主要借助主管的直觉和经验，并且需要相互讨论，这个过程中不可避免会受到某些权威人士的影响(比如，更高级别的领导、更有影响力或公司更器重的岗位等)，让其他参与者难以维持独立的判断，或不愿意充分展现自己的观点，从而使用预测结果造成人为性失真，这是其缺点。

这个缺点要求企业能够采取圆桌会议模式，也需要有更公平、更宽松的会议文化，同时能够克服一些固有的偏见，以便参与主管们的智慧、意见能够得到充分体现和发挥，使集体讨论更有作用，从而得出更为有效的预测结果。

7.2.2　部门主管意见法的预测流程

在需求预测实践中，建议只将此法应用于新品预测和针对某一产品群（族）的中长期预测。新品预测主要是没有数据或数据不充分，比如，只有相类似或相关联产品或市场的数据；产品群（族）的中长期预测则主要是因为未来变化太快，历史数据参考性不强。这两种情况，都适合部门主管意见法。

新品预测和产品群（族）的中长期预测都是一次性预测，其预测流程基本相同，主要有如下几个步骤。

（1）明确预测标的与任务。预测发起人（组织者）确定哪些新产品的预测或哪个产品群的中长期预测，并且确定预测时间跨度是多长，同时需要明确这轮预测需要什么时候完成。

（2）确定并邀请参与讨论的领导。预测发起人根据预测的标的和任务，确定需要邀请哪些部门主管参与预测讨论会议，提交领导审批确定。笔者建议需要含有市场（产品）部门负责人、销售部门负责人、负责该产品销售的销售经理（主管）、销管部门负责人、供应链管理部门负责人、需求计划经理（主管）等。

（3）确定预测会议的时间、地点并发出邀请。

（4）准备相关数据与信息。预测发起人准备已有的数据和信息，比如，与新产品（新市场）相类似的产品或市场数据（或由此做出的回归分析数据），已知的促销信息、竞品信息等。

（5）预测会议。会议由预测发起人的直接领导主持（如果发起人是公司一级部门的最高领导则由其自己主持），预测发起人提供目前已知的数据并负责会议记录。会议针对预测标的与任务进行开放性讨论，并最终形成决议。特别说明：会议必须要有决议。

（6）预测结果公布。预测发起人根据预测会议决议，得出最终预测结果，会同会议记录一起提交领导审核后，抄送参与会议的主管，同时，将预测结果交由各职能单位使用(或执行)。

(7)预测跟踪与纠偏。

7.3 销售"拍脑袋"——销售人员组合法

销售人员组合法(Sales Force Composite),是利用企业销售(配送)人员的经验和直觉,对未来进行预测的一种定性预测方法。

销售人员组合法的组合一般由三个层级组成。第一是基层销售人员,他们最接近客户(或最终消费者),对商品销售情况及客户的需求都较为了解,可以利用他们掌握的信息以及他们的经验和直觉来进行需求预测,提供基层预测信息;第二是各级销售主管,他们汇集自己负责范围内的基层预测信息,再结合自己的经验、直觉和判断提供大范围的综合预测意见;第三是客户(经销级别的客户,可看作企业的销售),从客户的角度提供他们带来的需求信息。

采取的方法可以是每个销售人员单独作出预测,也可以是相互讨论作出预测。在主管层面,还可以采取层层汇总方式得出大区或整体预测。

7.3.1 销售人员组合法优缺点

销售人员组合法的优点主要是,销售人员离市场(客户)近,身处市场的第一线,他们对自己所在区域、自己所负责产品的市场情况十分熟悉,比其他人对市场有更敏锐的洞察力;从预测的准确性来说,比其他人以定性方式给出的预测可靠性更强。

销售人员组合法这个优点也是其主要缺点,销售人员(含基层人员及分区的主管)对客户、对市场的了解,往往仅限于他负责或相关的客户或市场的了解,对整体的需求缺乏系统的认识或宏观的视野,造成无法做出更全面的预测。

销售人员组合法另一个缺点是,销售人员的预测可能过于主观。一种常见的情况是,如果企业有一定政策性的策略,可能会严重影响销售人员的判断,或故意错误判断。比如,某企业以各区域的预测数据,为该区域的销售目标,然后以销售目标为重要参考因素来分配销售资源。这种情况下,显然会造成销售人员为了争取更多的销售资源，而人为地放大预测的现象出现；再比如，如果企业将预测数据作为销售人员的考核指标，这会使销售人员预测时更加谨慎，从而可能会人为地缩小预测数据，以提高或确保自己达成考核指标的概率。

7.3.2　销售人员组合法的应用

销售人员组合法最常见的应用方式是，各片区基层销售人员对自己负责片区的需求进行预测；然后将每个销售片区预测汇总得到大区预测；再向上汇总，得到了企业对整个市场的需求预测。

这种应用方式其实是一种比较原始的需求预测方法，由于数据收集困难（也很少有收集数据的意识），信息获取不充分，以销售人员组合层层汇总的方式能起到一定的效果。如今，随着数据收集成本降低，信息流转顺畅，尽管还有一些管理较粗犷的企业，采取这种方式进行整体预测，但只要有正式需求预测职能的企业已经很少采用。

那么，如今销售人员组合法在哪里可以应用呢？有一个非常适合的场景，那就是新市场预测。

（1）新市场往往缺乏数据，包括对类似市场的回归分析在内，定量的方法一般都不太适用，只能在定性上寻找突破。

（2）销售人员离市场（客户）近，对市场有一定的洞察和了解，尽管是新市场，他们仍能以自己的直觉和经验做出相对靠谱的判断。

（3）新市场的启动，往往伴随着促销等活动，对这些活动的理解以及这些活动能起到什么样的效果，销售人员更有发言权。

（4）市场最终还得销售人员去作战和维护，销售人员参与对未来的预测，更利于开发好这一新的市场，使其达成预期目标的概率大幅度提升。

7.3.3　销售人员组合法的预测流程

这里，以新市场预测为任务，简述一下销售人员组合法的预测流程。

（1）确定需要做预测的新市场及新市场预测的任务。新市场预测应作为一个项目来对待，为了保障供应及其他各项资源的齐配，企业需要对新市场未来一定时间内(如三年、半年或一年)的需求进行预测。预测发起人一般为供应链管理最高负责人,预测的具体执行人员为需求计划员。他们需要确定新市场预测的任务及各项明细要求(如提交渠道、完成时间等),收集已知的新市场信息(含同类市场信息及一些相关或回归分析),制定本次预测流程。

(2)确定参与预测的销售人员(销售组合)。做新市场预测时,参与的销售人员应包含:该市场的基层销售员、该市场的销售主管、负责该市场的销售负责人以及B端客户。

(3)基层预测(销售与客户)。需求计划员向各级销售人员发送新市场预测知会函件,提供已知的新市场信息,同时提供统一的格式模板。基层销售人员需要在规定的时间完成预测(相互讨论,由基层销售负责人统一形成最终的预测),同时与客户沟通,拿到客户的预测。基层销售负责人将客户及自己团队的统一预测提交上一级领导,同时抄送需求计划员。

(4)汇总预测。上一级销售负责人结合下属团队的预测给出自己的意见,发送再上一级销售负责人,同时抄送需求计划员。以此类推,直至负责这一新市场的销售总负责人。

(5)得出正式预测。需求计划综合各级销售人员意见,得出预测结果,发送至这一新市场的销售总负责人审核,通过后成为正式预测,抄送参与预测的各级销售人员。

(6)预测跟踪与纠偏。

7.4 客户“拍脑袋”——用户调查法

当企业对新产品或缺乏销售数据产品的需求进行预测时,除了上面介绍的几种“拍脑袋”方法,还有一种较常见的“拍脑袋”方法,客户“拍脑袋”,即用户调查法。

用户调查法(User Survey),是指销售人员通过信函、电话或者访问的方式,对现实的或潜在的客户进行调查,得到客户反馈的各种信息,然后将这些信息进行综合整理,并进行预测的定性预测方法。

7.4.1　用户调查法不适合需求预测实践

用户调查法的数据来源于调查，来源于客户期望，从理论上说可以较好地反映市场状况。并且，通过用户调查可以了解顾客对产品优缺点的看法，以及一些客户不购买产品的原因，从而有利于改进、完善产品，有利于新产品开发和有针对性地开展促销活动。

不过，笔者认为，在企业的需求预测实践中，用户调查法操作复杂并且成本高昂，并不实用。如果用户调查仅仅用于需求预测的话，很难得到预期的效果，往往得不偿失。

(1)一般的用户调查很难获得客户真实反馈。即用户所填报的信息(答复)是否为真实意愿的反馈无法保障，从而使调查结果失真。也就是说，一般的用户调查并不一定能得到预期的效果或作用，而专业的用户调查又需要更高的投入并且也不一定能获得预期的信息。

(2)用户调查的样本需要足够大，才能体现调查的作用，而随着样本的增大，调查投入的各项资源、各项人力物力与时间精力也将大幅度增加。如果预测结果不是为了其他目的，成本的增加值不值得需要管理者综合思考。

(3)用户调查投入巨大，并且往往涉及企业内部的多部门协调和沟通，除了需要企业有较高的管理水平(如跨部门协调能力)外，也将大幅度耗费企业内部的管理资源，增加管理成本。

(4)从理论上说，当企业不愿意自己做一手市场调查时，也可以使用第二手即他方的调查数据，比如一些机构公开发表的数据，从而降低调查成本。但这其实是对用户调查的误解，这不是真正的用户调查。企业收集而来的他方信息，只是用来支撑企业需求预测的一种外部数据，是常规预测流程中的数据收集步骤。

7.4.2　需求预测中用户调查法的最佳应用

用户调查法不适合需求预测实践，并不是说用户调查法没有用。相反，用户调查法的用处很大，在一些特定事项或特殊目的的预测中发挥着重要作用，如大选前的民意调查等。用户调查法有一个场景能让其发挥最大作用:减少和纠正预测人员的偏差和偏见。

在定性预测过程中,无论是德尔菲法、部门主管意见法还是销售人员组合法,预测人员都只是凭自己已知的信息和经验来进行预测,但是,个人掌握的已知信息或经验并不一定准确,从而导致预测偏差。

用户调查法刚好能够减少这种偏差和偏见。因为,经过用户调查可以得到客户的直接信息,这些信息可以为参与预测的相关人员提供参考和借鉴,促使他们做出更准确的判断,更完备的预测。

7.5 一起"拍脑袋"——专家意见加权评估法

上文介绍了 4 种较常见的定性预测方法。

不过,笔者认为,尽管这 4 种方法目前较为常见,但都过于主观和单调,可操作性及实用性不是很强。基于此,笔者提出一种加权的思路,进行汇集专家意见的定量与定性相结合的预测方法,并将其命名为专家意见加权评估法。

它是以加权的方法汇总计算各专家意见和判断的一种定性预测方法。它的基本思路是,给予不同的专家不同的权重,再进行加权平均,得出最终的预测结果。

专家意见加权评估法的五步流程如下。

7.5.1 数据准备

收集、整理相关数据与信息,如历史销售数据、季节特性、预测期的促销安排等,并进行处理和分类,做成 Excel 表格,打包汇总,准备发给每一位专家。

这一步的一个关键,是大家都要知道和明白一个事实:专家都是很忙的。邀请专家参与评估是请专家帮忙,不能占用他们太多的时间。所以,一些数据和信息,需要提前准备,并进行必要的处理,如数据清洗、信息归类等,以提高专家消化数据与信息的压力和效率,减少他们参与评估的时间。

7.5.2　邀请专家

邀请具有一定经验和能力的专业人员、管理人员、销售人员或其他内外部专家，组成定性预测专家团队。

被邀请的人至少对产品在未来的需求有一定概念。比如，因某款产品的竞品突然大规模降价，受此影响，公司需要对这款产品未来的需求进行定性预测。这时，可以邀请市场部、销售部或供应链管理部中对产品、市场和计划有一定经验的人担当专家。如果邀请一位 HR 高手来担当需求预测的专家，尽管他可能 HR 方面非常厉害，但对于这些产品的需求预测，大概率起不了什么作用。

7.5.3　给专家评权

给接受邀请的每一位专家评分，给出每一位专家的加权权重。这是非常关键的一步，也是专家意见加权评估法最核心最重要的步骤。

给专家评分需要从三个方面考量：一是专家的能力和经验程度，如果不能判定水平或不好判断，那么以职务（职级）来评定，职务（职级）高的评分高；二是专家以往预测的业绩，以前有良好表现的评分高；三是专家的参与程度，即专家花费了多少心思和精力在参与定性预测这个事，参与程度深的评分高。

对于用专家意见加权评估法来进行定性调整来说，前两步以时间序列做出的，经人工系数计算定量调整后的预测，需要作为一个特殊的专家参与加权平均，并且，定量调整后的预测，在这里是最重要的专家。

本书建议定量调整后的预测占到专家加权意见 70％以上的权重。其他 30％的权重，销售端和计划端各占 15％。

7.5.4　专家独立预测

将第 1 步整理好的数据和信息发给每一位经选择并接受邀请的专家，请他们依据经验、直觉和判断，独立地给出预测结果。

需要注意的是，专家的意见需要他们独立得出。另外，还需要给他们时间限制，要求在规定的时间完成，因为，时间拖得越久，相互讨论的可能性就越大，其直觉也就越容易受外部因素的影响。

7.5.5 加权得出预测结果

收集每一位专家的意见，按第 3 步得出的专家加权权重，加权平均计算得出最终的预测结果。

这一步的具体操作是，先将每一位专家的预测数乘以他们的权重，得到每个人的预测与权重乘积，再将全部专家的预测与权重乘积相加求和，得到专家意见加权评估法的最终预测结果。

7.5.6 专家意见加权评估法应用实例

采用第 5 章第 2 节加权移动平均的数据，如图 7-1 所示，在加权移动平均的基础上，对 A 产品的 21 期需求采用专家意见加权评估法进行预测。

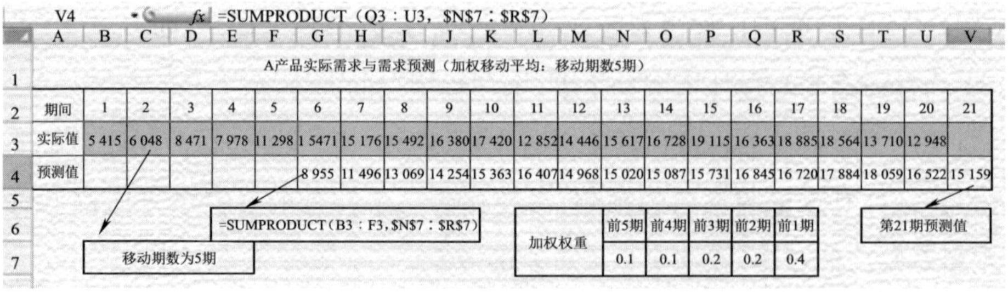

V4 =SUMPRODUCT（Q3：U3，$N$7：$R$7）

A产品实际需求与需求预测（加权移动平均：移动期数5期）

期间	1	2	3	4	5	6	7	8	9	10	11	12	13	14	15	16	17	18	19	20	21
实际值	5 415	6 048	8 471	7 978	11 298	1 5471	15 176	15 492	16 380	17 420	12 852	14 446	15 617	16 728	19 115	16 363	18 885	18 564	13 710	12 948	
预测值						8 955	11 496	13 069	14 254	15 363	16 407	14 968	15 020	15 087	15 731	16 845	16 720	17 884	18 059	16 522	15 159

加权权重	前5期	前4期	前3期	前2期	前1期
	0.1	0.1	0.2	0.2	0.4

图 7—1 加权移动平均实例

1. 数据准备

计划人员准备如下数据：A 产品过去两个季节周期的历史数据（用 Excel 列表，不足两个季节周期则准备全部数据）、数据曲线图、供应链知晓的 A 产品预测期的促销行动和 A 产品的竞品动作（文本描述）、A 产品及其相关原物料的供应情况（只需简单两句说明有无异常，有什么异常以及有多大影响）等。

2. 邀请专家

第一步是确定邀请哪些专家。笔者建议邀请负责 A 产品的产品管理人员、承担 A 产品主要业绩的销售人员（主管或经理）、销售负责人、负责 A 产品相关物料的物控人员和供应链负责人。确定邀请专家的人选后，计划负责人首先向直接上级，如供应链总监申请，经上级同意后，以邮件形式发出正式邀请。邮件中应明确提出，请他们一天之内回复是否接受邀请，并进行跟踪，如电话询问。

另外，经加权移动平均预测的结果也作为一个重要的专家意见参与专家意见加权评估。

3. 给专家评权

假定负责 A 产品的产品管理专员、销售总监和物控经理三人接受了邀请，接下来需要给这三位接受邀请的专家加权移动平均的预测进行评权，按专家评权的三个维度，本例评估的权重如下。

(1)专家 1(移动平均预测)：权重 60%。

(2)专家 2(产品管理专员)：其自身能力尚可，但以往评估业绩不佳，不过积极投入较大精力参与，权重 10%。

(3)专家 3(销售总监)：能力突出但没有时间真正参与，以临时“拍脑袋”为主，以往评估业绩一般，权重 15%。

(4)专家 4(物控经理)：对 A 产品非常熟悉，因预测与物控息息相关，全力参与评估，以往评估业绩一般偏上，权重 25%。

4. 专家独立预测

再次发出邮件，请接受邀请的专家进行独立预测，请他们一天之内（或下班前）完成并回复邮件（计划人员需要在时间到达前提前主动跟踪）。邮件中需要附上第 1 步准备的数据资料，同时特别提醒：需要独立得出预测，不要相互讨论，也不要受其他人员或外部因素的影响。

5. 加权得出正式预测结果

收回各专家的定性预测，按第 3 步确定的权重，进行加权平均，得出正式预测结果。

按收到的回复,各专家预测结果:专家 1(移动平均预测)15 159 单位,专家 2(产品管理专员)预测为 20 000 单位,专家 3(销售总监)预测为 30 000 单位,专家 4(物控经理)预测为 12 000 单位。以第 3 步确定的权重,对此 4 个数据进行加权平均,得出正式预测结果:17 080 单位,见表 7-1。

表 7-1 专家意见加权评估法实例

序 号	专 家	权 重	预测结果	加权平均
1	移动平均	50%	15 159	17 080
2	产品专员	10%	20 000	
3	销售总监	15%	30 000	
4	物控经理	25%	12 000	

学以致用

学习：

4 种常见的定性预测方法与专家意见加权评估法。

思考：

专家意见加权评估法与其他常见预测方法主要的区别是什么？

应用：

尝试使用专家意见加权评估法进行一次定性预测。

第 08 章　需求预测的实施与考核

在实际工作场景中，除了需要预测方法以外，还需要需求预测的操作流程和操作步骤。

需求预测是一项需要长期持续的工作，它是一个 PDCA 的循环过程。实践中，完成需求预测的必要步骤后，还需要持续不断地纠偏，持续不断地改进预测模型，为后续的预测做准备，以便更好地进行持续预测。

另外，需求预测工作做得怎么样，做得好不好，需要以考核指标（KPI）来评估和体现。需求预测有没有成绩和起到什么样的作用，也需要考核指标来衡量和评价。

8.1　需求预测的七大步骤

一般情况下，进行需求预测，笔者建议按以下七个步骤进行，如图 8-1 所示。

（1）确定需求预测的目标。

（2）收集并处理各项数据资料。

（3）选择适合的预测方法。

（4）建立预测模型并进行预测。

（5）检查分析预测结果并调整预测。

（6）提交预测报告。

(7)跟踪需求的实际走向,及时纠偏并修正预测。

需求预测的七大步骤

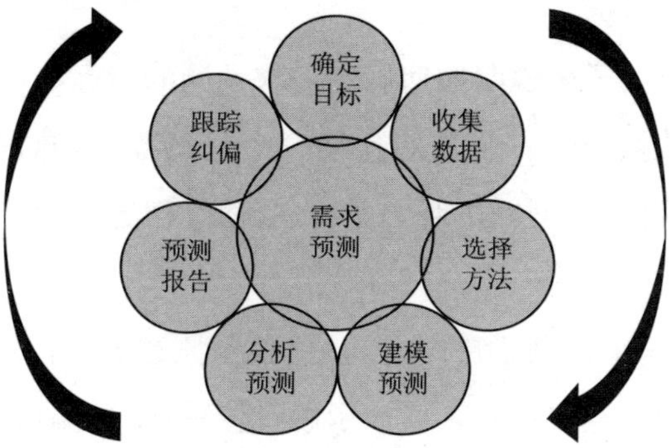

图 8-1　需求预测的七大步骤

8.1.1　确定需求预测的目标

不管是企业管理,还是做其他事,首先需要明确目的。需求预测也一样,首先需要明白做预测的目的是什么,需要达到的目标是什么。

目的和目标不一样,在这里为便于讲述,把需求预测的目的和目标放在一起,统称为需求预测的目标。

简单来说,确定一件事的目标,就是回答两个问题:第一"为什么要做这件事";第二"这件事要做到什么样的程度"。需求预测的目标,可以根据对这两个问题的回答来确定。

1. 为什么要做这个预测

这主要指做这个预测为了解决什么问题,做预测的目的是什么。这一点非常关键,因为,如果不明白做预测的目的,那么,后续的操作就无从选择,失去意义。

很多时候,一些企业负责人往往觉得预测起不了多大的作用,很大的原因是不知道企业做预测到底是为了什么。比如,为了预测而预测,为了预测的过程高大上而预测。这样的话,除了让预测人员疲于应付以外,不会有任何结果和作用。

2. 预测需要做到什么程度

要确定做到什么样的程度才能解决这些问题,即需要确定预测要达到的标准,同时确定需求预测的目标。

下面举个简单的例子来说明如何确定需求预测的目标。

假如需要预测某款产品三个月后连续三个月的需求,这时,第一步要做的就是,确定需求预测的目标。可以按照上文所述,通过回答这两问来确定需求预测的目标。

(1)为什么要做这个预测。首先提问,单独预测这款产品三个月之后的需求,是为了解决什么问题?经咨询及多方面了解,进行这个预测,是因为三个月后这款产品的主要材料将进入涨价期,公司需要提前储备这些材料。

做这个预测的目的就是提供相对准确的预测,以指导提前备料,避免盲目采购造成呆滞或涨价时临时采购以增加成本。

(2)做到什么程度才可以指导提前备料。明确了需求预测要解决的问题,接着第二问,预测做到什么样的程度,才可以指导提前备料。假设根据历史预测准确程度对备料的影响,以及与各相关部门沟通和讨论,得出:如果三个月的总需求预测准确率能够达到 80%,以及三个月后每一个月单月需求预测准确率能够达到 70%,那么,就可以很好指导备料操作。

综上,在这个案例中,总需求预测准确率达到 80%,单月需求预测准确率达到 70%就是需求预测的目标。

8.1.2 收集处理信息

有人说数据是最重要的生产资料。在如今的信息时代,数据的重要性不言而喻。对需求预测来说,更是无数据,不预测。

需求预测需要数据,但数据不是凭空产生的,需要去收集,去整理,去进行一些加工和相应的处理。

数据收集是按照确定的数据分析和框架内容,有目的地收集、整合相关数据的一个过程。首先要确定需要收集哪些数据。需要注意的是数据不仅仅是数值型数据，其他一些相关信息也是数据的重要组成部分，如促销信息、竞品降价信息等。

需求预测需要收集的数据主要包括两个方面：一是与预测对象相关的历史数据，如历史销售记录、历史物料出库记录等；二是未来可能与预测对象相关的各种信息，如内部的促销信息、外部的客户新品信息以及政策层面的调整信息等。

需要预测的数据来源一般分内部来源和外部来源两种。

内部来源一般是公司内部日常的记录（含人工记录与系统生成的记录），如销售数据、原始发货记录、生产原始单据与报表、出入库报单、其他销售数据、促销信息、重大事件记录、特殊事件记录、客户（或供应商）调查与调研信息等。

外部数据指来源于公司外部的信息和数据。主要包括政策信息、相关企业公开发布的数据（如销售收入、财报等）、消费者调查与报告、客户分析、供应商相关信息等。外部数据一般采用市场采取、测试与直接调查等方式获得。

外部信息是需求预测数据的重要组成部分，可以作为内部数据强有力的补充。

收集来的原始数据，可能会有一些不必要的（如重复值）、缺失的数据（如某个时间段数据找不到）、逻辑错误的数据（如自相矛盾的数据）和偶然的数据（如百年一遇的大客户），这代表着收集的原始数据往往不是直接可以使用的，需要整理数据，并对整理好的数据进行一些加工和处理。

常见的数据处理方法一般包括：数据清洗、数据转换、数据提取和数据计算与分组分类等。有关数据处理的相关知识与操作，超出了本书的内容，这里就不做深入探讨。

8.1.3　选择预测方法

需求预测的方法没有优劣之分，只有适不适合之别。所以，选择需求预测的方法时，要选择适合的预测方法；不是讲究它们的优劣，而是评估它们适不适合。

几乎所有的需求预测方法都有缺点，都受所处条件的限制，从而表现效果千差万别。需求预测必须考虑数据的局限性和多变性，不能指望一种或固定的几种预测方法，就能获得较好的预测效果（预测准确率）。

因此，需求预测需要根据实际情况，需要解决的问题，需求特性、产品特性等一系列因素来选择适合的预测方法。

一句话:不管采用什么方法,只要是适合的,哪怕再简单,都是最好的方法;那些不适合的,对别人再好、再成功,对你也很难起到作用。

8.1.4 预测建模并进行预测

建立预测模型,就是根据确定采用的需求预测方法,用数学函数或公式建立一个运算模型,当需求预测的相关数据输入运算模型时,模型自动运行得出预测结果。

预测建模是需求预测最核心的技术之一。目前,尽管一些预测或数据分析软件都自带了一定的预测模型,但实际场景中,一般较难或者很难直接应用。所以,需求预测人员需要具备自己建立预测模型的能力。

事实上,预测建模能力是需求预测人员的核心专业能力,是必备的一种能力,也是最基础的一种能力。需求预测人员需要熟悉各种预测方法或工具的优缺点和适用场景,能够按实际情况找到最优的组合使用办法,从而建立最优的预测模型。

需求预测人员还需要具备数据挖掘意识和一定的数据挖掘能力。需求预测离不开数据,但预测人员看到的不应该只是数据,而应是数据背后的各种假设与动因,需要挖掘这些假设和动因,以便做出更准确的判断,从而建立和解读预测模型。

需求预测人员也需要熟练操作 Excel 等软件和工具,这样才能够真正地完成自主建模。

预测模型建立后,导入经处理后的相关数据,经模型运算,可自动生成得出初步的预测结果。注意,这里是初步的预测结果,还需要对其进行分析与调整。

8.1.5 检查分析预测结果并调整预测

当导入数据,得出初步预测结果后,需求预测人员要做以下三个动作。

首先是检查初步预测结果,主要分两个方面:一是检查导入的数据有没有问题,有没有人为操作错误;二是检查预测的结果有没有明显的异常。对这两方面的检查,可以采用一定的方法,比如,在建立预测模型时进行相应提醒报警设置,到需要检查的时候，重点查看报警项就可以。

其次是分析。分析也分两个方面：一是如果发现异常，我们需要分析异常的原因，并解决异常；二是对预测的初步结果进行分析，评估初步结果的有效性。

第三是调整预测。调整预测分两步进行，第一步是定量调整，采用定量的方法（即以数据说话，经数据计算进行调整的方法）进行调整；第二步是定性调整，邀请内外部专家，对经定量调整后的初步预测进行定性调整。

经过以上三步对初步预测结果进行修正与调整后，就可以得出正式的预测结果。

8.1.6　提出预测报告

预测报告往往被一些需求计划人员忽略，但事实上，预测报告非常重要。因为，预测的结果是需要给大家看的，是需要给相关人员审核或调整的，是需要给公司对未来决策做依据和进行参考的；同时，需求预测结果也是对各部门后续工作的一种约束条件。所以，将预测结果完整有效地展现出来，让大家能够清晰明了地看懂需求预测，是提升预测工作成效最有效的步骤之一。

需求预测结果的汇报与展现，可以参考数据分析结果展现的三个原则。

（1）一句话能说完的用文字表达。不需要再用些表格或图形，这除了显得高大上以外，没有任何作用。当然，“一句话可以说完”，不仅仅是说完，还要说明白，是大家都能看懂的一句话。

（2）一句话说不完，能用表格表达的就不用文字。一句话说不完，或者很难用大家都看懂的一句话说完，那么，最好以表格形式展现。

（3）当表格超过 5 行或 5 列时，能用图形表达的就不用表格。相对来说，图形比复杂的表格直观省事得多。

8.1.7　预测纠偏流程

“预测总是不准的”早已是供应链管理的共识，但是又不能不做预测，怎么办呢？预测有一个自我修复功能，这就是需求预测实施的第 7 步：预测纠偏。因这一步比较重要,下文单列一节进行讲解。

8.2 预测纠偏

有一种说法,供应链管理中最具挑战性并且最吃力不讨好的任务就是需求预测。为什么?因为预测总不准确。

是的,所有的预测都是有误差的。但是,为了更好地满足需求,控制库存,供应链管理又不能不去做预测,怎么办呢?笔者在这里提供一个解决思路:以事前的安全库存应对比预测多出的那部分客户需求(实际需求比预测的需求多),以事后的呆滞管理来应对比预测少消耗的那部分库存(实际的需求比预测的需求少);同时,在事中,持续进行缺货预警和呆滞预测。

另外,在需求预测实践中,除了以上的事前安全库存、事后呆滞管理、事中缺货预警及呆滞预警以外,预测自身有一个自我修复功能,这就是预测纠偏。它指跟踪需求预测与实际需求的全过程,以即时的调整偏差来应对预测的不准确。

需求预测的纠偏,指做出需求预测后,当实际需求与预测的需求有偏离时,即时地发现这种偏离,并即时地进行纠正与调整。

8.2.1 纠正4方面的偏差

预测纠偏主要是纠正4方面的偏差。

(1)预测方向的偏差。方向的偏差指需求的增减方向反了,即需求的实际增减方向与预测的增减方向相反。比如,预测某产品某个月的出货量会在上个月的基础上增长15%,但因各种原因和意外,该月实际出货量反而下减10%,这就是预测方向产生偏差。

(2)预测幅度的偏差。幅度的偏差指数量上的偏差,即实际的需求增长(或减少)远大于预测的需求增长(或减少)。比如,预测某大区某个月销售业绩增长30%,但实际,该月结束这个大区业绩仅增长5%,这就是预测幅度的偏差。

(3)预测变化的偏差。它是从需求的波动来衡量预测和实际的偏差。比如,预测某产品某个月每一周的销售走势，预测呈一条线性的上升线，但这个月实际情况是，该产品第一周出现下滑，第二周急剧上升，第三周还在上升，第四周又突然下滑，剧烈波动，这就是预测变化的偏差。

（4）预测调整的偏差。预测是一个持续跟踪与纠偏的过程，发现了偏差，就要调整和纠正偏差，但调整也不一定准确，也会出现偏差，这个偏差就是预测调整的偏差。

8.2.2　预测纠偏的三步流程

1. 发现偏差

它是预测纠偏的根本，因为只有发现了偏差，才能够纠正偏差；如果发现不了偏差，自然也就谈不上纠正偏差。

发现偏差的前提是跟踪实际需求。在实际操作中，跟踪实际需求可以建立预测跟踪模型来完成。模型进行报警设置，以监控每一个产品，每一个客户的实际需求，以快速发现偏差。

其实，建立这个预测跟踪模型没有想象的那么复杂，用Excel一些简单的函数即可完成设计。

如图8-2所示是一个简单预测跟踪模型，主要作用是发现预测偏差。本图基本结构与逻辑如下。

（1）全月预测：是对应产品的当月一个整月的预测值。

（2）分解当日预测：指的是按全月预测数量，到当天这个日期（如2021年6月8日）应该是多少预测，其计算公式：当天的天数（如6月8日，就是8天）除以当月的天数（如6月，就是30天）乘以全月预测。所用Excel公式：=DAY(H1)/DAY(EOMONTH(H1,0))×C3。

（3）截至当天实际：到今天为止，实际产生多少需求。

（4）偏离值：截至当日实际需求与分解当日预测的差值。

（5）偏离报警：按一定的规则进行报警设置，报警规则可根据实际需要自行设定。本例设定的是，只要偏离值大小或小于分解当日预测的一半，即进行报警。所用 Excel 公式:=IF(ABS(F3)>D3 * 0.5,"报警","")。

本例中,A 产品当月预测 2 000 箱,分解到 8 日,预测是 534 箱,但实际上只产生 200 箱,发生较大偏离(比分解当日的预测少了 334 箱,超过预测的一半),进行报警,需要采取纠偏措施。B 产品,偏离较小(比分解当日的预测多了 33 箱,在可控范围之内),不用报警。

G3 fx =IF (ABS (F3)>D3*0.5,‘报警’,’’)

	A	B	C	D	E	F	G	H
1	预测跟踪表						当天日期	2021/6/8
2	产品名称	单位	全月预测	分解当日预测	截至当日实际	偏离值	偏离报警	备注
3	A产品	箱	2 000	534	200	-334	报警	
4	B产品	箱	1 000	267	300	33		
5								
6								

图 8-2 预测跟踪表

2. 纠正偏差

它是需求预测纠偏的核心步骤,也是发现偏差之后的当务之急。在发现偏差后,纠正偏差也可以分三步。

(1)分析偏差原因,比如,是市场有了变化还是内部执行出现了问题。

(2)根据分析得出的原因采取相应的措施。比如,如果认定这次偏离为个案,或者这次偏离可以承受,那就可以暂时不采取措施;如果是市场的真实体现,那需要根据公司的对应策略拔高或降低预测。需要特别注意,如果预测进行了调整,必须即时告知各相关单位,这是当务之急。比如,预测调整不告知物料计划,那很可能会出现,预测数值都已经调高很长时间,但供应商还迟迟得不到订单的情况;也可能出现预测明明下调了,但采购还在拼命下单的现象。

(3)跟踪采取纠正措施后的结果,再回到第一步,进行纠偏循环。

3. 记录与修正

需求预测人员需要记录预测偏差及纠偏的每一个过程,每一组数据,以便进行汇总分析，得出一定的规律，修正预测模型。

这其实是需求预测的持续改善过程。管理，是一个持续改善的过程，需求预测同样也是一个持续改善的过程。

8.2.3　需求预测是一个 PDCA 循环的过程

从预测纠偏的三步流程可以看出，预测纠偏是一个循环过程，如图 8-3 所示。其实不仅仅是预测纠偏，整个需求预测就是一个 PDCA 不断循环的过程。

P：计划，需求预测中，确定需求预测的目标过程就是计划的过程。

D：执行，我们收集并处理各项数据资料，选择适合的预测方法以及建立预测模型并进行预测，就是执行的过程。

C：检查，需求预测中，检查分析预测结果、调整预测以及提交预测报告供大家检查，都是检查的过程。

A：纠正，预测纠偏就是纠正的过程。

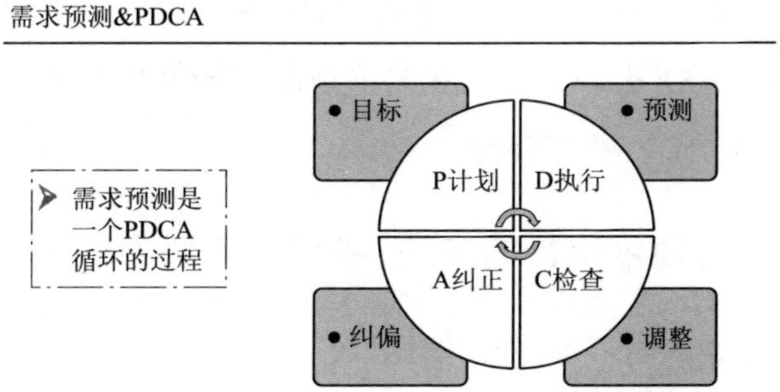

图 8-3　需求预测是一个 PDCA 循环的过程

8.3　WOOP 思维方式在需求预测纠偏中的应用

WOOP 思维方式，是由美国著名心理学家，加布里埃尔·厄廷根教授提出的一种全新的思维理论。即 W（愿望，Wish）→O（结果，Outcome）→O（障碍，Obstacle）→P（计划，Plan）。

WOOP思维方式面对的是愿景或目标实现的管理,而需求预测纠偏流程面对的是需求及需求预测的管理,在这里把两者放在一起,是因为笔者通过深入分析后发现WOOP思维的四步,完全就是需求预测纠偏的流程。

WOOP思维方式的四个步骤如下。

(1)W:Wish愿望,寻找一个你内心的愿望,设定一件你最想完成的事情。

(2)O:Outcome结果,如果达成了,最好的结果是什么?尽情畅想梦想成真的喜悦。

(3)O:Obstacle障碍,思考在现实目标过程中,你最担心发生的障碍。

(4)P:Plan计划,在脑子里预演最好和最坏情况,找到一个平衡点,制订计划。

常规的需求预测与预测纠偏的常规流程也可以归结为4步:

(1)提出预测(采取相应的预测方法并得出需求预测结果);

(2)跟踪实际需求(跟踪需求预测的结果——阶段结果或过程性结果);

(3)发现偏差(发现实际需求偏离需求预测的情况,并进行原因查找与分析);

(4)调整偏差(根据偏差的原因进行预测的调整)。

经比较会发现,WOOP思维方式和需求预测纠偏流程非常相似,WOOP思维方式完全可以适用需求预测纠偏流程。

8.3.1 采取合适可执行的方法,确定一个预测

WOOP思维方式的第一步,确定愿望。

同时有多个愿望,就先找最重要的一个,之后再进行次重要的。也就是说,每次WOOP只针对一个愿望。

这在需求预测中特别有用,即:只有一个预测!需求管理中,做产销协同,做S&OP,做供需平衡,都是为了达成共识,做出一个统一的预测。这样,针对需求,才有共同的方向和参考,才可能共同去协作,去平衡。一个统一的预测其实就是"一个计划"。

不管是产销协同,还是S&OP,需求管理做出"一个预测"的常规流程如下。

(1)需求计划人员整理、清洗、分析数据,采用合适的需求预测模型,做出基准预测。

(2)提交预测至销售、产品等相关产生需求或影响需求的部门,提请分析、判断和调整建议,再返回需求计划人员整理,修正预测。这个过程可能需要两个以上的来回反复,直至达成共识。

(3)组织需求分析会议,确认“一个预测”。

(4)进行供应及产能能力分析,调整预测。

(5)召开会议,进行供需平衡与确认。

(6)制订需求计划。

8.3.2 跟踪实际需求走向,记录与测算需求预测过程中的结果

WOOP思维方式的第二步,确定结果。如果这个愿望实现了,最好的结果是什么?并对结果进行评价与评分。WOOP思维方式的第二步关键是,对结果进行评判,进行量化式评判,如打分。

需求预测纠偏流程第二步,跟踪需求预测的结果,也需要如此。即,需求预测人员不仅要记录实际需求的发生情况,还要对这些过程中的结果进行计算,进行量化,以便分析与比较。

对需求预测过程中的结果的计算和量化,一般采用以下两个指标和一个判定。

(1)第一个指标,百分误差(PE)。需求预测需要一个时间段(时间跨度),这个时间段可以再往下细分阶段。比如,做月度预测,可以将月度预测细分为四个周的预测(可以采取平均分配,也可以采用加权分配)。这样,实际工作中,预测人员可以跟踪每个周的每个需求的百分误差,反馈这个需求的这个阶段的预测准确率和偏离方向。

(2)第二个指标,变异系数(CV)。它是衡量需求稳定性的指标。计算这个指标除了这个阶段的数据外,还需要加入历史数据进行分析(以这个阶段的数据推算整个预测期的数据参与分析)。如果加入本期数据后,变异系数变化较大,需要特别引起关注。

(3)一个判定,有没有突然的变化。需求有没有突然的波动,比如,急剧的拉升或突然下滑。

8.3.3 发现偏差,分析偏差

WOOP 思维方式的第三步,设想可能遇到的障碍。最大的障碍是什么？最关键的障碍是什么？最本质的障碍是什么？

有一点要说明,在思索障碍的时候,人们往往会在外部寻找,把“罪名”扣在他们自认为妨碍了他们的外部条件或外部人的头上,而事实上,障碍更多的时候来自内部。WOOP 还说明,如果你发现障碍过多或者这个障碍对于你目前的条件来说过大,可能你就需要降低你的愿望,或者延长愿望的达成期限。

需求预测纠偏流程,在跟踪实际需求并采用两个指标和一个判定量化后,需要去发现偏差,分析偏差。

在这阶段,WOOP 思维方式的第三步,有三点启发。

(1)最大的障碍、最关键的障碍、最本质的障碍。即供应链管理中需要发现的是最大最关键的偏差。在对偏差进行分析时,要找到最本质的原因,一些无关紧要或影响不大的偏差与原因,就不要浪费有限的资源去进行处理。

(2)不要把罪名扣给别人,归于外部。这点在需求预测纠偏中非常普遍,因为有很好的借口——市场在变化！事实上,真的都是市场的原因吗？当然不是,很大一部分原因源自我们自己,如供应不足,无规划的促销等。

(3)如果障碍过多,则代表愿望本身有问题。需求预测纠偏也一样,如果实际需求发现偏离后,分析原因时,发现有各种没考虑到的因素,这时,需要从头反思这个预测本身。

8.3.4 根据偏差的最关键最本质的原因,调整偏差

WOOP 思维方式的第四步,计划。要克服第三步的那些障碍,怎么做？

WOOP 指出,制订“如果……,那么……”的计划,是克服这些障碍较有效的办法。比如,如果某种障碍出现,我就采取某某行动去克服它或避免它。

需求预测纠偏流程最后一步是纠正偏差。WOOP 思维方式的第四步,同样可以给供应链实践很好的启发。

(1)针对性。即 WOOP 指出的“如果……,那么……”。供应链管理中纠正偏差,需要根据偏差的原因去纠偏,而不是重做预测,更不是“拍脑袋”。也就是说,需求预测纠偏,需要有针对性,同时,也必须要有依据,要有数据支持。

(2)克服或避免。在管理中,并不是所有的困难都需要克服,并不是所有的问题都需要解决。在某些时候,避免它,可能是解决(或缓解)问题的最好方法。需求预测的纠偏也一样,不是只要出现偏差时就需要调整预测,有时,完全可以不进行调整,保持原有的预测以观后续发展。比如,某款产品在预测周期的一个阶段,突然激增很多倍,经分析发现,原来是一个大客户的一个偶然行为,这种情况几年也碰不上一次,这时,可以不需要调整预测,密切关注实际需求走向即可。

8.4　需求预测考核与预测准确率

需求预测做得好不好,直观一点说就是预测做得准不准。所以,需求预测最核心的指标就是,评价预测做得准不准的指标。

它就是预测准确率。

预测准确率是评价预测准确程度的指标,一般用百分值来表示。在需求预测管理实践中,往往先计算预测偏差率,再由偏差率得出预测准确率。也就是说,预测没有偏差的部分就是预测准确的部分。

所以,预测准确率计算公式:预测准确率=1-预测偏差率,如图 8-4 所示。

需求预测最核心的指标：预测准确率

预测准确率是评价预测工作最核心的指标

预测准确率=1-预测偏差率

图 8-4　预测准确率的计算公式

预测偏差率根据不同的情况而采用不同的指标和算法,本节介绍三种情况下的预测偏差率采用的指标及其计算方法:单个产品单次预测、单个产品多次预测和多个产品多次预测。

8.4.1 单个产品单次预测的预测准确率

它指只针对某一款产品未来某一个时间段所做的一次预测。通俗地说，单个产品单次预测，就是只对一个产品做一次预测，一锤子买卖。

根据预测准确率的计算公式可以看出，首先的一步也是最关键的一步是先计算出预测偏差率。

预测偏差率的计算，需要先确定预测偏差率采用哪个指标。单个产品单次预测的预测偏差率，用绝对百分误差来计算，即认为绝对百分误差就是单个产品单次预测的预测偏差率。

绝对百分误差的计算公式：$APE=\frac{ABS(F-S)}{S}$，其计算可分三步进行见表8-1。

第一步，计算预测误差。其计算公式为预测值减去实际值，假设A产品某月预测销量800单位，实际销售850单位，那么，预测误差＝预测值－实际值＝800－850＝－50单位。

第二步，计算绝对误差。它以上一步计算出来的预测误差求绝对值即可，本例中，－50求绝对值，等于50单位。

第三步，计算绝对百分误差。它是绝对误差占实际值的百分比，等于绝对误差除以实际值×100%。本例中，绝对百分误差等于$\frac{50}{850}\times100\%=5.88\%$。

因预测准确率＝1－预测偏差率，所以，本例中，A产品某月的预测准确率＝1－绝对误差百分比＝1－5.88%＝94.12%。

表8-1　单个产品单次预测的预测准确率

计算步骤	计算项目	计算公式	说明	举例：A产品某月预测销量800单位，实际销售750单位
1	计算误差	$=F_t-S_t$	预测值减去实际值	＝800－850＝－50
2	计算绝对误差	$=ABC(F_t-S_t)$	误差的绝对值	＝ABS(－50)＝50
3	计算绝对百分误差	$=ABS(F_t-S_t)\div S_t\times100\%$	绝对误差占实际值的百分比	＝50÷850×100%＝5.88%
备注：F_t 预测值，S_t 实际值，t 时间段				A产品某月预测偏差为5.88%
A产品某月的预测准确率＝1－绝对误差百分比＝1－5.88%＝94.12%				

8.4.2　单个产品多次预测的预测准确率

实际工作场景中，做预测需求往往不是一次一时的工作，是持续和长久的作业过程。比如，某款产品，本月需要预测下月的需求；到了下月，又要预测下下月的需求。这种每个月都需要对下个月的需求做出预测，就是单个产品的多次预测。

单个产品多次预测的预测准确率，指的就是这一款产品历史上某个时间段全部预测的准确程度。

单个产品多次预测的预测准确率，用平均绝对百分误差来计算。

平均绝对百分误差的计算公式为，$MAPE=\frac{\Sigma \frac{\text{ABS}(F-S)}{S}\times 100\%}{N}$。其计算步骤参看表 8-2。

第一步，计算每一期的预测误差 E，即用各期的预测值减去实际值（$F-S$）。

第二步，计算每一期的绝对误差 AE，用 ABS 函数计算各期的绝对误差 ABS（$F-S$）。

第三步，计算每一期的绝对百分误差 APE，将绝对误差除以实际需求值 $\frac{\text{ABS}(F-S)}{S}\times 100\%$。

第四步，计算全部期的平均绝对百分误差 MAPE，将各期的绝对百分误差求平均数，得出平均绝对百分误差。

表 8-2　单个产品多次预测准确率计算实例

月　份	201907	201908	201909	201910	201911	201912	平均绝对误差百分率 $MAPE$
预测值 F	650	600	700	800	900	800	
实际值 S	580	610	780	720	790	750	
误差 E	70	−10	−80	80	110	50	
绝对误差 AE	70	10	80	80	110	50	
绝对百分误差 APE	12.07%	1.64%	10.26%	11.11%	13.92%	6.67%	9.28%
A 产品 201907—201912 预测准确率＝1－平均绝对百分误差＝1－9.28%＝91.72%							

下面以一个例子说明平均绝对百分误差的计算。

A 产品 2019 年 7 月至 2019 年 12 月的预测数据和实际销售数据见表8-2,分四步计算平均绝对百分误差。

第一步,计算每个月的预测误差 E,用每个月的预测值 F 减去实际值 S。如 2019 年 9 月,预测值为 700,实际值为 780,预测误差=700-780=-80。

第二步,计算每个月的绝对误差 AE,对第一步求出的预测误差求绝对值。如 2019 年 9 月,预测误差为-80,求取绝对值,等于 80。

第三步,计算每个月的绝对百分误差 APE,用每个月的绝对误差除以实际值,再乘以 100%得出。如 2019 年 9 月,绝对百分误差 APE=绝对误差÷实际值×100%$=\frac{80}{780}\times100\%=10.62\%$。

第四步,计算平均绝对百分误差 $MAPE$,将 2019 年 7 月至 12 月 6 个月的绝对百分误差求平均数,得出平均绝对百分误差。本例中,求出的平均绝对百分误差为 9.28%,

本例中,2019 年 7 月至 2019 年 12 月,A 产品的预测准确率=1-预测偏差率=1-平均绝对百分误差=1-9.28%=91.72%。

8.4.3 多个产品多次预测的预测准确率

不管是什么行业,在绝大部分情况下,都不会只销售一种产品,也不会只做一次销售。进行销售的往往有丰富的产品系列,而销售过程则是一个持续和重复的过程。

在实际需求场景中,供应链管理面对的是多个产品的多次需求,需要对多个产品的多次需求进行预测。这就是多个产品的多次预测。它的预测准确率,就是对多个产品多次预测的准确性或准确程度。

多个产品多次预测的预测准确率,其实评估的是企业整体的预测水平,是预测团队的总体业绩,是需求预测的最终指标。

多个产品多次预测的预测偏差率,使用加权平均绝对百分误差来计算。即,多个产品多次预测的预测准确率=1-加权平均绝对百分误差。

以下是加权平均绝对百分误差的计算步骤。

第一步，计算每个产品的平均绝对百分误差。

第二步，确定每一个产品的加权权重。这一步是加权平均绝对百分误差计算的关键环节。一般以每款产品的需求数量占总需求数量的比值为加权权重，即每个产品的加权权重＝此期间该产品的实际需求数量÷总需求数量，各权重之和正好为1。

不过，在实际工作中，公司的产品很可能因计量单位不统一而无法汇总计算。比如，有的产品计量单位是盒，而有的产品单位为克，这时，可以用金额代替数量，即计算每个产品在此期间的销售金额与总金额，以消除计量单位不统一的影响。

第三步，按确定的加权权重，对每个产品的平均绝对百分误差进行加权平均，得出多个产品多次预测的预测偏差率，即加权平均绝对百分误差。

以下举一个多个产品多次预测的预测准确率的计算实例，见表8-3。

表8-3　多个产品多次预测的预测准确率计算实例

产品名称	A产品	B产品	C产品	D产品	E产品	F产品	合　计
销售总量	4 230	3 520	3 390	1 680	700	320	13 840
平均绝对百分误差	7.3%	13.2%	14.5%	18.1%	23.6%	31.9%	
加权权重	0.31	0.25	0.24	0.12	0.05	0.02	1.00
加权绝对百分误差	0.022	0.034	0.036	0.022	0.012	0.007	13.26%
加权平均绝对百分误差							13.26%
某公司2019年7月至12月预测准确率＝1－加权平均绝对百分误差＝1－13.26%＝86.74%							

某公司共对A、B、C、D、E、F六款产品进行持续的需求预测，2019年7月至2019年12月，每款产品的实际销售数据和每款产品预测的平均绝对百分误差分别见表8-4。

第一步，计算每个产品的平均绝对百分误差。

第二步，计算加权权重。以每个产品6个月的销售数量除以总的销售数量(13 840)为每个产品的加权权重，计算结果分别是0.31、0.25、0.24、0.12、0.05、0.02(保留两位小数)。注意：按加权平均要求，所有加权权重之和要等于1。

第三步，将每个产品的平均绝对百分误差与它的加权权重相乘，得出每个产品加权后的平均绝对百分误差,计算结果为 0.022、0.034、0.036、0.022、0.012、0.007(保留三位小数)。

第四步,将每个产品加权后的平均绝对百分误差汇总求和,得出某公司 201907—201912 期间的加权平均绝对百分误差。本例中,每个产品加权后的平均绝对百分误差求和,等于 13.26%。

第五步,计算多个产品多次预测的预测准确率。等于 1－预测偏差率＝1－加权平均绝对百分误差＝1－13.26%＝86.74%。

经过以上五步,计算得出,某公司 2019 年 7 月至 2019 年 12 月的整体需求预测准确率 86.74%。

本实例中第三步和第四步,是加权平均的一种算法。除此之外,加权平均还有另外一种算法。当然,这两种算法的逻辑是一样的,计算结果也一样。加权平均的另一种算法的计算过程及结果请见表 8-4。

(1)分别用每个产品的销售总量乘以这个产品的平均绝对百分误差。即 A 产品的销售总量 4 230 乘以 A 产品的平均绝对百分误差 7.28%,B 产品的销售总量 3 520 乘以 B 产品的平均绝对百分误差 13.2%……C、D、E、F 每个产品的销售总量乘以每个产品的平均绝对百分误差。

(2)将上一步求出的每个产品的销售总量与平均绝对百分误差的乘积求和,本例中求和结果为 1 835.49。

(3)将每个产品的销售总量与平均绝对百分误差的乘积之和,除以所有产品的销售总量之和,得出加权平均结果,即 1 835.49÷13 840×100%＝13.26%。

表 8-4 加权平均的另一种算法

产品名称	A 产品	B 产品	C 产品	D 产品	E 产品	F 产品	合 计
销售总量	4 230	3 520	3 390	1 680	700	320	13 840
平均绝对百分误差	7.3%	13.2%	14.5%	18.1%	23.6%	31.9%	
销售总量×*MAPE*	307.94	464.64	491.55	304.08	165.20	102.08	1 835.49
加权平均绝对百分误差＝1 835.49÷13 840							13.26%
某公司 2019 年 7 月至 12 月预测准确率＝1－加权平均绝对百分误差＝1－13.26%＝86.74%							

8.5　预测准确率和预测准确达成率

生产管理更能反映生产管理水平的、更能体现生产管理人员价值的是投入产出达标率，而不是投入产出率。

照这个思路，对于需求预测来说，是不是也更应该关注预测准确达成率，而不是预测准确率呢？

古语云，“橘生淮南则为橘，生于淮北则为枳”，又云，“彼之蜜糖，吾之砒霜”。一个方法，一种思路，都是与需要达成的目的，与特定的场景相匹配的。管理不是做算术题，没有标准答案，也不可能有一套通用的公式。

在笔者看来：生产管理更应该关注投入产出达标率，而不是投入产出率；但需求预测则相反，需求预测更应该关注的是预测准确率，而不是预测准确达成率。本节将从投入产出管理与需求预测管理的来源、核心、主要目的与对象四个方面来说明。

8.5.1　投入产出率与预测准确率的来源不同

投入产出率是“设计”出来的。比如，产品的配比配方，采用哪种原材料，加工工艺要求等均在产品设计时即已成型，生产管理所能控制的有限。并且，因设计、工艺以及原料的不同，投入产出率无法进行对比与分析。所以，生产管理需要做的是按照设计的要求去执行，去达标。所以，生产管理更合适的指标是投入产出达标率，而不是投入产出率。

需求预测准确率是“生产”出来的。预测总是不准的，谁也无法去设计预测准确率达到什么标准，供应链管理中能做的，就是收集更多的信息，采取更合适的预测工具与方法，进行多方协调与沟通，同时对预测结果不停地跟踪与纠偏，从而最大限度提升预测准确率。

8.5.2　投入产出管理与需求预测管理的核心不同

投入产出管理的核心是控制与达标。如上文所说，投入多少原材料，产出多少产品,在产品设计时就已经确定,有相对固定的标准。生产进行投入产出管理要关注的是控制生产过程,控制如何按照标准去生产,控制浪费与损耗,从而使投入产出率达标。对生产管理来说,投入产出率不达标不是好事,但是,投入产出率超标也不是好事,因为,超标的原因很大的可能是偷工减料,从而严重影响产品质量,损害客户利益。所以,对生产管理来说,投入产出的指标,是投入产出达标率而不是投入产出率。

需求预测管理的核心是跟踪与纠偏。需求预测根本不是谈准与不准,而是谈控制偏差,需求预测大部分时间都在纠偏,它是一个发现偏差,纠正偏差,再发现偏差,再纠正偏差的循环过程。需求预测管理的核心是对预测结果进行跟踪,发现偏差,评估偏差,衡量偏差,解释偏差,纠正偏差,从而减少偏差,不断有方向地提升预测准确率。也就是说,需求预测,需要不断提升预测准确率,而不是预测准确达成率。

8.5.3 投入产出管理和需求预测管理的主要目的不同

投入产出管理的主要目的是控制成本。

需求预测管理的主要目的是为企业未来的计划和决策提供依据。需求预测是通过现在和过去的历史数据、考虑未来各种影响因素,结合本企业的实际情况,采用合适的科学的预测工具和预测方法,对未来需求的数量和质量进行预估,从而制订需求计划,指导供货与补货,并对库存进行控制。需求预测管理的目的是为企业给出其产品在未来一段时间内的需求的期望水平,为企业未来的计划和控制决策提供依据。需求预测与企业生产经营活动密切相关,是一个动态的过程。在这个过程中,供应链管理需要不断追求和提升的是预测准确率,而不是考虑预测准确率达成与否。

8.5.4 投入产出管理和需求预测管理面对的对象不同

投入产出管理面对的是标准(确定性)。投入产出管理是一个对标的过程,在生产管理中,大多数情况下也是可控的。生产管理其实就是一个按确定的标准要求去完成生产任务的过程，生产管理追求的是达标，而不是标准本身。

需求预测管理面对的是不确定性（没有标准）。需求预测中的一些因素，都是未知的、可变的、复杂的、不稳定的、模糊的，也就是说不确定的，自然没有标准，无法去追求达标或达成。

以上，说明了投入产出管理应该更关注投入产出达标率，而需求预测管理，更应该关注需求预测准确率。

不过，管理没有对错，合适的、有效的就是最好的管理。所以，需求预测管理指标确定，到底是采用预测准确率还是预测准确达成率还是需要根据不同企业的实际情况及最终目的而确定。本书的观点，仅提供一种建议，一种思路。

8.6　需求预测实施案例

早几年，笔者在一家食品工厂（下文称为 X 工厂）负责 PMC 与仓库，生产计划和库存是主要指标。前期，工厂月出货量一般在 25 万箱左右（旺季也未突破 30 万箱）。出货量尽管不大，但成品却经常缺货，同时仓库却塞得满满的，尤其是半成品（当时 X 工厂的半成品库存经常在 400 万包以上）。X 工厂生产加工大部分集中在生产半成品，不同品类半成品的生产周期从一天到三天不等，而从半成品到成品则只是一个组装和包装的过程，生产周期大多不超过半天。成品规格品种特别多，半成品相对较为单纯。

X 工厂是典型的 MTS（按库存生产）。前期，每个月底销售部会给出下个月的销售目标。这个目标非常模糊，且水分很大，包括销售团队在内几乎没有人拿这个目标当回事。工厂内部也没有预测，生产计划都是看着仓库缺什么就安排生产什么。这样就经常出现，销售需要的仓库里没有，不需要的反而有一堆，严重影响销售实现，并使工厂的呆滞比率居高不下。

笔者在这个背景下入职。

入职后，经过查看和分析数据笔者发现，X 工厂的产品销售数据相对稳定（爆旺平滞分明，出货量尤其是爆款的出货量有起伏但没有剧烈变化，如图 8-5 所示），可预测性很强。于是让生产计划员试着以仓库的出货数据为基础做需求预测（以仓库的出货数据而不是以实际销售数据，原因是当时工厂根本得不到真正的销售数据，以当时销售的强势，笔者也无法让销售按期提供这些数据）。

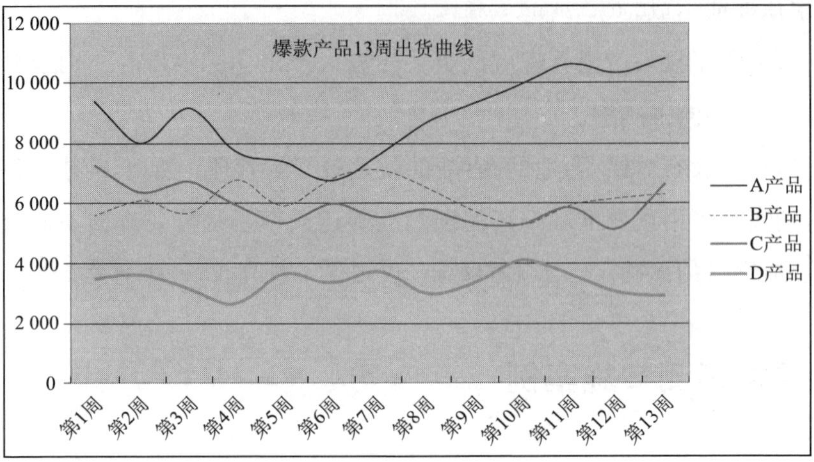

图 8-5　爆款产品 13 周出货曲线图

8.6.1　X 工厂需求预测实施全景回顾

1. 确定需求预测的目标

笔者当时的压力主要来自半成品。相对于成品规格型号的错综变化，X 工厂的半成品清爽得多（只有不到 100 个 SKU，用量较大的不到 30 个），按 X 工厂的产品特性，只要半成品有库存，成品就不会缺货（马上可以组装或包装出来）。所以，这次实施需求预测，笔者确定如下思路和目标。

（1）做成品需求预测注，预测结果仅工厂使用。第一阶段的需求预测只用于半成品备货与生产，以及与之配套的物料备料，成品相关的物料因通用性强（如外包装箱）按常规备料。

（2）因半成品最长生产周期 3 天，相关物料的订货提前期大多在 7 天以内，所以，前期只做未来一周的预测，每周六提出下一周的预测。

（3）周平均预测准确率（加权平均）前期达到 80%，后期争取 85%—90%。

为什么做成品需求预测而不直接做半成品的需求预测，其原因在于：一是 X 工厂成品由半成品组装或包装而成，但成品中的半成品构成变动非常大（几乎每个月有变化），导致半成品用量剧烈波动，而半成品产品自身几乎没有变化，所以只要预测出了成品需求，由此按成品最新配比推导而出的半成品相对较准确（一周内）。

2. 数据准备和收集

主要有两方面的数据：一是基础数据，尤其是可动态更新的成品 BOM（半成品配比）；二是成品出货的历史数据，至少收集 13 周（三个月），然后滚动更新。

3. 选择预测方法

因为当时部门人员不足，只能安排生产计划员兼做预测。他时间有限，能力也有限，加之只预测未来一周的需求，所以决定选取简单的一次指数平滑法来进行预测。

4. 预测建模并进行预测

一次指数平滑预测模型如图 8-6 所示（图中仅列出 4 个产品，每个产品的平滑系数 α 以经验判断选取——后期改用试算选择）。

模型建立后，生产计划员每周滚动更新模型数据，即加入最新一周的成品出库数据（周六到下周五），去除最早一周数据，驱动新的预测产生。

成品预测模型				实际值-13周滚动												
产品编码	产品名称	单位	规格	前13周	前12周	前11周	前10周	前9周	前8周	前7周	前6周	前5周	前4周	前3周	前2周	前1周
C3019002	A产品	箱	20	9 394	8 053	9 213	7 747	7 424	6 799	7 642	8 731	9 358	10 003	10 680	10 378	10 861
C3019003	B产品	箱	20	5 636	6 119	5 708	6 780	5 956	6 836	7 140	6 568	5 763	5 332	5 956	6 190	6 353
C3019004	C产品	箱	20	7 282	6 387	6 746	5 993	5 369	6 011	5 566	5 815	5 351	5 314	5 886	5 169	6 655
C3019005	D产品	箱	20	3 543	3 665	3 167	2 684	3 684	3 383	3 776	3 023	3 364	4 152	3 684	3 078	2 952

			预测值：一次指数平滑													
产品编码	产品名称	平滑系数 α	前13周	前12周	前11周	前10周	前9周	前8周	前7周	前6周	前5周	前4周	前3周	前2周	前1周	预测期
C3019002	A产品	0.4	8 887	9 090	8 675	8 890	8 433	8 029	7 537	7 579	8 040	8 567	9 141	9 757	10 005	**10 347**
C3019003	B产品	0.15	5 821	5 793	5 842	5 822	5 966	5 965	6 096	6 253	6 300	6 219	6 086	6 067	6 085	**6 125**
C3019004	C产品	0.2	6 805	6 900	6 797	6 787	6 628	6 376	6 303	6 156	6 088	5 941	5 816	5 830	5 698	**5 889**
C3019005	D产品	0.05	3 458	3 462	3 472	3 457	3 418	3 431	3 429	3 446	3 425	3 422	3 459	3 470	3 450	**3 425**

图 8-6　成品预测模型：一次指数平滑

5. 人工分析预测结果与调整预测

每一期新的预测出来后，生产计划员需要人工检查一遍全部产品的预测结果。

主要从三个方面分析是否需要调整。

(1)销售部有无促销以及促销涉及的品类。

(2)产品部有无上新、下架以及上新、下架涉及的品类。

(3)近两周成品出货明显放缓或明显加快的品类(因指数平滑法往往会延后反应)。这里"明显"的判断是主观的,以生产计划员的自我观察和经验自行得出。

生产计划员根据以上分析,进行调整并提交给笔者审核。笔者以自己的视角、所处层级得到的不同信息(如促销与下架信息)以及自己的经验对生产计划员的调整结果给出建议;生产计划员根据建议得出最终预测结果。

6. 提出预测报告

下一周的最终预测结果出来后,生产计划员需要做以下四项工作。

(1)以邮件形式提出预测报告,发送给笔者,抄送工厂内部相关人员(如物控、仓库、采购等)以及销售,给予提醒与参考。

(2)根据当天的成品库存及手头已产生的订单,计算生成下一周的成品需求。

(3)根据成品需求与成品 BOM(半成品配比)分解为半成品需求,再根据成品、半成品的需求,以及成品与半成品的库存情况编制下一周成品及半成品生产计划。

(4)将成品、半成品需求提交给物控,物控按 BOM 展开,结果物料库存进行相关的订货操作。

7. 预测纠偏

纠偏分三步,其中前两步由生产计划员完成,最后一步由笔者自己完成。

(1)每日下班前导入当天成品出库数据,更新《预测跟踪报警表》,图 8-7 所示,以发现预测偏差。

(2)如果《预测跟踪报警表》出现报警,要求最迟次日上午查找原因并给出解释("无法解释"也是一种解释),并据此进行判断要不要调整预测。如图 8-7 所示,本例中 C 产品跳出报警,出库量大幅度下滑,减少数量超过预测的一半。经询问相关销售人员,得知一个主要需求 C 产品的大客户本周搬仓库,暂停送货。后进一步与销售部门沟通,认为这个大客户本周的需求会在下周补上,不用调整预测。

(3)预测纠偏数据收集与整理,这项工作主要由笔者完成。笔者在不停地收集这些相关数据的基础上，持续修正预测模型。在后来的两年，笔者采取了多种预测方法持续进行预测模型调整（从最初的一次指数平滑，到 Holt-Winters 三参数指数平滑法的乘法，再到多种预测方法组合使用，以及加入定性调整步骤），直至笔者离开这家公司。

F3　fx　=ROUNDUP(VEEKDAY($J$1)/7*E3,0)

	A	B	C	D	E	F	G	H	I	J
1		预测跟踪报警表						当天日期	6月9日	星期三
2	产品编码	产品名称	单位	规格	本周预测	分解当日预测	截止当日实际	偏离值	偏离报警	备注
3	C3019002	A产品	箱	20	10 347	5 913	6 877	964		
4	C3019003	B产品	箱	20	6 125	3 500	4 023	523		
5	C3019004	C产品	箱	20	5 889	3 366	1 599	−1 767	报警	
6	C3019005	D产品	箱	20	3 425	1 958	1 756	−202		
7										
8										

图 8-7　预测跟踪报警表

8.6.2　X 工厂需求预测考核与成效

有人说考核是一种较低级的管理方法，但不可否认的是，考核往往是最有效的管理方法，至少是之一。在 X 工厂实施需求预测的过程中，具体来说是从第三个月开始，笔者对具体的执行生产计划人员进行了考核。笔者的考核指标不含预测准确率，但预测准确率会严重影响自己的 KPI 指标，比如库存周转率。

1. 考核奖金来源

生产计划员从无到有地承担了需求预测职能，尽管基本不增加他的工作时间，尽管对他原来生产计划相关的工作有帮助，尽管对他自己能力提升有帮助，但从对比与平衡的角度来说，这是切切实实的额外增加。基于这一点，笔者向工厂领导为他额外争取了 500 元的考核奖金，专门用于需求预测（后期与他的整个考核合并，预测准确率占到 30％的权重），以此激励，也为鼓励。相对于生产计划员当时的工资，在当时，500 元属于一个较高的幅度。当然，这也感谢那时工厂领导的支持，尽管是在第三个月预测已见到初步成效的时候提出。

2. 考核指标

选择预测准确率为生产计划员的需求预测工作考核指标,指标的统计与计算采取的是 WAPE 加权平均绝对百分误差,即多个产品多次预测的预测准确率。

因为当时实施后的两个多月,每周的平均预测准确率从 80%差到 85%,于是确定生产计划员的指标全月的 WAPE 基准为 85%(即当 WAPE 为 85%时,当月需求预测考核 100 分),每增加一个百分点加 2 分(最高 120 分),每减少一个百分点减 2 分。

每月实际考核指标的具体计算与确定过程如下。

(1)计算每个产品的全月平均绝对百分误差(4 周或 5 周)。

(2)以每个产品的当月出库数量除以总出库数量为每个产品的加权权重。

(3)加权平均,得出当月的 WAPE,即加权平均绝对百分误差,为生产计划员的实际考核指标值。

(4)以实际考核指标值对比标准考核指标值(85%),得出生产计划员当月的考核得分。

(5)以生产计划员的考核得分乘以 500 元,即为他当月实得的需求预测考核奖金。

3. X 工厂需求预测的成效

在这里 X 工厂需求预测取得的成效只提一点:大概一年多后,X 工厂出货量攀升到平均每月 45 万箱,最高时成功突破 50 万箱,但半成品的平均库存一直保持在 300 万包左右。

8.7 供应链计划人员的能力架构与要求

有一种说法:"需求计划是三分技术、七分管理",即需求计划是一个跨职能协同的过程,是一个管理的过程,管理大于技术。

这种说法似乎有一定的道理,尤其是在管理粗放的企业,更是有相当的道理。

但细想起来并不太贴切，需求计划涉及诸如统计、预测等多方面的专业知识，是一个切切实实的技术活，尽管技术的实现离不开管理，但三分技术还是偏少，技术应该占据稍高一点的比重。

8.7.1　"七分技术，三分管理"是计划的生存之道

基于这个思路，关于需求计划人员需要的能力，本书将其分为计划技术、建模能力、协作沟通水平和跟踪修正能力四种，各占 25%权重。其中，计划技术、建模能力是技术层面；协作沟通水平是管理层面为主涵盖部分技术层面；跟踪修正能力属于技术与管理的层面相结合。

以上综合起来，笔者认为，需求计划是"七分技术、三分管理"。

当然，技术与管理并不是完全绝对分开的，在现实中，往往是技术中含有管理，管理中含有技术。这里的 25%，七分技术三分管理，说的都是一概数，或者说是一种思路，并不是一个绝对的标准。

8.7.2　计划技术

它是供应链计划人员所需要掌握的基础专业能力。所谓基础，就是说只有懂得或者至少知晓这些计划技术，才有可能成为一个合格的供应链计划人员。

对于供应链计划来说，计划技术不仅仅是怎么做计划，供应链计划人员需要的计划技术，主要体现在数据分析能力、需求预测方法和数据处理工具的运用三个方面。

1. 数据分析能力

它是供应链计划人员所需要的基础专业能力，也是计划人员应具有的基本功。主要有两个要求：一是具有数据分析意识；二是拥有基础数据分析能力或水平。

说简单一点，数据分析意识，就是养成以数据说话的意识，就像律师或法官一样，只认证据。计划人员需要只看数据，不能拍脑袋，更不能张口就来，一切以数据为准。

基础数据分析能力包括如下几个方面:

(1)知道如何收集数据;

(2)能对数据进行简单的处理,如初步清洗,包括相应的转换、提取、计算等;

(3)能使用一些简单的数据分析方法,比如最简单的对比分析、平均分析等;

(4)能够让数据在需要的时候展现,具有数据分析报告的撰写能力。

2. 需求预测方法

供应链计划人员需要懂得预测,知道一些需求预测方法。经过这么多年的发展,计划技术体系已非常丰富和庞杂,需求预测方法也有数百种甚至上千种。供应链计划是为了借助需求预测来解决库存和满足客户需求的问题,不是做学术研究,所以,供应链计划人员不需要了解那么多的计划技术或方法。

供应链计划需要了解的预测方法,就是本书前面章节所列出来的几种。其中,移动平均法、指数平滑法、专家意见加权评估法需要熟练掌握,线性回归分析法会使用或了解如何即可。

除此之外,其他的预测方法对于供应链计划人员可以不强求。

3. 数据处理或分析工具的运用

这里说的是运用,而不是了解这些工具的原理。

供应链计划人员对数据处理工具的运用,要求一个精通和一个熟悉。

一个精通。供应链计划人员首先要精通Excel(或者类似Excel的表格处理软件,如WPS),能用Excel进行各种数据处理与分析,进行一些报表、需求预测或其他数据统计建模。当然,这里所说的精通不需要知道VBA,也不需要懂得数组公式,只要能熟练运用或组合运用一些基础的函数,即可。

一个熟悉。供应链计划人员需要熟悉相关ERP、MRP、OMS、WMS等相关软件或系统的操作,能够借助系统功能进行数据收集、数据分析或直接输出自己想要的结果。不管是ERP还是WMS,不管是哪些品牌的ERP,这些软件的操作大多大同小异,只要熟悉其中的一种,即可认为符合"熟悉"这一项要求。

从以上三点可以看出,计划人员所需要的计划技术并不是高大上的复杂的数理统计知识,也不是专精尖的数据库应用及编程能力,一些常用的预测方法和常见的软件和工具就能满足要求。

8.7.3 建模能力

懂得数据分析，能熟练应用需求预测方法，也会使用数据处理工具，这就是拥有了计划技术。但对于供应链计划人员来说，仅仅拥有计划技术，还不足以完成计划工作。

计划人员还需要合理地使用这些技术，要知道什么时候用、怎么用这些技术，以及如何组合使用能起到更好的效果。这些，其实就是建模。合理的使用计划技术的最佳体现方式就是建模。

建模能力是计划人员能力的体现之一，或者说建模能力最能体现计划人员的专业水平。一位计划人员，如果他会建模，能够根据需要设计统计分析模型，那么，至少在七分技术方面表示，他是合格的。

供应链计划人员的建模能力的底层是计划技术，表现形式是对各项技术的组合运用。对于供应链计划来说，建模能力主要体现在以下三个方面。

(1)能够读懂需求，也就是说能够很明确知道做这个模型是为了解决什么问题，以及需要解决到什么样的程度。这个能力有一个关键，就是具有反复确认问题(确定需求)的意识。当问题没有明确时，很容易南辕北辙。读懂需求，主要就是多说、多问、多确认，还有更重要的是多一点耐心。

(2)计划人员除了需要合格的计划技术以外，还需要熟悉这些技术、方法和工具的优缺点和适用场景，能够根据工作中的实际情况找到最优的组合使用办法，并根据这些组合办法制定最合适的数据模型。这方面的能力主要源于经验以及对经验的总结，包括自己不断实践的经验和学习与借鉴他人成功经验，需要见多识广，需要不停地实践，不停地学习。

(3)计划离不开数据，计划人员看到的不应该只是数据，而应是数据背后的各种假设与动因，需要挖掘数据背后的故事，以便做出相关的判断，解读和修正模型。这也是建模能力的重要组成部分。

8.7.4 协作沟通水平

如前文所说，需求计划是一个跨职能协同的管理过程，需求计划人员必须具有协作沟通能力。预测技术和建模能力指的都是技术，协作沟通水平看起来是完完全全的管理，但需求计划的沟通，离不开如预测与分析等技术。

需求计划人员的协作沟通水平体现在如下三个方面。

1. 懂得产品或生产相关知识

打铁还需自身硬，计划人员除了自身的专业能力外(计划技术、建模能力等)，还需要对诸如基本的产品知识、业务知识、生产工艺、生产流程等有一定的了解，以有效地对接销售、市场、产品、生产等各职能人员以及高层管理者。

2. 梳理流程的能力

供应链计划(尤其是需求预测)是一个流程型的职能，供应链计划人员需要具有跨部门梳理流程的能力。能够梳理流程基本上可以认为达到合格水平，如果能够梳理并推动流程执行，那就具有良好甚至是优秀的沟通能力了。规范的流程与良好的沟通，对计划自身的工作也有非常大的帮助。本书第三篇的“销售与运作计划 S&OP”其实就是一个有效的企业管理流程。

3. 给其他部门带来帮助

供应链计划需要和公司的几乎所有职能部门沟通，如产品、市场、销售、财务、信息、品质、供应链等部门以及公司高层管理者，所以，对供应链计划人员的沟通能力有较高的要求。为了应对这一较高的要求，计划人员与外沟通需要确定一个立足点，即“供应链计划能够给大家带来什么，能够给大家提供什么样的帮助(而不是向大家提要求)”。基于这个立足点，供应链计划人员需要更深入完善自己的工作，不断地改造自己的模型，提供更准确的计划，从而更好地为各职能部门服务。

8.7.5 跟踪修正能力

计划人员的跟踪修正能力往往被忽略或不受重视，其实，这项能力非常重要，本书将其列为需求计划人员的四大能力之一，同样占 25%权重。

预测永远是不准的，但供应链管理需要谋求准确度相对较高的预测。如何得到准确度相对较高的预测呢？这就需要不断地跟踪，不断地修正，不断地纠偏。

从广义上讲，需求预测准备的不是准与不准，需求预测的主要任务是控制偏差，需求预测大部分时间也都是在纠正偏差，需求预测是一个发现偏差、纠正偏差的过程。

跟踪修正能力是需求计划人员的重要能力之一，主要体现在以下三个方面。

1. 偏差的发现与计算能力

偏差其实都可以量化，都可以采取一定的方法与工具计算出结果。供应链计划人员需要即时跟踪预测的实现过程，及时发现差异，并具有计算偏差的专业能力，将偏差予以量化。

2. 偏差分析能力

需求预测人员需要有"给每一个预测偏差一个交代"的态度和决心，采取专业的方法进行偏差分析，并与相关联部门沟通讨论，找出偏差的真正原因，理解偏差，进而采取纠正措施，修正预测模型，再继续进行跟踪，持续与循环。

3. 偏差结果反馈能力

这一点似乎更需要主动反馈的意识。比如，监测到某一款产品需求的增降幅突然升高或突然下降，预测人员需要主动及时地找到销售部门，详细了解这次突升或突降的原因，是偶然变化，还是真实的需求有变动。如果是真实需求有变动，则需要调整和纠正预测（纠偏）。

合格的供应链计划人员所需要的能力不仅仅是这四种，也不限于这四种，优秀的计划人员更需要多方面的能力。如精通销售，懂得产品，了解市场；再如心理学等，无止境。

当然，不管是不是供应链计划人员，也不管是合格还是优秀，我们都需要不停地学习，不停地跟进时代的变化，掌握最新技术，不停地实践与总结，以提升自己的综合能力。这是职场的正确姿态，也是人生的正确姿态。

学以致用

学习:

需求预测的七大步骤与预测准确率。

思考:

为什么说"七分技术,三分管理"才是供应链计划的生存之道?

应用:

企业实施需求预测。

03

第三篇 销售与运作计划（S&OP）

第 09 章　不确定性与供应链管理基础

VUCA 背景下，“不确定性”充斥在企业管理的方方面面，其中，供应链管理更是不确定性的“重灾区”。

供应链管理中，识别不确定、分析不确定、变不确定为相对确定是供应链应对不确定性最核心也最有效的方法论，而销售与运作计划 S&OP 是供应链应对不确定性最有效的具体工具（方法）之一。

本篇将系统介绍销售与运作计划 S&OP，在这之前，需要先谈谈不确定性和供应链管理基础。

9.1　应对不确定性和消灭不确定性

先看一个案例。

笔者有一位朋友（下文为行文方便，称之为张总），有一次他和我谈到他们公司进行的一次关于物料计划的沟通会。

背景：张总入职那家公司时间不长，他所在的公司采用库存生产模式（MTS），目前没有设专门的需求计划岗位，由销售运营部提供预测，实际订单也由销售运营部接收再转至生产计划部。

9.1.1　需要的是应对趋势

在那天的物料计划沟通会上，首先是采购部门列示了一系列数据和实例，说明这半年以来，尤其是最近两个月，物料计划的频繁调整给采购部门带来了非常大的被动。

采购经理强调，物料计划老是变，弄得采购部门要么在找供应商催料，要么就是找供应商请求取消订单，采购工作非常不好做。采购经理更表示，这一两个月来，采购部小伙伴更是天天加班，有时晚上十二点还在与供应商确认到货时间，很累，也很无力。

这是物料计划部门的事了，但物料计划部门也在抱怨。物控主任说，主要是生产计划不停在变，弄得物控疲于应付。为应对生产计划的需要，物控不得不各处要货，各处催货，有时拆东墙补西墙，最后到处是窟窿需要填补。而因预测不准，部分工厂原本用不上的物料也在拼命催送货，让物控这段时间赔尽了小心。

这又是生产计划部门的事了，但生产计划部门更无奈。生产计划主任说，销售预测不靠谱啊，生产计划按销售部门提供的预测准备的库存没人要，几个爆款产品近期的表现也让人大跌眼镜，倒是多个冷门产品需求大增。并且近段时间销售的急单特别多，生产计划部门排程只能不停地插单，不断地调整生产计划。

终于归结到预测了。在张总公司里，预测由销售负责。这次会上，在采购、物控、生产计划不停地抱怨时，销售运营总监一直笑着不说话。

等大家的抱怨告一段落，销售运营总监站了起来，他说："首先感谢大家近段时间的支持，使我们的货基本上能及时地发出去，让客户需求大多得到满足。但是，如今是 VUCA 时代，整个市场充斥着不确定性，对于市场的变化，销售也不能很好的掌握。"销售运营总监顿了顿，接着表示，他争取尽早将需求的变化告诉大家，尽可能地将需求预测做准确。

采购部门于是提出：物料计划变更至少需要提前两周（公司目前的物料计划是月计划），而具体的到货计划变更，根据供应商的远近，至少提前 2—5 天通知。

采购部门提出这些要求后看着物控部门，物控部门表示没有问题。物控部门看向生产计划部门，生产计划部门说，"如果销售 OK，生产计划也 OK"。大家一起看向销售运营总监。

销售运营总监说："好的，好的，就这么定，我们争取做到。"

张总因为新入职没多久，不好发言，听到这里，他轻声地问了一句，这提前的天数,能做到吗?销售运营总监笑着说,“争取,争取,尽量,尽量。”

张总也笑了一下,接着问物控部门,去年这个时候是个什么样的情况。物控主任回答:“和今年情况差不多,也是天天催货,天天改单。”

于是,张总说:“市场的变化,需求的波动,不确定性等,早已是目前的大趋势,我觉得我们没必要与趋势作对,也没能力改变或消灭趋势,我们是不是讨论并寻找办法来应对这个趋势?”

张总说话声音本来就不大,又刚来不久,加之刚刚已有了会议结论(销售运营总监都同意了),于是,他的提议没人去接口,等于没说。

会议过后,情况自然没有任何变化,该怎样还怎样,计划部还是在拼命改单,采购部还是在拼命催货。

9.1.2 应对趋势的步骤

当某个问题成为一个趋势时,或者在问题本身无法改变的情况下,拼命去抑制趋势,去消灭问题,会于事无补,甚至会使问题恶化,从而恶性循环。供应链面对的不确定性,也是如此。

VUCA 时代,供应链管理需要寻找办法应对不确定性,而不是试图消灭它。供应链管理真正要做的,是认清这个趋势,适应这个趋势,是想办法来应对这个趋势。那么,如何来应对这个趋势呢?本节提出应对趋势的步骤,接下来两节将介绍具体的思路与办法。

不管是不是供应链,也不管是不是不确定性,应对趋势一般来说有四个步骤。

1. 了解这是个趋势,然后承认这个趋势

了解的前提是发现。作为管理者,要有一定的总结及分析能力,而总结和分析的基本就是,发现重复。当问题重复出现,管理者要有一定的敏感性,重复出现的问题,真正的原因是什么,会不会是一种趋势。

了解趋势还不算难,难的是承认这个趋势。因为,承认代表的是要打破一些常规认知,代表要颠覆一些固有的经验,代表着要否定一些已有的权威,还可能代表触犯某些私人利益。

克服这一困难最好的方法之一是多学习多提升，因为，你懂得越多，才知道自己不懂的越多。

2. 寻找办法应对这个趋势

承认了这个趋势，接下来，需要分析趋势，读懂趋势，然后，多方面寻求应对趋势、解决问题的方法。

作为管理者，一定要相信解决问题是一定有方法的。你没找到，第一可能是没有利用集体或外部资源的力量；第二可能是在需要额外费用时却犹豫了，尽管这费用很少。

3. 以 PDCA 执行已达成共识的方案

PDCA 是执行方案最好的工具。

首先，根据确定的方案，指定专人制订计划，或者制作相关流程。制订的计划或流程，一定需要根据实际情况，听取多方面意见，确保其是可操作的，可执行的。

其次，按计划执行，或按流程操作。执行的关键是大家都要动起来，执行永远不是独角戏。

再次，在执行过程中，不停地跟踪与跟进(最好有专人进行)，发现偏离与偏差，发现计划或流程本身存在的问题，发现不可执行和可执行成本太高的部分。

最后，对发现的问题进行分析、解决与调整，进入下一轮 PDCA 循环。

9.2　VUCA 时代，供应链管理如何应对不确定性

在讲供应链管理如何应对不确定性之前，先谈一谈什么是不确定性以及对不确定性理解的误区。

9.2.1　不确定性的定义

不确定性是指无法明确知道未来会发生什么，无法对某件事的走向和结果进行准确的判断，无法根据过去的经验来推断事件未来发生的概率。

不确定性存在于事件的发生、发展到最终结果的整个过程。

1. 不确定性是一种概率，但不是确定的概率

对于未来，有三种情况，一是不知未来出现何种状况；二是知道未来会出现哪几种情况，但不知道这几种情况发生的概率；三是知道未来会出现哪几种情况，并且知道这几种情况发生的概率。

第一种情况，无疑是不确定的。第二种情况，也是不确定的，但其中有一部分确定。第三种情况，未来是相对确定的，有确定的概率就是确定。

不能给出准确的结果，但能给出一个准确的概率，这是对未来最大的确定。

2. 不确定性是针对未来，过去没有不确定性

已经过去的事件，不管你清不清楚，承不承认，事实都是已经确定了的。如果对确定的事实，因为认知、沟通、能力等方面的原因而出现的不确定性，这不是真正的不确定性，这是认识论和认知层次的假不确定性。

不确定性永远是针对未来，所以不确定性是动态的。今天不确定的东西，可能明天就是确定的了。

9.2.2 对不确定性理解的三个误区

误区1：认为有风险就是不确定性

风险不等于不确定性。风险，指某种特定的危险事件发生的可能性与其产生的后果的组合。

其可能产生的后果是损失；而不确定性的结果不仅仅是有损失，也可能是有收益，甚至是巨大的收益。如彩票中大奖。

误区2：觉得未知的就是不确定的

常规来说，因为不知道，所以未来发生什么就不能确定，从而认为未知的就是不确定的。但是，未知并不等于不确定性。

未知包括两种，一种是所有人都不知道，一种是自己不知道。前者一般是对探索的未知。后者仅仅是自己不知道而已。这大多数情况是因为自己的信息不充分，或水平或能力不够，从而想当然地认为"不确定"。但是，对于信息充足、能力匹配的人来说，这种情况是确定的，甚至非常确定的。

此时，未知不等于不确定性；未知，有时是不确定的，有时也是确定的。

误区 3：认为意外就是不确定性

未知不等于不确定性；意外也不等于不确定性。

意外指的是发生了意料之外、意想不到的事情。它指的是一种意想不到的结果。

如同风险一样，意外是不确定性的一种，不确定性则包含意外。

9.2.3　供应链中主要有哪些不确定性

前文提到，供应链是不确定性的重灾区，供应链的不确定性主要包括以下三方面的内容。

1. 需求的不确定性（Demand uncertainty）

市场千变万化，预测从来做不准，有时，即使明明已经确定的订单，都会大幅度修改或取消。

需求的不确定性有两个维度：需求的主体不确定和客体不确定。即谁会买产品不确定，会买哪个产品也不确定。

另外，需求的不确定性还包括需求的数量不确定和频次不确定两个方面，即客户一次买多少不确定，客户买多少次也不确定。

2. 供应的不确定性（supply uncertainty）

市场千变万化，同样影响着供应，供应端也处在不确定的漩涡中。

首先，供应时间的不确定性。它指准时交货不可靠。

其次，供应数量的不确定性。总有一些原因导致到货不足或到货过多，对于供应链管理来说，少到货和多到货都会带来很大的被动，都是供应数量的不确定。

最后，供应产品质量的不确定性。它除了产品是否合格之外，还有配套情况，如，五个组件少到一个，就会无法生产或交付。

当然，供应的不确定的原因有很多方面，比如，供应商的生产出现问题，供应商的供应商出现问题，物流运输异常等。这些，都是供应链管理需要解决的问题。

3. 信息的不确定性（information uncertainty）

信息不确定在供应链不确定性管理中往往被忽略，但这种不确定性对供应链管理带来的冲击丝毫不比需求和供应的不确定性低。信息的不确定性主要包括两个方面。

第一,信息传递的不确定性。信息衔接、信息交流、信息共享不确定,就等于没有信息。供应链管理,没有信息就是灾难。

第二,信息统一的不确定性。统一的信息,才是有用的信息,才会避免各种错误与误解。

9.2.4 供应链如何应对不确定性

上文多次提到,在供应链管理中,识别不确定、分析不确定、变不确定为相对的确定,是供应链应对不确定性最核心也最有效的方法论。

按供应链 SCOR 模型,供应链计划是整个供应链采购、生产和配送执行的基础和方向,是供应链管理的核心职能。所以,供应链应对不确定性,从具体的执行方法来说,归根结底还是需要从供应链计划入手。

供应链计划其实只有一个计划,那就是需求计划。销售与运作计划 S&OP 是需求计划中"对需求的答复和承诺"职能的是佳实现工具,也是供应链应对不确定性最有效的工具之一。

除了 S&OP 这个工具之外,供应链计划还需要做以下五个方面的工作,以应对其不确定性。

1. 识别不确定性

它是组织内发现、承认不确定性并达成共识的过程。识别不确定性不是一个动作,而是一个过程。

这个过程有三步:一是发现不确定性,无论是需求还是供应,供应链的不确定性总是存在的,需要我们有一双发现的眼睛、一套有效的办法和一个规范的制度来找到它、分辨它、描述它、监控它。二是承认不确定性。我们发现了不确定性,就必须承认这个事实,承认了它才可能应对不确定性。三是对不确定性达成共识。不是所有的不确定性都会对供应链带来影响;也不是所有不确定性都会给供应链带来被动,有时一些不确定性反而会利于供应链运作,所以,需要管理者在对不确定性的认识上谋求共识,达成一致,更好地应对不确定性。

2. 量化不确定性

在供应链管理中，没有量化就没办法管理，不确定性需要想办法量化。事实上，无论是需求还是供应，不确定性都可以有效地量化。

量化不确定性的指标有很多，在供应链计划方面，笔者推荐以下三个指标：平均绝对百分误差（*MAPE*）、变异系数（*CV*）、跟踪信号（*TS*）或自平滑跟踪信号（*ASTS*）。上文已做详述。

3. 以确定应对不确定

世界总是两面的，有不确定性，就有确定性。如何应对不确定性？最好的方法就是以确定应对不确定。

（1）确定的规则与流程。用规则的确定来应对结果的不确定，以流程的确定来应对过程的不确定。如数据、信息分享与公开的制度与流程。（这里说的“确定”指一定时间段的确定，无论是规则还是流程，都需要更新，都不可能也不应该长时间不变。下同）。

（2）确定的算法。以不变的算法，是较有效的应对不确定性的方法之一。供应链管理中，我们只有透过千变万化的数据与现象，找到不变的算法，确定算法，才可能有效应对供应链的不确定性，比如，库存计划的计算、安全库存的设置等。

（3）确定的 B 计划或预案。“拍脑袋”有点赌博的意味，随机应变有时也能得到红利，但概率很低，风险很高，供应链管理中往往折腾不起。所以，确定的 B 计划或预案，是供应链应对不确定性的有效方法，也是必然的选择。

（4）确定的学习提升。有一种不确定性，是因为我们的能力不足，跟不上时代的进步和发展，而自我认为的不确定。所以，应对这种不确定性，一个关键是我们都要不断地学习，不断地提升。

4. 不要追求完美和百分百

完美和百分百虽然很好，但它的背面往往是加倍的时间和超高的成本。在不确定时代，不必去刻意追求完美和百分百。因为，追求完美和百分百，会带来一系列新的不确定性；还可能会错过最佳解决问题的时机，从而带来更大的损失和不确定性。典型的追求完美的例子是有货率要求 100％、库存准确率以 100％为考核标准等。

5. 行动是应对不确定性的最佳方法

不管是识别不确定性,还是量化不确定性,不管如何去进行“确定”,都需要行动。有方向及方法的行动,是供应链应对不确定性最有效的办法,没有之一。

9.3 取舍思维与不确定性矩阵

应对不确定性,本节介绍一个思路和一个工具。

笔者在工作中曾遇到一位负责物控的伙伴发表感慨:“备料也太难了,少备点吧,说不定销量一下子上来或碰上几个大单,就会断料,被销售老大们狠怼;而多备点呢,说不定销量就下滑了,多备的料往往堆在仓库,成为呆滞,绩效成了大问题不说,还得被领导狂批。”

是啊,对供应链管理来说,变化、不确定性常伴左右。预测难做、备料难备都是常态。为了那些物料,供应链计划人员还真是操碎了心。但是,为了更好地满足客户需求,把握库存和呆滞,供应链管理还得去预测,去备料,去控制。

这似乎存在矛盾,怎么去破这一问题呢?本书提出一个管理思路(取舍),以及实施这个管理思路的一个工具(不确定性矩阵)。

9.3.1 管理思路:取舍

取舍是一个哲学话题;取舍思维是一种生活智慧。用在企业管理中,取舍就是一种管理理念和思路。对供应链管理来说,如何应对不确定性,以更好地适应VUCA,一样需要取舍。

取,取重要的,取对客户满意、对库存控制有重要影响产品或物料,取对供应链绩效(企业绩效)、对企业最终目标有重大影响的品类和项目。

舍,舍弃不重要的,舍弃对企业整体绩效和最终目标影响不大或影响微小的及时交付追求,舍弃对企业库存控制可有可无的一些库存周转,甚至是库存准确的追求。

取舍需要权衡,但更重要的是上下一致的决心。另外,取舍还需要沟通和智慧,更需要担当。

另外,对于供应链管理来说,取舍是动态的,不是更不能是一成不变的。今天的取，到明天说不定就得舍。供应链管理需要不停地更新取舍清单，不断地调整取舍行动。

那么，供应链管理中，如何进行取舍呢？最好的办法是，先分类，找出重点，分清主次；再投入不同的资源，采取不同的措施进行处理。如何分清主次呢？笔者建议使用的管理工具为不确定性矩阵。

9.3.2　一个工具：不确定性矩阵

对于不确定性，我们可以用发生的概率大小来表示。

不确定性一旦确定，有的会给组织带来较大的被动或损失；而也有一些，就算发生，给组织带来的影响和损失都不会很大。不确定性给组织带来的影响，可以用危害程度来表示。

因此，可以从不确定性发生的概率和危害程度两个方面来看待不确定性。

以危害程度为横坐标，发生概率为纵坐标，纵横交错，得到一个象限矩阵，笔者将其命名为不确定性矩阵。（注意，为避免歧义和误解，这里所说的不确定性，可以直接理解为不好的不确定性。）

如图 9-1 所示，将危害程度大、发生概率高的定为红灯区，将危害程度小、发生概率低的定为绿灯区，将危害程度大、但发生概率低的定为黄灯区，将危害程度小、但发生概率高的定为蓝灯区。

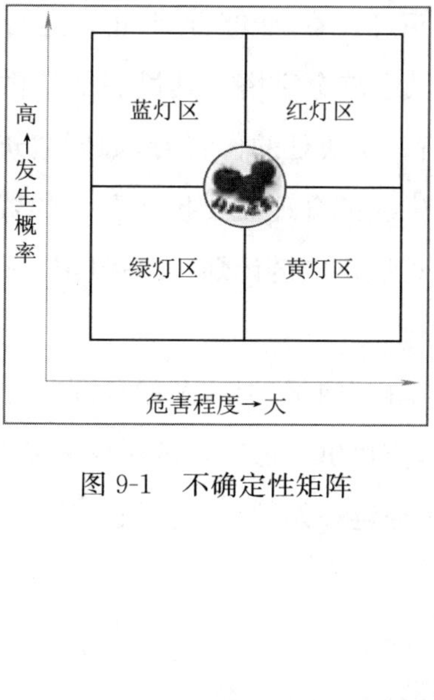

图 9-1　不确定性矩阵

对供应链管理来说,不管是预测、备货还是其他,需要先将产品或物料按未来发生的概率大小和危害程度进行评估,并填进相应的区域,再对不同的区域采取不同的策略。

(1)红灯区。此区域建议以定性技术做预测,并且预测结果仅作为备货计划或生产计划的参考,具体的备货计划或生产计划,接单才开始启动。

(2)绿灯区。此区域可以用常用的时间序列技术进行预测(时间序列+定量调整+定性调整+预测纠偏),预测结果可以作为备货计划或生产计划的依据。

(3)黄灯区。黄色表示警示色,黄灯区尽管发生概率低,但一旦发生,就会带来较大的危害。对于黄灯区,笔者的建议是,与各方沟通,尽可能地缩短各种提前期和周转周期(必要时可能投入一定的资源或在谈判中作出一定的让步),以缩短预测跨度和备货间隔期。然后以时间序列技术进行基础预测,加以人工判断,以此为依据少量多批生产或备货。

(4)蓝灯区。蓝灯区发生效率高,但危害小,供应链管理中可以采取“赌”的策略。笔者的建议是,以定性技术进行预测,并以预测为依据进行生产或备货,同时,建立快速应变机制,提升快速应变能力。

9.4 供应链基础:高筑墙、广积粮、缓称王

从供应链运营与职能角度来看,能够合理、正常运营的供应链应该是一个正三角结构,如图 9-2 所示,是供应链金字塔。其最底部是供应链基础,中间层是供应链计划,顶部是供应链执行。从所处的位置看,如同建筑地基一样,供应链基础是整个供应链成败的关键。供应链管理需要投入更多的资源去夯实供应链基础;因为,没有供应链基础,就很难谈供应链计划(如 S&OP),而没有供应链计划,最直接的结果是“累死”供应链执行。

供应链基础,尽管有“基础”两字,但涉及的范围非常广,不过在供应链实践中,不需要用很多。笔者认为,支撑供应链实践的供应链基础主要包括:供应链的整体框架、供应链基础信息和供应链原始数据三大块。这里,笔者借用一句话来简单谈

一谈这三个供应链基础：高筑墙、广积粮、缓称王。

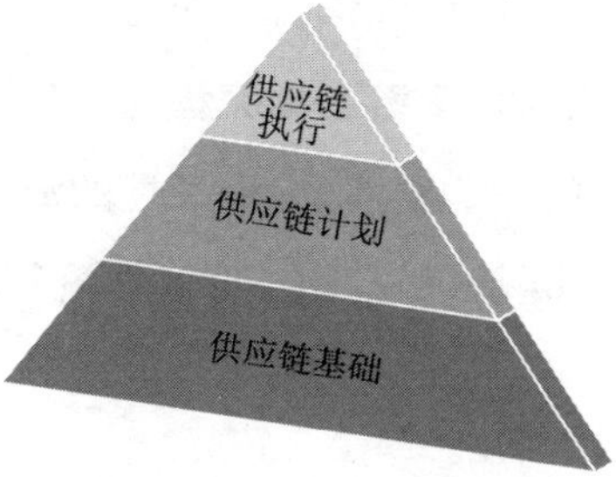

图 9-2　供应链金字塔

9.4.1　高筑墙

高筑墙的主要任务有三个：明确供应链目标，搭建供应链框架，构建供应链基础流程。

1. 确定供应链目标

做任何事都得有目标，有方向，否则就是无头苍蝇，供应链也一样。企业必须非常明确供应链应该承担什么责任，明确供应链需要解决什么问题，明确供应链的方向和目标。只有明确了目标，才能真正地开展供应链工作，才能进行供应链基础建设。当然，供应链目标可以是阶段性的，可以根据企业战略进行调整与更新，但首先必须要有目标。

2. 搭建供应链框架

根据供应链需要解决的问题，根据供应链目标，可以进行供应链设计和供应链整体框架搭建。这主要从三方面入手：

(1)供应链各职能划分，即根据供应链需要解决的问题，确定供应链管理的各项职能，如计划、采购、生产、物流、库存控制、风险管理等；

(2)供应链组织架构，根据供应链各职能要求，配套相应的组织机构及人员，并明确各职能部门责任。供应链是个涵盖管理的技术活，专业人做专业事，匹配专业的供应链管理人员能有力地夯实供应链基础；

(3)确定各职能部门的指标和目标,以及提供为确保完成这些指标所需要的资源(如信息系统),以便为达成供应链整体目标而努力。

3. 根据企业实际情况,构建供应链基础流程,并确保落地执行

基础流程指的是供应链的一些整体的、框架性的流程,细化的流程需要在执行中不断地完善和补充。供应链基础流程包括管理流程、业务流程和信息处理流程等。

9.4.2 广积粮

对于供应链来说,最好的粮草就是数据。广识粮,就是完善各项基础数据。

但完善各项基础数据,做起来很难。相信一些供应链从业者深有感触,这项工作可能是供应链基础最艰难的一部分,尤其是在一些管理粗放的企业。这需要供应链管理人员持续的沟通,反复的跟进,需要多方的耐心。

供应链的基础数据包括信息系统的主数据和做数据分析需要的一些最基本信息。如供应商信息、物料主数据与BOM、工艺流程与参数、库存基础信息、产品数据、销售基础数据等。

完善各项基础数据,可以逐项进行,也可以罗列相关目录同步进行。不管采用哪种方法,均可以使用PDCA工具。即根据实际需要,先制订收集基础数据的计划,确定方法并知会各相关部门(必要时寻求高层发声),然后按既定的计划去执行,并持续监督、跟踪执行过程,评估、复盘阶段结果,最后根据结果采取对应的策略。我们持续循环这一过程,会获得越来越多的基础数据。需要强调的是,在基础数据日趋完善后,我们也得持续去跟进、去调整、去更新,以保证数据的准确性。

9.4.3 缓称王

这里是指不要急于去解决问题,"缓称王"的主要工作是搭建数据模型,收集原始数据,逐步建立各细节的执行规则与流程。当"缓称王"的上述各项工作完成时,会发现问题往往已经解决。

供应链管理的成效很难直观体现,也难短期体现,供应链管理,尤其是供应链基础和供应链计划，更多做的是防火。因此，大多数情况下是看不见、摸不着的，似乎对日常运营也没有多大帮助，从而很难引起高层的重视。比如，库存控制，库存多了，但只要仓库放得下，对各方似乎都没影响，短期内不可能致命，于是，控制库存往往成了“运动”，“运动”一来，轰轰烈烈，“运动”一过，库存立马反弹。

所以，对于供应链管理来说，要沉得住气，尤其要先做好以下几项工作。

1. 搭建数据模型

供应链管理，离不开数据分析；而数据分析需要各式各样的运算分析模型。供应链基础中，有一类就是各类数据模型，根据供应链目标及需要完成的任务建立的对应的数据模型。当然，目前大多数企业的系统会自带部分模型，并能完成相当部分的数据分析工作，但系统涵盖不了所有，系统提供的数据还需要人工判定与调整。所以，在系统之外，供应链管理人员自行建立的数据模型，也是供应链基础中不可或缺的部分。

2. 收集原始数据

供应链有了系统、有了数据模型，接下来，需要收集各项原始数据，包括历史的、即时的、预期的、生产的、仓储的、采购的、销售的等。所有的数据，都是需要从原始数据收集的一个过程。当然，收集数据耗时耗力，不是所有的数据都需要收集，也不是所有的数据都有意义。供应链计划人员需要一定的判断和取舍能力，来决定收集哪方面的数据。数据收集要有针对性，在模型或分析中能被使用或参考的数据才有收集价值。

3. 数据建模和流程梳理是供应链管理人员必备的能力

“缓称王”中的第三条就是从小到大，从少到多，从点到面，逐步建立各细分部执行规则与流程。梳理、制订及更新流程是一项系统工作，也是一项持续性工作。流程的重要性不言而喻，对供应链管理来说尤为重要，供应链良好运作需要有一套完整及能有效执行的流程体系。流程制订需要特别注意三点：流程的合理性（注意不是正确）、流程的可执行性、流程的可跟踪性。

学以致用

学习:

供应链管理如何应对不确定性。

思考:

为什么需要的是“应对”趋势?

应用:

使用不确定性矩阵对本企业的需求进行分类。

第 10 章　S&OP 的基础概念与知识

需求计划的核心职能有两个：一是对需求的分析与评估；二是对需求的答复和承诺。

对需求的分析与评估的最佳实现工具是需求预测，对需求的答复和承诺的最佳实现工具是 S&OP。本节从 S&OP 的基础概念与知识开始，重点讲述 S&OP。

10.1　为什么是 S&OP

10.1.1　囚徒困境（Prisoner's Dilemma）

有两个犯罪嫌疑人作案后被警察抓住，分别关在不同的屋子里接受审讯。警察知道两人有罪，但是缺乏足够的证据。于是警察告诉每个人：如果两人都抵赖，各判刑 1 年；如果两人都坦白，各判 8 年；如果两人中一个坦白而另一个抵赖，坦白的人放出去，抵赖的人判 10 年。

这时，每个囚徒都面临两种选择：坦白或抵赖，两个人的选择共有以下 4 种组合，如图 10-1 所示。

（1）如果同伙抵赖、自己坦白，自己就直接放出去。

（2）如果同伙抵赖、自己也抵赖，自己会被判 1 年。

（3）如果同伙坦白、自己也坦白，那么每个人都判 8 年。

(4)如果同伙坦白、自己抵赖,自己会被判 10 年。

自己 同伙	自己坦白	自己抵赖	说明
同伙坦白	自己 8 年 同伙 8 年 合计:16 年	自己 10 年 同伙 0 年 合计:10 年	同伙坦白时自己也坦白,自己的选择最优(8 年<10 年)
同伙抵赖	自己 0 年 同伙 10 年 合计:10 年	自己 1 年 同伙 1 件 合计:2 年	在同伙抵赖时自己坦白,自己的选择最优(0 年<1 年)

图 10-1　囚徒困境

根据以上 4 种情况,仔细观察会发现,每个人的最佳选择都是坦白。因为:当同伙抵赖时,根据第 1、第 2 两种情况的对比,自己坦白比不坦白好(直接放出去比判 1 年要好)。而当同伙坦白时,根据第 3、第 4 两种情况的对比,也是自己坦白比不坦白好(判 8 年比判 10 年要好)。

所以,对于单个的囚徒来说,不管同伙选择什么,每个囚徒自己的最优选择都是坦白。这时,最终的结果就是两个人都选择坦白,即每个人都判 8 年,两个人共判 16 年。

但是,如果跳出单个囚徒的思维,会很容易发现,两个人都坦白(共判 16 年)其实是最差的结果。如果两个人都抵赖的话,则总共只判 2 年,这才是最好的结果(第 1 种和第 4 种情况,一人坦白一人抵赖,两人总共判 10 年;第 2 种情况,都抵赖,两人总共判 2 年;第 3 种情况,都坦白,两人总共判 16 年)。

这种个体选择最优却造成集体结果最差的现象,就是囚徒困境。

囚徒困境现象,在企业中也并不鲜见,先看下面两个场景。

10.1.2　场景一:A 企业供应链会议

计划经理气愤地表示:“我们的产品本来就非常复杂,现在一下子又上了五百多个半成品,计划还要不要做?供应链还要不要做?”

采购经理连连点头:“是啊,现在不说降本了,供应商都不愿接我们的单,我们的单太杂了。”

生产经理也在旁边嘀咕:“一天换线十多次,叫我们的效率如何出得来,我们的指标又不给降,我自己无所谓,我的主管们可受不了。”

列席的销售总监张总看了看供应链总监,无奈地解释道:“我们也不想让供应链难做,但目前市场难做,销售业绩压力大呀。公司要发展,我们只有打差异化,遍地开花,才有可能提升公司的业绩。”

“但是,我的库存怎么备?”计划经理呼了一口气,平复一下情绪说,“我们的呆滞本来就居高不下,现在又来了,这些呆滞谁来处理,谁来承担呆滞的责任?”

“好了,好了。”供应链总监说,“我们需要支持销售部门的工作,但我们的难处也请张总考虑呀。这样,张总,你看是不是先继续我们的议程,这个问题会后找时间再聊。”

10.1.3　场景二:B 公司月度例会

销管中心王副总指着他 PPT 上的表格说:“这一片红呀,伙伴们,触目惊心!供应链部门的兄弟看到没有?这么多单发不出来,你们不是告诉我产能不够,就是说缺货断料。要我想办法协调客户,我能想什么办法?要我们销售同事帮忙催料吗?要我们销售同事都到产线帮忙吗?”

PMC 李经理站起来说:“我们也没办法,那么多小单,并且大部分是急单,我们不可能每单都换线,对产线的效率影响太大,更严重影响我们的产能。说起断料,销售部门提供的预测没有一个准的,我们能保证大部分订单按期发货已经是拼命催料的结果了。另外,还有相当一部分我们按预测备了料,但现在都没怎么动,这些呆滞还不知道怎么处理……”

李经理还想说点什么,供应链刘总监看到王副总越来越生气的脸,赶紧拦住了他,对老板和王副总说:“老板,王总,我看我们还是先看王总的数据,先把问题暴露出来,再想办法解决。小李,你先坐下,听王总讲完再说。”

10.1.4 销售与供应链的囚徒困境

以上两个场景在企业中想来并不鲜见。这两个场景中,销售部门与供应链管理部门都谈不上有错,因为,他们都是在做自己的最优选择。

第一个场景,销售部门关注的是市场,是业绩,对他们来说,最优选择是穷尽所有可能带来业绩增长的办法,包括增加产品复杂度和不停地上新品。而对供应链管理部门来说,他们关注的是交付,是效率,是成本,他们的最优选择是大规模批量生产。销售部门与供应链管理部门如果都要求做最优选择,那带来的结果大概率是整个团队的最差结果,这正是囚徒困境。

第二个场景,在供应链产能不够的时候,供应链管理部门关注的是如何有效利用有限的产能,他们的最佳选择是接大单或可以合并生产的订单。而销售部门关注的是业绩,不管多大的单,对他们来说都是“肉”,并且可能是未来更大的“肉”,所以,他们的最佳选择是见单就接。对于预测也一样,供应链部门希望有准确的预测,而销售部门希望供应链管理能够更加柔性,以应对预测的不准确。这些也是囚徒困境。

10.1.5 销售与供应链如何打破囚徒困境

以上两种场景,以及实际场景下更多的销售部门与供应链管理部门的囚徒困境,有没有办法打破呢?要解决这个问题,需要企业存在一个前提、拥有一种文化和学会一项工具。

(1)一个前提:从公司层面解决这个问题。要打破两个部门(或多个部门)的囚徒困境,必须要有人站在两个部门之外(之上)。只有站在高位,视野开阔的观察全局,才有可能打破囚徒困境。最好的人选是公司的高层领导。

(2)一个文化:不以 KPI 论英雄。企业要有“不以 KPI 论英雄”的文化(传统),KPI 是好东西,但企业不能唯 KPI 论,至少不能单以 KPI 指标来评价一个人的功过。当成绩被框定在几个 KPI 数据上时,当公司不能综合地以员工贡献及为公司创造价值而进行奖励、加薪、升职时,打破囚徒困境,只能是停留在口头或口号中。

(3)一项工具:销售与运作计划 S&OP。S&OP 不仅是需求计划"对需求的答复和承诺"职能的最佳实现工具,也是企业打破囚徒困境的最佳实现工具,这也正是本篇需要解决的问题。

10.2　S&OP 的概念及 4 点解释

实现需求计划"对需求的答复和承诺"职能的最佳实现工具是 S&OP,打破企业囚徒困境的有效工具也是 S&OP。那么,S&OP 到底是什么呢?

10.2.1　此 S&OP 非彼 SOP

早几年,笔者的一位朋友入职一家公司担任工厂的生产计划主管。那家公司不大,员工一般都身兼多职。尽管他是生产计划主管,但也在做物控相关的工作。那个时候,销售部门还是公司传统的老大,他们公司也一样,销售部门非常强势,供应链管理几乎是完全被动地按销售团队给出的计划(预测)进行备料和生产。但因销售部门给到的预测经常严重不准,造成要么因缺料影响发货挨销售部门的人狠怼,要么,因仓库一大堆呆滞被厂长狂批。

于是,我的这位朋友向其直接领导(厂长)提出建议,看看能不能在公司试着推行 S&OP,但却被厂长给骂了回来。

厂长说:"我们厂里 SOP 目前尽管不太完善,但大部分操作都有了,现在的工作重点不是 SOP 这些方面的问题,而是如何提升效率,如何快速地满足销售发货的需求。再说,SOP 和你也不相关,先把自己的工作做好了再说。"

显然,这位厂长误会了,他将 SOP 当成 S&OP 了,但此 S&OP 非彼 SOP。

SOP,指的是标准作业程序(Standard Operating Procedure),就是将某一事件的标准操作步骤和要求以统一的格式描述出来,用来指导和规范日常的工作。它是一种程序,是对某一程序中的细节与关键控制点进行细化和量化,其目的是规范作业与操作。

S&OP,指的是销售与运作计划(Sales and Operations Planning,或称销售与

运营计划),是调节相冲突的商业目标,并对未来供应链发展进行计划的战略规划流程,一般包括了各种商业职能,如销售、运营、财务等,以便与整个企业的发展规划保持一致(GB/T 26337.2—2011 供应链管理第 2 部分:SCM 术语)。

S&OP 首先是一个流程,用来解决冲突、进行决策、沟通并实施,其目的是实现企业各项计划的整合和协调,从而实现供需链平衡。

10.2.2 S&OP 的 4 点解释

(1)S&OP 需要在全公司实现"一个计划"并遵循实施,而不是每个部门各自为政,"你出你的计划,我做我的安排。"

S&OP 是对市场营销和销售计划,以及供应链(制造、采购等)、研发和财务等方面的有效资源进行综合平衡,以此更新各部门业务运作计划,协调一致(整合出一个计划),实现公司总体经营战略目标。

(2)为了实现"一个计划",S&OP 的主要任务是整合和协调,而不是上一个系统(软件),不能指望只依靠一个系统就能解决问题。

整合和协调更多的是人的动作,尽管管理者可以借助系统或工具来优化和规范人的动作,但 S&OP 更多的还是需要以规则或流程调动和发挥人的主观能动性。

(3)S&OP 是一个流程,而不是一个个的会议,流程需要有制定好的并能遵循的步骤,用来解决冲突、进行决策、沟通并实施。

S&OP 涉及多种会议,如预备会议、高层会议等,但它远不只是会议,它是由一系列的流程组成,会议只是流程的一种体现形式或实现方式。S&OP 不等于 S&OP 会议,有流程,无决策会议,那就没有结果;仅有决策会议,无流程,更是空想家。

(4)S&OP 的核心是进行供需链平衡,其逻辑是通过基于约束的,双向的计划在供应条件改变之后对需求进行决策,从而实现财务绩效最优化的过程。S&OP 是统一指挥需求链和供给链的运作,平衡供需矛盾,围绕统一目标进行承诺,基于约束的可执行计划,内部外部资源协同过程。

10.2.3　S&OP 是防火而不是救火

(魏文王问扁鹊)曰:“子昆弟三人其孰最善为医?”扁鹊曰:“长兄最善,中兄次之,扁鹊最为下。”魏文侯曰:“可得闻邪?”扁鹊曰:“长兄於病视神,未有形而除之,故名不出於家。中兄治病,其在毫毛,故名不出於闾。若扁鹊者,镵血脉,投毒药,副肌肤,闲而名出闻於诸侯。”

大体意思是,扁鹊的大哥治病,是在病情发作之前,病人自己都不觉得有病,于是使他的医术难以被人认可;二哥治病,是在病初起之时,病人也没觉得什么痛苦,使乡里人都认为二哥只能治小病;而扁鹊自己治病,都是在病情十分严重的时候,病人痛苦万分,而扁鹊能够使病情得到缓解或很快治愈,所以扁鹊名闻天下。但是,扁鹊自己及兄弟三人都清楚,兄弟三人的医术,大哥最好,二哥次之,扁鹊是三人中最差的一个。如图 10-2 所示。

扁鹊三兄弟的医术

三兄弟	治病时机	医术水平	名气传播	评判悲剧
大哥	病情发作之前	最高	仅家人知晓	防火：惨遭淘汰
二哥	病情初起时	中间	名及乡里	治火：仅仅称职
扁鹊	病情严重时	最差	名闻天下	救火：闪耀英雄

→ S&OP

◆ S&OP是事前控制的高手，而不是事后的救火英雄

图 10-2　扁鹊三兄弟的医术

S&OP 是预防,是防火,是扁鹊三兄弟中的大哥,是事前控制的高手,而不是解决紧急问题,不是救火,更不是事后问题解决的英雄。

工作中,有很多人都争做扁鹊,因为救火更能成为英雄。所以,如果想解决眼前的问题,请不要启动 S&OP。

因为,没有它,企业也一样活着。当然,有了它,企业可能活得更好,更长久。

S&OP以“一个计划”打通产品、需求、供应和财务职能边界,引导管理层做出正确的决策。S&OP关注的是未来(短期的未来和长期的未来),而不是现在。

值得注意的是,不要为了S&OP而S&OP。S&OP只是一种管理手段。管理需要回归本质,手段、工具、方法都需要为管理目的或者说企业的经营目的而服务。适合自己的,能有效达到目的的方法,就是好的方法,而不管它是不是S&OP。

所以,本书讲的S&OP,是以S&OP为思路和工具解决实际问题,着眼于供应链实践和执行的S&OP。

10.2.4 有约束的创新与汉德公式

不要为了S&OP而S&OP,这里有一个真实的案例。

有一家休闲食品公司,他们公司的相同规格不同口味,并且独立销售的产品用不同的纸箱包装,造成纸箱的种类很多,人为增加物料控制难度和仓库管理及库容压力。

比如,100 g某产品(食品),到终端后单个销售,出厂时50个装一箱,这款产品有5种口味,产品外包装也是5种风格(主要是颜色不同),他们目前的纸箱设计就是按产品外包装来进行,共使用5种纸箱,尺寸规格完全一样,只是纸箱表面印刷不同。

有公司的物料管理人员针对此问题提过不少次建议,比如,建议这款产品5种口味使用同一种纸箱,在纸箱上做可选项,由装箱员工装箱时打勾或盖章区分。

但每次建议都被否决了,原因主要有两点:一是给客户更好的体验;二是如果打勾或盖章,存在打错盖错从而造成发错货的可能与风险。

这两个理由看起来让人无法反驳。因为,第一,追求客户体验,这是完全正确的大方向,你敢反驳吗?第二,发错货造成售后,更会影响客户体验,违背完全正确的大方向。于是,这家公司的纸箱种类就越来越多。

这个案例,就是“为了S&OP而S&OP”。以下介绍两个概念,可以作为解决上述问题的借鉴和参考。

1. 有约束的创新

创新思维可以天马行空，但当创新落地需要执行时，必须要有约束，否则会带来高操作难度、高成本和高风险。比如上述案例中的这家公司，这样做（没有约束）会造成仓库出入库、生产领料及生产作业等难度增加，造成库容压力及仓库管理、物控管理难度加大，导致成本增加。更关键的一点，就是需求量不变，SKU 分散，会造成较高的呆滞风险。

没有毫无约束的创新，就如没有绝对的自由：真正的自由都是戴着某种镣铐跳舞。

没有约束的创新的一种表现是创新过度，当有人对创新过度提出质疑时，得到的回答往往惊人的一致：客户需求、顾客体验。但真的这样吗？很多的时候未必。

没有约束的创新的另一种表现是无谓的创新。比如，一些设计人员为了体现他们的能力、成绩而进行的创新。笔者记得早年在一家方便米线工厂，这家工厂自行生产调料包。有一段时间，一位研发人员开发的调料品种特别多，几乎每个省一种口味，把计划、采购、仓库和生产折腾得半死。而这位研发人员每次汇报或交流时，都是洋洋自得地说自己开发了多少口味。事实上，调料包的口味，根本不需要那么多，后来，新的研发进行了整合，品种砍掉了将近一半，生产效率大幅度提升，仓库也空出了一大片。

2. 汉德公式

在美利坚合众国政府诉卡罗尔拖轮公司一案中，法官汉德（Learned Hand）提出了著名的汉德公式：$B<P\times L$。

“汉德公式”严格来说是个不等式。式中：

B：预防事故的成本。

L：一旦发生所造成的实际损失。

P：事故发生的概率。

PL：（事先来看）事故的预先损失。

汉德公式是一个过失认定公式，所表达的意思是，只有在潜在的致害者预防未来事故的成本小于预期事故的可能性乘以预期事故损失时，他才负过失侵权责任。

即当 $B<P\times L$ 时,潜在的致害者才负有过失责任。

汉德公式也可以用这句话理解:意外发生中的任何一方当事人,谁避免意外的成本低于意外造成的损失,谁就有责任避免意外。

回头来看上文案例的第二个理由,员工打勾出错从而可能带来售后的风险。在采取一定管理措施的基础上,员工打勾出错的概率还是存在的,但概率不高;勾错了,首先对销售商没有影响,对最终消费者也没有影响(独立销售),有影响的是终端销售网点,但影响仅限于口味不同,影响也不大。

套用上面的公式,不用看实际数据,大家都知道 B 远大于 $P\times L$,即预防打勾出错的成本远大于预期事故的可能性乘预期事故损失,这显然得不偿失。

10.3 S&OP,传说中的供需链平衡

S&OP 的核心是进行供需链平衡。本书所要说的平衡,是一种作为管理方法论的平衡。

10.3.1 木桶原理与平衡

木桶原理指盛水的多少,不在于木桶上那块最长的木板,而在于木桶上最短的那块木板。

木桶原理是最常引用的管理理念和人生思维之一,它指出,成功往往并不在于长板,很多时候更受短板的制约,这正是平衡的底层思维。

当木桶装水不多的时候,较短的板对装水并不带来影响,当企业发展前期或规模较小的时候,销售与供应链的矛盾也并不明显。但当企业继续前进,如果有短板存在,势必影响企业发展步伐,甚至拖垮企业前进的脚步。

所以,各板块之间的平衡是企业发展进程中的必经之路。

可能有人会说,木桶原理早已经过时了。如今,长板更有优势,是长板理论。比如,智商与情商,当你的智商高得像牛顿一样,情商什么的一点都不重要。

长板理论固然很对,不过有如下两点需要说明。

(1)在管理上,管理人员大都是普通人。管理者千万不要天真地认为,自己就一定会有多长的长板。

(2)认为不需要平衡长短板的,其实是对木桶原理的误解,或者说也没有真正弄懂长板理论。长板理论的思路是,将主要精力和资源放在长板,而将短板转移出去,如外包等,这其实正是平衡的一种方法,即保持和增长自己的长板,同时找到外部或他方力量将短板补齐(与长板平衡)。

10.3.2　S&OP 的核心是供需链平衡

S&OP 的原理是,依据需求预测和供应能力评估来协调各方,制订"一个计划",以实现供需链的平衡。如图 10-3 所示。

有句俗语,"有多大的脚,就穿多大的鞋",S&OP 就是利用需求预测来弄明白市场上有"多大的鞋",再利用供应能力评估确定自己有"多大的脚",S&OP 的过程就是"有多大的脚,就穿多大的鞋"的过程。

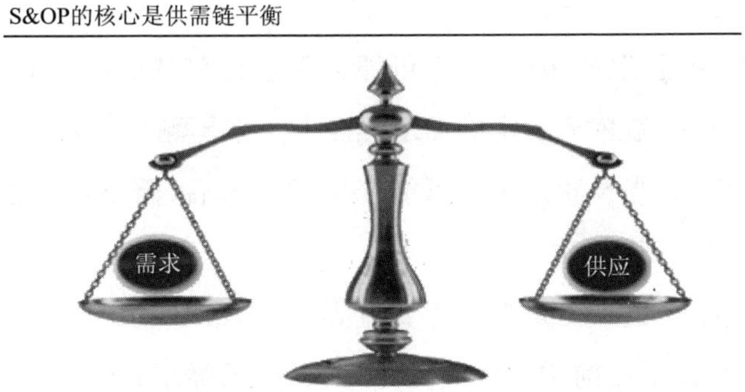

图 10-3　S&OP 的核心是供需链平衡

如果需求与供应失衡,当需求配不上供应时,表明企业资源没有被充分利用,甚至是极大的浪费,这无形中增大企业成本,降低企业利润及企业竞争力。而当供应配不上需求时,对整个组织来说更是个大灾难,轻则丢失客户,重则影响企业的生死,比如造成资金断裂等情况。

S&OP 能够有效地平衡我们的"脚与鞋",有效地在供与需之间寻找平衡点,以实现“有多大的脚,就穿多大的鞋”。这是 S&OP 的价值,也是 S&OP 的核心所在。

10.3.3 S&OP 能进行哪些供需链平衡

供需链平衡指企业供应能力正好满足客户需求(或略有盈余)。

那么,S&OP 能进行哪些供需链平衡呢?按需求产生的时间先后顺序,笔者将客户需求分为 3 种,S&OP 在这 3 种需求与供应的平衡中发挥不同的作用。

1. 已经产生的客户需求

它指的是客户订单,但是,客户订单并不一定全部转化为需求。因为,客户下达订单后公司还需要有一个确认的过程,即这个订单能不能接,这个过程就是这一阶段的供需链平衡,也是这一阶段 S&OP 所起的辅助作用。

如果客户订单已确认,那就变成了已经产生的、确定的、具体的需求。这时,谈的就不是平衡,而是满足。供应链需要保障供应,需要有库存来满足这个需求。如果已经产生的客户需求都不能满足的话,就不要谈供需链平衡。

2. 近期可能产生的客户需求

这个需求是指近期(或短期)客户可能会下达订单从而产生的需求,这不是确定的需求。供应链一般依靠一定的需求预测方法来预测客户未来会不会下达订单以及下达多少订单。当预测出未来可能产生的需求后,需要根据预测数据对供应进行评估,以寻求供需平衡。

这一阶段的供需链平衡是 S&OP 的主战场,S&OP 起主要作用。当预测数据大于供应能力时,需要提前增大供应能力,或者降低需求;当预测数据小于供应能力时,需要增加销售力度,或降低供应能力。

3. 远期可能产生的客户需求

远期需求不是去预测具体的订单,而是预测一种趋势。也就是说,远期的需求不是具体的,而是一种方向。远期可能产生的客户需求当然更需要进行供需链平衡,比如调整产品方向,追加产线或设备等。这些平衡往往是企业的战略层面,S&OP 也能起到一定的推进作用。

很多人认为,S&OP 是用来讨论企业中长期战略,但笔者认为,在实践中,

S&OP 更起作用的是短期(或中短期)的供需平衡。

10.4　战术层面的 S&OP 及其作用

上文提到,在实践中,S&OP 更起作用的是短期(或中短期)的供需平衡。

10.4.1　战略层面 PK 战术层面,产品族 PK 单个的 SKU

有一种说法:S&OP 是战略层面,而不是战术层面,S&OP 是以长期和全局利益为上的,是为了中长期战略,高层需要从战略上重视 S&OP。

这种说法虽然很有道理,但笔者认为,企业推行 S&OP,目的是解决企业的问题,给企业的管理带来帮助;而不是为了 S&OP 而推行 S&OP,这是把方法当成了目的。

上文提到,“近期可能产生的客户需求”这一阶段的供需链平衡是 S&OP 的主战场,即 S&OP 在解决短期(现在)供应链平衡中能起相当重要的作用和价值,S&OP 完全可以作为一个战术而解决短期问题。

因此笔者提出:在实践中,S&OP 首先是战术层面,首先是为了解决短期的供需链平衡。在此基础上,再改善企业的长期供需链平衡,即战略层面。

另外,很多人认为 S&OP 处理的对象是产品族,而不是具体某个 SKU;考虑的需求与供应是总量上的平衡,而不是涉及每个具体产品的供需平衡。

笔者同样不认可这种说法。因为,采用 S&OP 的思路,可以有效地解决短期供需链平衡问题。其解决的方法是针对具体的单个 SKU 实现供应平衡。所以,S&OP 处理的对象可以是产品族,但可以处理具体的单个 SKU。

所以,本书所讲的 S&OP,是以战术层面为主,从而有效应用于实践的 S&OP,是谋求针对具体的 SKU,以实现短期供需链平衡的 S&OP。

10.4.2　S&OP 的作用

S&OP 是个业务过程,通过对市场、产品、运营、采购和财务等部门的沟通和协调,做出对市场变化具有快速响应的决策;它通过统一指挥需求链和供应链的运作,平衡供需矛盾,围绕统一目标(一个计划)进行承诺,协调内外部资源,从而实现财务绩效的最优化。

S&OP的作用主要体现在以下六个方面。

1. 更好地满足客户需求

S&OP要求在企业战略计划的指导下,根据市场和客户的需求,建立企业统一的、协调一致的运作计划,使企业一切可利用的关键资源,如人力、设备能力、材料、时间、技术和资金等都获得有效的利用,从而能够更好地满足市场和客户的需求。

2. 有利于保障库存的健康

S&OP既是一个供需链平衡的过程,也是一个基于需求进行承诺的过程。即S&OP的底层逻辑是,有多大的脚穿多大的鞋,这就决定了S&OP不会盲目地供应,甚至是更加关注供应,非常有利于保障库存健康,从而降低总体库存,提升库存效率。

3. 提升供方的效率

有了需求(预测),供应链需要组织供应(进行采购,准备库存)。采购主要有两个渠道,一是向内部的制造系统采购,即库存是自己生产的;二是向外部的供应商采购,即库存是买来的。这两个采购渠道,在S&OP的模式下都能有效提升效率。因为,S&OP侧重事前控制与平衡,能极大提高计划的准确性和稳定性,从而提升供方的生产效率,并且有利于加强与供方合作关系(共赢),带动供方效率的进一步提升,进入良性循环。

4. 改进内部沟通,提升团队协作

跨部门沟通不畅、团队协作不力是很多企业面临的现实问题,这些问题产生的原因很多,但其中最基础的也经常被忽略的一个原因是各部门间缺乏沟通。S&OP正是一个提供跨部门沟通的工具,也是跨部门沟通的平台,其定期沟通的机制,以及对某些协作的强制性要求,能够促进和改进企业内部沟通,从而提升团队协作能力与效果。

5. 提供更高效的决策流程

S&OP 是一个流程。与其他流程相比，S&OP 是为了实现“一个计划”而进行的整合和协调的流程。“一个计划”的特性会大大减轻企业的决策难度，也会极大提升企业的决策效率。因为，决策的难度不在于怎么选择，而在于选项太多。

6. 把握未来，未雨绸缪，为企业经营指明方向

上文提到，S&OP 不是解决紧急问题，而是预防，是防火，是事前控制的高手。也就是说，S&OP 更关注未来，根据对未来的预判提供建议的措施，从而未雨绸缪，为企业未来的经营指明方向。

10.4.3　S&OP 是一项“老板”工程

S&OP 是一个跨职能的，以计划为核心的，以全局利益为上的，支持中高层人员的一种决策流程，或者决策的方法论。通过 S&OP 流程打通产品、需求、供应和财务职能边界，引导管理层做出正确的决策，特别是要求关注未来（含短期的未来），而不是现在。S&OP 的这个特性，注定了 S&OP 是一项“老板”工程，这也是 S&OP 的江湖地位。

除了跨职能特性，S&OP 成为“老板工程”还有以下六个原因。

（1）S&OP 是防火，但是，现实社会是救火更能成为英雄，所以 S&OP 必须是工程，需要从“老板”的层面支持和参与。

（2）S&OP 首先是战术层面，但它终须进入战略层面，S&OP 是连接战略和执行的工具，从战略到执行，涉及多重跨部门协作与绩效分配，也就是说涉及各部门甚至是个人的利益，必须需要“老板”协调与调配。

（3）S&OP 更多的是跨部门协作，需要打破各个部门间的壁垒，如果没有“老板”的支持和行动（政策），很难想象会是一个什么样的结果。

（4）S&OP 是打破企业囚徒困境的有效工具，但这个有效工具能够起作用需要一个前提，那就是“老板”的意识和意愿。

（5）S&OP 关注预测，是需求预测落地执行的桥梁；而预测总是不准，用专业的方法将不准的预测变为相对准确的预测难度不算很大，但从相对准确的预测到执行这个桥梁的顺畅执行,需要"老板"的充分授权和支持,否则很难形成"一个计划"。

(6)S&OP是一项"老板"工程,还体现在S&OP的执行者需要有"老板"思维,跳出本部门的限制,以"老板"的眼光发现、分析和处理各种问题和不确定性。

10.5 S&OP与拉费曲线

拉弗曲线,Laffer Curve,据说是拉弗在餐纸上画出,如图10-4所示,描绘了政府的税收收入与税率之间的关系,当税率在一定的限度时,提高税率能增加政府税收收入;但超过这一限度时,再提高税率反而导致政府税收收入减少。

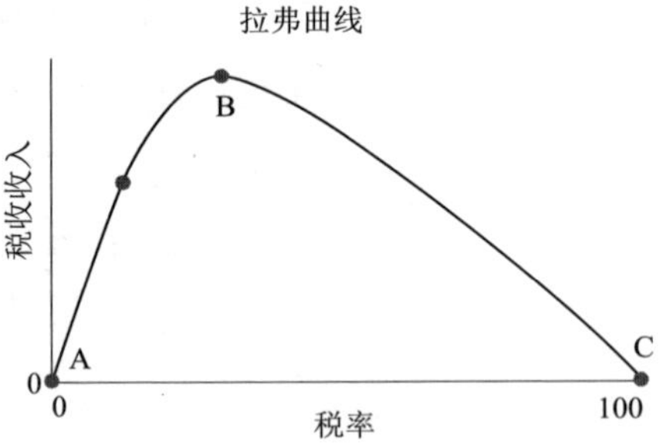

图10-4 拉弗曲线

拉弗认为,较高的税率将抑制经济的增长,使税基减小,从而造成税收收入下降;反之,减税可以刺激经济增长,扩大税基,从而使税收收入增加。

也就是说,税率高并不等于实际税收就高,税率太高,人们就被吓跑了,结果是什么经济活动都不发生,反而收不上税。只有在税率达到一个最优值时,实际税收才是最高的。

S&OP是一个流程,解决的是企业管理问题;拉弗曲线是一个思路,解决的是政府税收问题,这两者又有什么相通之处呢?

S&OP告诉我们,供应链管理最重要的是平衡,基于平衡的管理才是最好的管理。拉弗曲线则告诉我们,努力的方向没有绝对,朝哪个方向努力,取决于我们所处的位置。

以上一个平衡，一个位置，有三个中国古代的名言，或许，正是 S&OP 与拉弗曲线的相通之处。

1. 日中则昃，月盈则食

它是指事物发展到一定程度，就会向相反的方向转化，和成语“过犹不及”的意思大同小异，就如上文所说“有多大的脚，穿多大的鞋”。

这是 S&OP 与拉弗曲线的第一个相通之处。

按照 S&OP 九步流程，S&OP 主要是依据需求预测和供应能力评估来协调各方，以实现供需平衡。需求预测就是明白市场上有“多大的鞋”，供应能力评估就是确定自己有“多大的脚”，S&OP 的过程就是“有多大的脚，穿多大的鞋”的过程。

细看拉弗曲线图，可以发现，它其实是对“日中则昃，月盈则食”的完美诠释（到顶点后快速回落），是“过犹不及”的高度写照。

2. 德不配位，必有灾殃

它指如果一个人的德行，和自己所处的地位不相匹配，必然会导致灾难诞生。

S&OP 表明，当需求与供应失衡时，当供应配不上需求时，对整个组织是个大灾难，轻则丢失客户，重则关系企业的生死。

拉弗曲线则表明，当不合适的税率出现时，会造成税收大幅度下滑并且生产中断，给经济带来重大损失。

“日中则昃，月盈则食”关注的是方法；“德不配位，必有灾殃”体现的是结果，是一种对自然规律的敬畏和生活态度。

3. 中庸之道，不偏不易

笔者认为中庸之道，讲的就是平衡。

S&OP 的核心是“供需链平衡”，拉弗曲线的核心是“努力的方向在于自己所处的位置”，这也是一种平衡。它们所讲究的都是不偏不易，所阐述的都是过犹不及，这正是中庸之道。

学以致用

学习:

S&OP 的基本概念与平衡。

思考:

为什么 S&OP 的应用首先是战术层面?

应用:

列出本企业能够进行的中短期平衡。

第11章　S&OP九步流程

目前很多人认为,S&OP流程有五个步骤(五步法),如图11-1所示。这五个步骤分别是:整理报表(预测数据准备)、需求规划(需求预测)、供应规划(供需调整)、预备会议(提交建议)、正式会议(高层决策)。

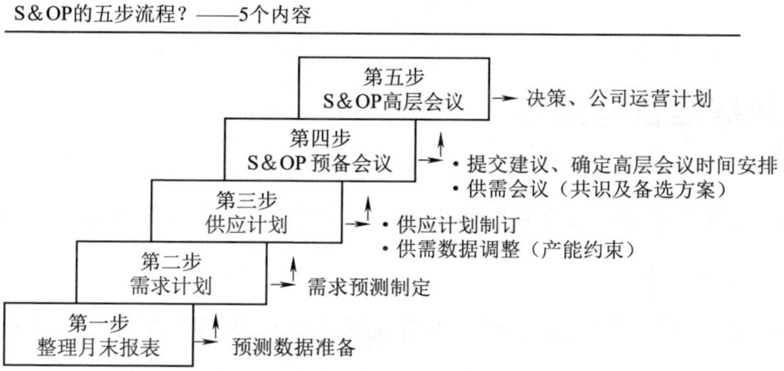

图11-1　S&OP有五步流程?

不过,笔者认为这其实是一种误解。以上的五个步骤可以看作是S&OP工作的五个要点或五个方面的主要内容,但不能称之为S&OP的流程。

因为,流程需要有一系列的操作步骤和作业要求,需要描述在什么时候由谁来做什么事,需要明确各方责任。S&OP的流程也一样,需要一步步明确什么时候由谁来做什么事,以此制订"一个计划",从而实现供需链平衡。

基于以上思路,本书提出S&OP的九步流程 ,如图11-2所示。依次是:数据准备与处理→初步预测→预测调整与正式预测→供应计划→S&OP 预备会议→预备会议结果沟通→正式会议(高层会议决议)→S&OP 输出→S&OP 执行与跟踪。

必须说明的是,真正落地执行的具体流程需要根据企业的实际情况而制定,本书提出的只是一个参考。

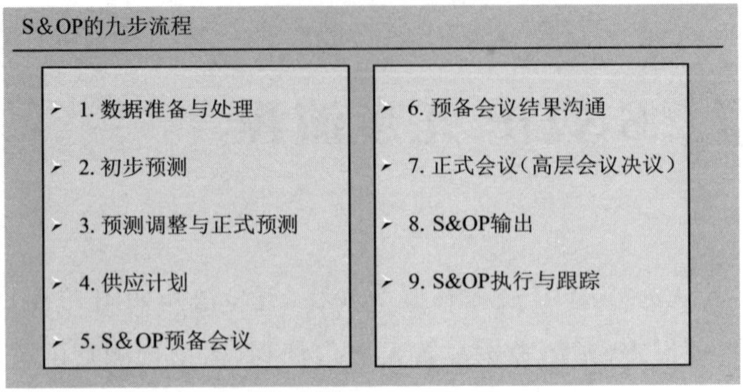

图 11-2　S&OP 的九步流程

11.1　数据准备与处理

S&OP 需要做预测,需要和数据打交道,其第一步自然是准备需要的数据,并对数据做初步的处理。

S&OP 需要准备哪些数据呢?首先需要知道 S&OP 的输入。知道了 S&OP 有哪些输入,就可以根据输入有目的、有选择地去准备和处理相关数据。

11.1.1　S&OP 的输入

S&OP 的核心是供需链平衡,如何寻求供需链平衡?首先需要知道供应和需求的信息。所以,S&OP 的输入分为供应信息和需求信息。

1. 供应信息

供应信息又包括两个部分,一是供应的基础信息(数据),二是供应的能力信息。

供应的基础信息是与各方提前沟通确定的信息，这些信息往往只需要首次确认即可，当然需要定期或不定期更新。供应的基础信息主要有：提前期数据，如订货提前期、生产提前期、检验提前期、运输提前期等；批量数据，如最小起订量、最小生产批量、最佳起订量、最小送货批量等；物料参数，如保质期、包装规格、存放条件等；仓库容量数据，因仓库存放多种物料，一般以物料的最高库存代替等。

供应的能力信息主要体现为一些内部和外部的约束条件。主要包括：即时库存数据，包括客户库存、公司库存和供应商库存；产能数据，即供方能够提供的生产能力，供方包括物流合作伙伴，这里指的是供方承诺能够提供的，而不是供方的全部产能；财务能力，供方有货你有没有钱买；新产品开发信息，如开发时间、新物料采购提前期、导入时间等；新供应商开发信息等。

2. 需求信息

需求包括已经产生的需求和未来可能产生的需求。在 VUCA 时代，供应链更多面对的是未来可能产生的需求，即需求预测。

所以，需求信息第一个是已产生的实际订单数据，除此之外，主要是用来支撑或辅助需求预测的数据，包括：历史需求数据、历史需求预测数据及预测准确率分析、新品信息、退市（下架）信息、市场活动信息（如促销、涨价、限售等）、市场情报信息（如竞品促销、竞品的新品上市等）、政策层面信息等（如环保收紧、物流限制等）。

11.1.2　数据准备与处理流程

企业管理中的流程，其实就是确定步骤，并且每一步都需要明确三个问题：什么时候、什么人、做什么事。

所以，针对 S&OP 的九步流程中的每一步，本书都以“什么时候、什么人、做什么事”来进行讲述和说明。

S&OP 流程的第一步：数据准备与处理的具体说明如下。

（1）什么时候。数据准备工作上月完成即启动，每月 5 日完成（这里假设 S&OP 的周期为月，这里提到 5 日只是个假定，具体哪一天以企业实际情况而确定，不过，确定后需要固定或相对固定，以下流程均是以每月 5 日为起点）。

(2)什么人。数据准备与处理由需求计划人员完成(如需求计划经理、计划部负责人等,下同),在数据准备过程中,如果需要其他相关部门提供数据,由需求计划人员,每月 1 日按相关制度和流程向相应责任部门或责任人发出请求(索取),相应人员 3 日前完成并回复。

(3)做什么事。

①检查与更新供应的基础信息,如提前期、批量等。

②导入库存数据及各种在途订单,库存包括客户库存、公司库存和供应商库存。需要注意的是,各库存数据截止的时间节点需要一致。

③询问或更新供方产能数据、新供应商开发信息。

④接受公司财务异常信息(流程规则,如有异常则财务发出知会信息,未发时默认没有异常)。

⑤按采用的方法收集历史需求数据,并进行必要的清洗。收集的数据颗粒度越小越好,比如,按最小的 SKU 收集(如同一个规格的物料有 5 种颜色,那就是 5 个 SKU);再比如,最好按天收集(当然,如果按天收集比较困难或收集成本太高,最少也需要按周收集)。

⑥收集历史需求预测数据,并进行预测准确分析。

⑦请求销售端提供新品动态、下架计划、促销计划、价格调整计划及相关竞品信息。

⑧了解并咨询相关政策变动与要求。

11.2 初步预测

11.2.1 初步预测流程

S&OP 九步流程第 2 步是初步预测。

(1)什么时候。初步预测在数据准备工作启动的时候同时启动,假设每月 8 日完成。

(2)什么人。初步预测由需求计划人员完成。如果有内外部人员(专家)进行定性预测的部分,由需求计划人员每月 3 日按相关制度和流程向内外部人员(专家)发出请求(索取),专家们 6 日完成并回复。

(3)做什么事。

①做总业绩预测。总业绩预测是对金额进行预测。它分为两种:一种是为滚动的 12 个月预测;另一种是滚动的 3 年预测(或 5 年预测等),年度预测以年为单位滚动,每年最后一个月做一次即可。

②做分类业绩预测。具体的分类按公司的要求而定,如分销售区域、产品群(族)、客户群等。分类业绩做滚动的 6 个月预测,也是对金额进行预测。

③做明细产品需求预测。要求细化到每一个产品(SKU),可按 BOM 展开到每一个物料,同时,可分类汇总。明细产品需求预测是对数量进行预测,做滚动的 3 个月预测。

在这里,笔者再次提醒:S&OP 完全可以面向具体的明细的产品,而不仅仅是产品族或产品群。或者可以理解为,产品族是 S&OP 的战略层面,而明细产品则是 S&OP 的战术层面,这些,正是笔者提出做明细产品需求预测的核心原因。

11.2.2　做初步预测的思路

第一个思路,初步预测是无约束预测。即初步预测不用考虑供应的限制和有没有产品向客户交付,也不用考虑供应端,只根据历史数据和需求端的信息去预测未来的需求。

第二个思路,初步预测是个"初步"预测。其思路是不要有太多的顾虑,不要担心未来太多的未知因素。因为,一是流程的后续还有预测调整和正式预测的环节,那时会请相关专家(领导)共同考虑多方因素;二是,预测总是不准,如果过分纠结预测准确率,那预测要么是做不出来,要么只能是越来越不准。

第三个思路,需求可预测矩阵。明细产品的需求预测依需求可预测矩阵判断的结果而采用不同的方法。需求可预测矩阵是指以历史需求数据的稳定性为横坐标,以历史需求数据量的多少为纵坐标得到的一个矩阵,如图 11-3 所示。

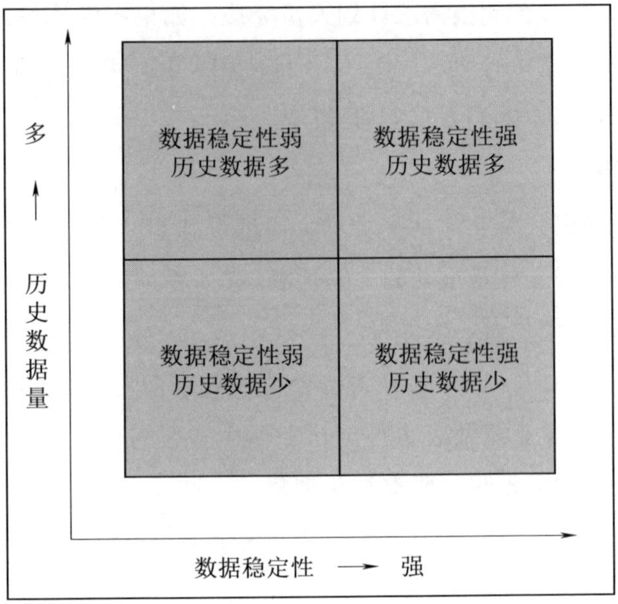

图 11-3　需求可预测矩阵

11.2.3　需求可预测矩阵

在需求预测实践中,需求可预测矩阵首先需要解决一个问题:如何定义矩阵的两个维度(纵横两个坐标),即如何区分历史需求数据量的多少和历史需求数据稳定性的强弱。

这两个指标目前都没有确定的固定标准,需要根据企业的实际情况自行确定。笔者根据多年经验,采用如下的标准,供读者参考。

(1)历史需求数据量的多与少。如果某款产品的需求,历史上有达到或者超过一个季节周期的数据,定义为数据量多;如果只有不足一个季节周期的数据,则定义为数据量少。

(2)历史需求数据稳定性的强与弱。数据稳定性用变异系数进行判定(变异系数 CV=标准差/平均值),如果某款产品的历史需求变异系数 CV 大于或等于0.4,定义为数据稳定性弱,如果变异系数小于 0.4,则定义为数据稳定性强。

表 11-1 为一个模拟的实例，按照需求可预测矩阵的设定规则，对表中的 12 个物料进行可预测判定。表中模拟了 13 周数据(3 个月)，分别判别数据稳定性和数据量多少之后，划入对应的矩阵象限。

(1)数据稳定性判定。以 Excel 中的 AVERAGE 函数计算平均值，以 STDEVA函数计算标准差，标准差除以平均值得出变异系数，以 IF 函数判定变异系数是否小于 0.4，小于 0.4 的判定为稳定性强，大于或等于 0.4 的判定为稳定性弱。

(2)数据量多少判定。假定季节周期为 8 周，以 IF＋COUNT 函数判定数据量是否达到 8 个(0 为有效数据)，在 8 个以下的为数据量少，8 个或 8 个以上的为数据量多。

(3)划分象限。数据稳定性与数据量多少相结合，以 LOOKUP(或 VLOOKUP)函数判定划分为对应的象限，即强多为第 1 象限、弱多为第 2 象限、弱少为第 3 象限、强少为第 4 象限。

需求可预测矩阵的第一象限，数据稳定性强且历史数据较多。这一象限的产品一般是公司的成熟产品。一般情况下，这类产品的特点是体量大，对公司的整体业绩贡献高(往往远超一半)。

第二象限，数据稳定性差但历史数据较多。这个象限的产品一般为公司的小众产品、冷门产品或呆滞产品。这一类产品的特点是尽管有数据，但稳定性差，需求跳跃较大。

第三象限，数据稳定性差并且历史数据少。这一象限产品一般是公司的新产品，数据量少、稳定性差是其典型特点。

第四象限，数据稳定性强但历史数据较少。这一象限产品，一般为公司的成长型产品。成长型产品的特点也是需要注意的项，即尽管表现出来稳定性强，但因为历史数据少，其表现出来的稳定性有很大的不确定性(伪稳定性)。

另外，在 VUCA 时代，唯一不变的是变化。需求可预测矩阵的四个象限同样不会一成不变，同样需要动态更新。因为，上个月的冷门产品，说不定这个月成了爆款；而昨天的成熟产品，可能今天售卖不动而成为呆滞。

表 11-1 需求可预测矩阵判定实例

物料编码	第 1 周	第 2 周	第 3 周	第 4 周	第 5 周	第 6 周	第 7 周	第 8 周	第 9 周	第 10 周	第 11 周	第 12 周	第 13 周	平均值	标准差	变异系数	稳定性	数据量	象限
W123001	713 883.8	586 812.5	735 588	634 181.6	691 258	927 523.5	908 045.5	708 713.4	678 972.7	624 654.9	649 466.8	805 338.8	794 122.3	727 581.7	105 096.4	0.144	强	多	1
W123002	197 964.7	193 609.4	204 631.2	82 943.78	86 925.08	255 405.6	382 416.5	180 278.9	207 673.2	202 689	208 326.8	257 908.6	306 515.3	212 868.3	79 566.87	0.374	强	多	1
W123003	249 191.1	231 747.7	156 320.5	165 831.8	181 751.7	181 611.4	167 990.5	164 817.8	181 561.1	164 675.9	156 865.2	177 257.7	191 240	182 374	28 047.81	0.154	强	多	1
W123004	0	0	44 974	252 960.1	272 185.1	0	0	270 013.4	194 524.9	194 135.9	0	199 366.7	0	109 858.5	119 507.2	1.088	弱	多	2
W123005	70 226.1	61 869.19	6 377.98	116 405.8	118 035.5	3 506.7	3 850.357	152 487	64 877.96	64 683.33	1 430.09	78 896.44	65 984.12	62 202.35	48 508.79	0.78	弱	多	2
W123006	5 513.7	4 637.022	8 296.2	10 894	1 188.138	5 597.84	5 676.21	10 588.8	9 276.66	6 818.345	19 374.56	1 109.77	15 796.3	8 056.734	5 249.572	0.652	弱	多	2
W123007	209.5	182.684	712.3	1 072.64	1 146.652	0	5 186.114	92.18	3 033.56	2 972.899	0	0	25.14	1 125.666	1 620.773	1.44	弱	多	2
W123008					41.9	167.6	1 324.04	5 916.28	2 279.36	3 796.14	3 720.72	2 639.7	197 583.6	24 163.26	65 059.33	2.692	弱	多	2
W123009								8.38	134.08	110.3478	2 933	3 484.404	16	1 114.369	1 632.369	1.465	弱	少	3
W123010									139 937.6	120 766.2	143 549.4	185 178.7	228 003	163 487	43 040.68	0.263	强	少	4
W123011											170 197.6	194 365.9	212 751.4	192 438.4	21 342.2	0.111	强	少	4
W123012												335.2	6 301.76	3 318.48	4 218.995	1.271	弱	少	3

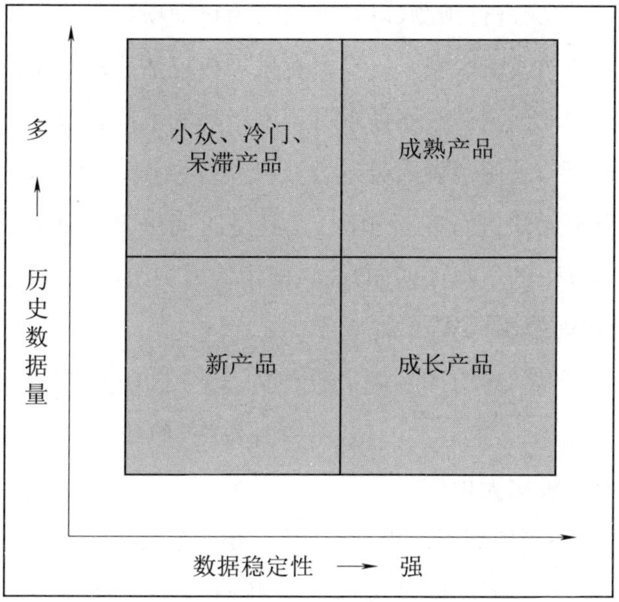

图 11-4　需求可预测矩阵的产品分类

所以，需求可预测矩阵需要根据市场和企业的实际情况，定期或不定期进行调整和更新。

定期，笔者建议至少每两个月进行一次，每次都采用历史 13 周数据，按上面实例中的方法进行四个象限的判定，并根据判定结果调整归属各象限产品的需求预测方法。

不定期，一般指发现异常时增加一次需求可预测矩阵的判定。比如，数据显示，某类产品近期销量下滑明显且起伏不定，这时需要进行四个象限再判定。不定期的判定不宜采用 13 周数据，数据量以 8 周之内为佳。

11.2.4　如何做初步预测：方法

根据需求可预测矩阵四个象限的不同产品，采取不同的方法进行预测。

(1)总业绩预测与分类业绩预测。如果有两年或以上的数据，不管有没有季节性，都使用 Holt-Winters 三参数指数平滑法进行预测；如果只有 1—2 年的数据，使用简单的移动平均法进行预测(以季度长度为移动项进行移动平均)。如果是一年以下的数据(新公司或新区域),以专家意见加权评估法进行定性预测。

(2)明细产品需求预测。按照需求可预测矩阵的不同象限采用不同的方法。

第三象限新产品,采用销售人员组合法做初步预测。这一类产品因数据量少并且稳定性差,根本无法进行定量预测(尤其是时间序列),适宜直接以销售人员(市场人员、产品人员)的主观评估和判断(即销售人员组合法)给出初步预测结果。比如表 11-1 中的 W123009、W123012。

第二象限小众产品、冷门产品或呆滞产品,采用部门主管意见法或专家意见加权评估法进行初步预测。这一类产品,尽管有数据,但稳定性差,也几乎不能进行定量预测(或做出来没多大价值)。

这一类产品做初步预测可以再细分两类:变异系数大于等于 0.8 的,采用部门主管意见法进行定性预测(实际销售场景采用 MTO,即 Make-To-Orde,按订单生产,接单后才生产或采购),比如表 11-1 中的 W123004、W123008;变异系数在 0.4—0.8 之间的,以专家意见加权评估法进行定性预测,比如表 11-1 中的 W123005、W123006。

第四象限成长型产品,采用移动平均法或一次指数平滑法做简单的初步预测。成长型产品尽管表现出来稳定性强,但因为历史数据少,其表现出来的稳定性有很大的不确定性,所以,这一类产品不宜也没必要在预测上耗费太多的资源,采用简单的方法即可。建议采用移动平均法或一次指数平滑法做预测,比如表 11-1 中的 W123010、W123011。

第一象限成熟产品,按照二八原则,做管理需要抓住关键需要有重点的管理,无疑,对于供应链管理和需求预测来说,最重点的就是这第一象限业绩贡献高的成熟产品。比如表 11-1 中的 W123001、W123002、W123003。第一象限的成熟产品,以时间序列做初步预测。

目前,随着一些软件的普及,一般来说企业的数据都会有一些,这就为以时间序列做初步预测打下了坚实的基础。不过,如今是 VUCA 时代,销售区域整合快,产品更新更快,有些区域有些产品尽管有数据,但可用数据可能不太多。所以,具体采用哪种时间序列方法来做初步预测，需要根据数据的多少来确定。

(1)如果历史需求有三个季节长度或以上的数据，不管有没有季节性，都使用 Holt-Winters 三参数指数平滑法进行预测。

这里说明一下，三个季节长度的数据，并不一定是三年的数据。季节长度并不一定非得一年 12 期，如果在一个周期内表现出季节性，那么这个周期就是季节长度，季节性在这里可简单理解为周期性。比如，某家公司，每个星期的销售特征都很明显：星期五业绩开始下滑，星期六降到最低，然后星期日开始上扬，星期一达到最高峰，星期二、三、四缓慢下降。这就是典型的季节性，只不过其季节长度就是一周。

(2)如果只有 1—2 个季节长度的数据，使用简单的移动平均法，以季度长度为移动项进行移动平均。移动平均法，轻灵简便，用以做初步预测非常实用。

(3)如果有 2—3 个季节长度的数据，可以选择采用 Holt-Winters 三参数指数平滑法或移动平均法。

具体采用哪一种，可以进行试算，选用 MAPE(平均绝对百分误差)较低的方法进行预测是一个常见的思路。不过，在库存控制实践中，不用那么复杂，在有 2—3个季节长度的数据的情况下，Holt-Winters 三参数指数平滑法或移动平均法，觉得哪个好用就用哪个，哪个用得顺心就用哪个。

11.3　预测调整与正式预测

11.3.1　预测调整与正式预测流程

S&OP 九步流程第 3 步，预测调整与正式预测。

(1)什么时候。预测调整在初步预测结果出来后立即进行，定量调整当天完成，定性调整次日完成，假定正式预测每月 10 日出具。

(2)什么人。预测调整与正式预测均由需求计划人员组织完成，定量调整与正式预测由计划人员自行完成，定性调整需求计划人员 8 号(初步预测结果出来时)，按相关制度和流程向参与定性调整的人员发出请求(索取)，参与人员 9 日完成并回复。

(3)做什么事。

①定量调整。需求计划人员对初步预测进行第一轮的定量调整,即采取定量的方法(数据计算、数据分析等以数据说话的客观方法)对流程第 2 步得出的初步预测结果进行调整。

②定性调整。定性是主观的方法,是需求计划人员邀请专业或权威同事对经定量调整后的初步预测进行感性判断,提出调整意见或建议。

③出具正式预测。需求计划人员综合定量与定性调整数据,按约定的格式出具正式需求预测结果(报告),并发给预备会议的组织者、供方相关负责人,如物控(物料计划)、采购、物流、生产等供应链内部伙伴,抄送销售、市场、财务等部门。

11.3.2 预测调整 1:定量调整

在需求预测实践中,时间序列技术的缺点是,不能考虑外部因素对需求的影响,不管是移动平均还是指数平滑,都无法考虑如降价、促销、竞品上市等外部因素的影响。所以,我们只要是采用时间序列方法做出的初步预测,都需要进行考虑外部因素的定量调整。

按流程第 2 步初步预测中所介绍的方法,我们采用时间序列进行初步预测的有,总业绩预测和分类业绩预测(Holt-Winters 三参数指数平滑法、移动平均法)、成长型产品预测(移动平均法、一次指数平滑法)、成熟产品预测(Holt-Winters 三参数指数平滑法或移动平均法)。以上这几种初步预测需要进行考虑外部因素的定量调整。

那些不是以时间序列做出的初步预测,如新品、小众呆滞产品等,可以不做定量调整,直接进入到定性调整。

最好用、也最可靠的定量调整方法是回归分析预测法。但是,在供应链实践中,企业尽管有了不少销售记录,也有了一些历史数据,但是,往往缺乏足以支撑进行回归分析的数据。比如,最常见的促销,在实际场景中,哪怕系统再先进,都很少记录也很难记录到促销的具体执行信息与数据,如促销投入的资源,促销影响销售的时间长度等。

没有足以支撑进行回归分析的数据,就无法真正做回归分析。所以,定量调整中,回归分析很美好,但在很多时候,还真的用不上。这时,定量调整可以采用人工定量调整的方法进行。

所谓人工定量调整，就是预测人员人工选择相关历史数据，经计算得出相应的系数，再以计算得出的系数，对时间序列做出的初步预测进行定量调整。笔者将这种人工定量调整方法命名为人工系数计算法。

综上，定量调整，如果数据充足和完备，采用回归分析预测法；如果没有足以支撑进行回归分析的数据，采用人工系数计算法。

比如“双 11”期间，找出去年或前年“双 11”前后的销售数据，人工计算得出“双 11”前期和后期的增长系数，以这个增长系数调整以时间序列做出的初步预测。再比如，常规促销，找到上两次相类似的促销活动，调出促销前后的相关数据，人工计算出促销的增长系数，以这个增长系数调整以时间序列做出的初步预测。

11.3.3　预测调整 2：定性调整

定量方法，无论是时间序列还是回归分析，或者人工计算的系数，都对商业运行环境、市场的突变无能为力。比如，2020 年初期新冠肺炎疫情带来的影响和冲击，时间序列和回归分析都不能预知和把握。

为避免这种情况，在以时间序列做出初步预测，并经定量调整后，需要再进行第二次的定性调整。

常见的定性预测方法有德尔菲法、部门主管意见法、用户调查法、销售人员意见汇集法等，不过，笔者觉得这些方法有些单调和不实用，在定性调整中，本书建议使用专家意见加权评估法。

11.3.4　预测报告：正式预测

初步预测经定量、定性两步调整之后，需求计划人员可以得出预测结果，这时，需要根据预测结果，提出预测报告（正式预测）。

预测报告至少需要包含以下内容：滚动的预测结果（总业绩需求滚动 12 个月、分类业绩需求滚动 6 个月，明细产品需求滚动 3 个月）、滚动预测对上次预测的调整情况、历史预测准确率及其分析（M－1、M－2、M－3，至少 M－1）。

预测报告往往被一些需求计划人员所忽略,但事实上,这一点非常重要。因为:①预测结果出来,是需要给相关部门(人员)使用的,也需要给领导或相关人员进行审核或调整,如提交给预备会议;②除了给大家看以外,还要让大家看懂,不产生歧义,这就需要用共同的语言撰写预测报告。

将预测结果完整有效地展现出来,是提升预测工作成效、提高S&OP效率的最有效的方法之一。

11.4 供应计划

经过前3步,得到了正式预测(需求),这时,需要根据需求来评估和组织供应,需要梳理约束条件,并据此制订供应计划。

供应计划,是对企业在计划期内生产经营活动所需各种物品的数量和时间,以及需要采购物品的数量和时间等所作的安排和部署。供应计划包括数量计划和时间计划。

11.4.1 供应计划流程

S&OP的九步流程第4步是供应计划。

(1)什么时候。供应计划的数据收集工作在月初即启动,当10日接到正式预测后,即启动供应计划的全部工作,每月12日完成。

(2)什么人。物料供应计划由供应计划人员完成,物流供应计划由物流计划人员完成,均可根据需要或流程规定向其他相关部门(人员)寻求协助。

(3)做什么事。

①数据准备与处理。不管是物料还是物流,供应计划也一样要准备数据,尤其是供应商方面的信息与数据(供应商包括内部和外部供应商、原材料和物流供应商,下同)。供应计划需要收集的数据主要有:库存数据、供应商未完成订单与供应商库存数据、订货提前期(生产提前期、运输提前期)变更数据、批量变更数据、物料参数更新数据、新品物料信息、供应商异动信息、供应商价格付款条件等调整信息、

新增供应商信息、人力环境信息(尤其是劳动密集型供应商)、供应商产能信息(指承诺或约定分配给我方的产能)、对供应影响的政策信息等待。

②正式预测分解。对需求计划提交的正式预测进行分解与展开,物料需求可依 BOM 展开,物流发货需求可依分类业绩预测中的区域业绩预测展开。

③制订无约束供应计划。根据收集的数据以及正式预测分解的需求,制订物料及物流需求总量计划、滚动三个月的无约束物料需求计划和物流发货需求计划。

④供应能力分析与评估。列出近期与远期供应能力的不足清单与富余明细。

⑤制订有约束供应计划。根据供应能力评估结果,调整供应计划,制订有约束供应计划,与无约束供应计划一起提交预备会议组织人。

11.4.2　无约束供应计划的制订方法

它指不考虑实际供应状况(不管供应能不能满足需求),完全以满足需求(正式预测)而分解(展开)的供应计划。这里,笔者以物料需求计划为例,来说明无约束供应计划的制订方法。

开环物料需求计划制订方法与步骤(无约束物料需求计划称为开环物料需求计划,有约束的则为闭环物料需求计划)。

首先,将相关输入导入 Excel 模型或相应的系统。物料需求计划的输入主要有三个:需求(即第 3 步提出的正式预测)、库存(包括客户库存、仓库库存和供应商库存在内的全链库存)和 BOM(或其他需求展开的依据)。

其次,对模型生成的结果进行复核和调整。这一步很重要,不可忽略。模型可能会出错,比如,我们的输入不符合模型的设定导致出错,也可能会出现实际上不存在的异常,比如负的需求,这些都需要我们复核和调整。为减少工作量,复核可以采用自动+人工的方式,以自动方式判断异常并进行报警,再对报警的物料需求进行人工复核。

最后,汇总生成正式的开环物料需求计划,与闭环物料需求计划一起发送预备会议组织人,抄送其他相关伙伴。

开环的物流发货需求计划可参照物料需求计划制订,区别在于需求分解的方式不同。物流发货需求可以将区域预测展开，将业绩按平均价格折算为重量，以区域＋重量得出物流发货的具体需求。

11.4.3 有约束供应计划的制订方法

有约束供应计划认为，供应的能力是有限的（固定的），供应满足不了所有的需求，只能按优先级选择性的满足需求。

如何确定优先级是有约束供应计划的第一个难题，也是第一个需要考虑和解决的问题。

做生产计划排程时优先级别可以用紧迫系数进行对比安排，紧迫系数＝（需求日期－当前日期）÷剩余的计划提前期。不过，我们这里是进行大的有约束的供应计划，不宜单纯用紧迫系数来判断。在这里加一个维度，业绩（或利润）贡献度。

以紧迫系数和业绩贡献度组成一个供应计划优先级矩阵，优先级的顺序排定为：紧迫系数小、业绩贡献大的为第一优先级，接下来依次为紧迫系数大、业绩贡献大（正常安排）的，紧迫系数小、业绩贡献小（穿插安排）的，紧迫系数大、业绩贡献小的排在最后。

不管是物料供应还是物流发货供应，均可参照上述供应计划优先级矩阵进行判断排定。当然，如果是单向供应的，则不存在优先级的问题，在有约束供应计划中直接给了计划数量并列出约束条件即可。

11.5 S&OP 预备会议

S&OP 预备会议其实就是传说中的供销会议。它自古以来都是企业两大巨头碰撞的舞台（尽管供的“巨”往往是伪“巨”，销的“巨”才是真正的“巨”）。在这个舞台上，供与销之间，从来都是火星四射，声闻于天。

S&OP 九步流程第 5 步，S&OP 预备会议，就是供销双方参加的供销会议。

11.5.1 S&OP 预备会议的目的

S&OP 预备会议的主要目的是为正式会议（高层会议）做准备。相关的负责人坐在一起，把需求和供给进行分析、讨论，将可以解决的问题提前处理，把能够达成一致的形成共识，将不能达成一致、不能解决的问题记录下来，等待下一步的会后沟通和正式会议决议。

(1)做初步的供需平衡，形成“一个计划”，为最终的供需平衡做准备。

(2)明确供需双方的疑问与需求，以达成共识(记录分歧)。

(3)寻找约束的初步解决方案(建议)，减轻正式会议的负担与压力。

11.5.2 S&OP预备会议流程

S&OP的九步流程第5步是S&OP预备会议。

(1)什么时候。预备会议最好在供应计划提交后的次日召开，按笔者前面的时间设定，预备会议安排在每月13日进行。

(2)什么人。预备会议需要事前确定并且固定一位组织者，一般由供应链部门负责人担当。如果公司设有专门的S&OP部门，由S&OP经理担当。除主持人外，参加预备会议的人员主要包括以下相关岗位人员：需求计划、供应计划、物流计划与物流负责人、生产负责人(制造型企业)、采购负责人、订单管理(销售管理)人员、市场(产品)人员和销售相关负责人。

(3)做什么事。

①上期S&OP执行情况回顾与分析。重点在于对未执行或执行不利的情况进行分析与探讨，找出原因，寻求纠正措施和解决方案。

②需求预测评审。对需求计划提交的正式预测进行解读和讨论(以分类业绩预测及关键项的明细需求为主)，需求计划与市场、销售人员为主要参与方，讨论形成修改意见(共识)和保留意见(分歧)。

③无约束供应计划评审。分解后的供应计划包括物料需求计划和物流计划，会议中分别对这两个计划进行讨论，形成意见并记录(共识与分歧)。

④约束讨论与解决。同样重点针对分类业绩预测及关键项的明细需求预测，供应计划相关负责人列出所有约束条件，会议首先评估约束条件的“约束性”，即讨论这些约束条件是否真正成立，对确实存在的约束条件寻找解决方案(初步方案、备选方

案或建议）。如产能不足，可以进行外包、增加设备或者增招人手、增加加班等。

⑤新品讨论。留一个专门的议程进行新品讨论，从上新进度、需求预测（市场前景）到供应（上市），列出时间表，提出各项约束条件。

⑥确定本次会议分歧的会后继续沟通时间及参与人，并明确他们参加会后沟通的意愿。分歧有大有小，大分歧（或不可调和的分歧）直接记录留待正式会议处理，小分歧会后小范围沟通处理。会后沟通需要在预备会上明确参与会后沟通的每个人的参与意愿（由主持人直接提问明确）。

⑦确定正式会议（高层会议）时间，制定正式会议议程。

⑧拟定初步供需平衡方案和预备会议报告。

11.5.3 供需不平衡常见的初步解决方案

1. 供过于求

首先，以无约束的供应计划为可执行的供应计划（含物料需求计划和物流计划），并据此制订明细的供应计划（主生产计划、采购计划、物流发货计划等）；其次，增大销售投入（如增加促销预算等），扩大需求；再次，增加新产品（或开发新区域），同样为扩大需求；最后，供应团队减少加班、恢复调休或承接外部业务。

2. 供不应求

首先，按供应计划优先级矩阵对客户需求进行排序，确定需求的优先顺序；其次，按照瓶颈资源的最大量进行计划排产（提供供应）；再次，采取措施增加供方的产出（如寻找外包、扩大产能、加班加点等）；最后，评估并放弃部分次级或低质需求。“蚊子再小也是肉”这句话在供应充裕时，可以鼓舞士气（不放弃）；但当供不应求时，为了更好地满足更多的客户需求，我们必须有所取舍，有所放弃。

11.5.4 S&OP 预备会议主持人与 S&OP 专员

上文中，笔者提到预备会议需要事前确定并且固定一位会议主持人。有些较大规模的企业会设立专门的 S&OP 部门，S&OP 预备会议主持人自然是 S&OP 经理。专业人做专业事，这是最佳选择。

不过，有很多企业不愿意设立专门的 S&OP 部门，这种情况下，S&OP 预备会议主持人的最佳人选是供应链部门负责人，如供应链总监或供应链经理。但是，一个部门负责人的事非常多，尤其是供应链这种杂事特别多的部门，他们没有更多的精力倾注于主持这个会议(不仅仅是主持，还要召集和会后汇总与跟踪)，所起的作用往往有限。

所以，这种情况下，笔者建议设立一个 S&OP 专员岗位(至少主管级别)，由 S&OP 专员担当 S&OP 相关的沟通工作，如收集、跟踪、召集，再比如主持会议，这样，同样可以达到专职人做专职事的效果。

特别说明两点。

(1)如果企业出于成本或其他原因考虑，不愿意设立 S&OP 专员，那么，建议不要启动 S&OP 项目，除非，供应链管理已经非常顺畅。

(2)当 S&OP 专员没成为 S&OP 经理之前，在他主持 S&OP 预备会议时，供应链的最高领导必须参加这个会议。靠一个专员约束多位经理，要么是委屈了这位专员，要么是大家的一厢情愿。

11.6 预备会议结果沟通

有不少人认为在预备会议之后，会直接到正式会议这个步骤。不过笔者认为，在实际工作场景中，公司领导都特别忙，我们需要尽可能地减少正式会议的负担和时间。所以，预备会议的一些小的分歧项，相关人员完全可以在会后再进行沟通。沟通时，能达成共识最好，达不成共识，讨论出几个选项，在正式会议上让高层领导做选择题。

基于此，笔者在 S&OP 流程中特意加上了一步，预备会议结果沟通。

11.6.1 预备会议结果沟通流程

S&OP 九步流程第 6 步，预备会议结果沟通。

(1)什么时候。预备会议分歧项的沟通，在预备会议之后即进行，一天内完成(如果一天都沟通不出结果，那代表没有沟通的价值)，在正式会议之前完成(一般为每月的 15 日之前)。

(2)什么人。预备会议中有一个事项，确定预备会议分歧的会后沟通的确定时间和参与人，此参与人需要确定一个主导者(一般担当计划职能的人为主导者)，同时 S&OP 专员承担提醒和跟踪职能。

(3)做什么事。

①沟通主导者准备分歧项目的相应材料，联系所有参与人，提醒按预备会议中确定的会后沟通时间，到场沟通。

②多方就分歧问题进行沟通讨论，必要时可请分歧项目的垂直领导参加。

③沟通达成一致的，沟通主导者将沟通结果提交给预备会议的会议主持人，将沟通结果更新至初步的供需平衡方案。

④无法达成一致的，或因资源权限不够等问题会后沟通无法解决的，沟通参与方共同讨论两到三个建议解决方案，然后沟通主导者将无法达成一致的原因及建议解决方案提交给预备会议的会议主持人，补充到预备会议报告中。

⑤S&OP 专员跟踪会后沟通的结果。

11.6.2 哪些分歧值得沟通——沟通价值矩阵

预备会议后的沟通主要目的是，将能够解决的分歧提前解决，但难度在于，哪些分歧才是能够解决的分歧。在实际工作场景中，有一些分歧，没有高层参与的话，往往无法调和，沟通不出结果，这种分歧沟通没有意义，只会浪费管理资源并可能影响相互的心情。

哪些分歧值得沟通，哪些不值得沟通，更多的靠参与各方的感性判断，但也可以找一些方法粗略的选择。笔者提出一个沟通价值矩阵，如图 11-5 所示，供读者参考。

影　响	意　愿	
	意　愿　弱	意　愿　强
影响小	单方面负责(主动)，沟通出结果 或提出解决建议	必须沟通并达成共识(结果) 小事不麻烦领导
影响大	不沟通，直接留待高层会议解决 不浪费相互的时间	积极沟通出结果或提出解决建议 给领导选择题

图 11-5　沟通价值矩阵

沟通价值矩阵是以"沟通意愿"为横坐标,"影响大小"为纵坐标,纵横交错形成的矩阵。这里说的"沟通价值",是指"沟通"这个动作的价值,而不是所沟通的事情本身的价值。

沟通意愿指参与各方愿不愿意在会后继续沟通。在预备会议上有一个环节,确定预备会议分歧的会后继续沟通时间及参与人,并明确他们参加会后沟通的意愿,沟通意愿就是在这一步确定的。当然,这里默认为参与的各方都是心口一致的,那些"口头上愿意但实际不愿意"的,不作考虑。

影响大小指需要沟通的事对整个S&OP工作,甚至是整个企业的影响程度。对影响程度大小的判断,由会议主持人主观进行(如会议主持人为专员,则由参加会议的供应链总监主观判断)。

图11-5中,第一象限,影响小意愿强。这类纠纷必须沟通,并且要求达成共识,给出沟通结果,即解决方案。这一类就是小事,并且大家都愿意沟通,既然这样,就不用在正式会议上麻烦领导了。

第二象限,影响小但意愿也小。这类纠纷也必须沟通,但因为意愿弱,所以必须要有人站出来负责,主动推动沟通,要求沟通出结果,或至少提出三个解决建议在正式会议上供高层选择。这里,笔者的建议是:如果分歧的各方包括供应链计划,那么由计划人员站出来担当;如果分歧的各方没有供应链计划,那由分歧的正方,即符合最初计划的一方提当;如果分不清正反方的,由参与各方主动担当或会议主持人指定一人担当。

第三象限,影响大意愿弱。这一类纠纷,大家都不太愿意沟通,并且问题重大,也没权力拍板,那就不要浪费经理们的时间去进行会后沟通了,直接记录挂置,留待正式会议由高层领导商讨与决定即可。

第四象限,影响大意愿强。这类影响大的纠纷,大家有沟通意愿,那么,就行动起来去积极沟通,能够达成共识沟通出结果最好;达不成共识的,相互讨论提出三个左右的解决建议,让高层领导在正式会议上做选择题。

11.7 正式会议

经过前面的 6 步,S&OP 流程终于来到了正式会议。正式会议又称高层会议,其主要任务是对供需链平衡作出决定,使 S&OP 形成“一个计划”。

11.7.1 S&OP 正式会议流程

S&OP 九步流程第 7 步,S&OP 正式会议。

(1)什么时候。S&OP 正式会议建议在月中进行(最迟不要超过 20 日),按上文设定的时间,13 日召开预备会议,14 日完成预备会议结果沟通,15 日进行正式会议。

(2)什么人。正式会议的会议主持人为 S&OP 经理(如果未设 S&OP 经理岗位的,由供应链部门总负责人担当)。参与人员:公司 CEO 与供应链最高领导、财务最高领导、销售(市场、产品、运营)最高领导,以及销售、市场、产品、销管、S&OP、需求计划、供应计划、采购、仓储、物流、制造等部门负责人。

(3)做什么事。正式会议的主要任务是对供需链平衡进行决策,确定“一个计划”。

①回顾上期 S&OP(上月计划的实施及执行情况),评估得失及上月 KPI,尤其是审核那些严重未执行事项(偏离事项)和大幅度低于预期目标的关键指标。

②S&OP 预备会议汇报,初步平衡计划展示,未达成项说明(约束条件)。

③约束条件讨论与财务分析,关键制造产能及核心供应商分析,预备会议没有达成一致的问题进行决策。

④供需计划对比,确定约束项解决方案与行动计划,供需计划调整与确认。

⑤批准调整后的基于供需平衡的需求计划,即“一个计划”。一个计划指的是统一的需求计划,其他所有计划均以这确定的“一个计划”为基础,或推动、或计算而来。

⑥新产品、新客户、新项目与相应淘汰项目讨论。

⑦制订各项目行动计划(确定负责人),S&OP 输出准备。

很多人认为正式会议需要讨论确定具体的采购计划与生产计划,这其实是个误区。采购计划和生产计划同属于供应计划(库存计划或物料需求计划,一个向外采购,一个内外采购),而供应计划由需求计划衍生和计算而来,只要确定了约束的解决方案,具体的采购计划与生产计划可以计算得出并加以排程即可,不需在正式会议上浪费高层管理资源。所以,笔者将具体的采购计划与生产计划的讨论排队在正式会议之外。

11.7.2 高层支持最基础的体现形式:参加正式会议

S&OP 是“老板”工程,S&OP 的推行需要高层的支持。显然,在口头上表示重视远远不够,高层支持的基础体现形式是参加正式会议。

高层参加正式会议,需要按既定的时间参加会议,不能因为“重要的事”而缺席会议甚至是要求会议延期。

S&OP 正式会议乃至 S&OP 推行的最大杀手就是,时间因高层而让步。高层领导一般都是很忙的,有了这次缺席,就会有下次缺席,有了一次延期,就会有若干次延期。高层领导如要支持 S&OP,那就需要切实的按期参加正式会议,并推动会议进程,参与讨论和决策。

当然,如果确实有事不能参加,为保障 S&OP 顺利推行,建议做到以下几点。

(1)S&OP 正式会议不因人而延期(特指最高领导,如公司 CEO),不管谁不参加,S&OP 正式会议都按约定的日期正常召开。

(2)最高领导不参加会议,应提前知会会议主持人,同时指定一定级别的人员代替自己参加。代替参加的人员需要得到相应的授权,即大部分问题他能够有权当场决定或电讯最高层领导即时请示;决定不了的问题向老板汇报后,老板在两天内给出决定。

(3)非最高领导的其他高层不参加会议,必须提前向最高领导请假并获批准,然后向会议主持人报备,会议主持人再和最高领导确认。其他高层不参加会议,同样需要指定一位人员代替自己参加,指定的人员必须是自己的直接下级同时给予相应的权限，使其在正式会议上正常讨论和做决策。

（4）会议主持人不参加会议，这种情况只能是主持人私人原因（因公原因一律不允许），在向直接上级和最高领导请假并获批准后，会议改由供应链或需求计划等部门负责人主持。

（5）其他人员不参加会议，因公原因参加不了原则上不允许不参加。当不能参加时，必须向直接上级、间接上级和最高领导逐级请假，同时向会议主持人报备，并向参加会议的同级同事或上级交接会议准备的内容和诉求。

11.8 S&OP 输出

S&OP 输出，指的是依据正式会议的决议形成的各种文件，如需求计划、正式会议报告等，是 S&OP 流程中非常重要且必不可少的一环。有输出，表示 S&OP 有结果，也代表 S&OP 的后续动作有了依据。

S&OP 的输出，是后续企业执行层面相关计划最重要的输入。如生产计划、采购计划、物流计划等，也包括财务（资金）计划。

11.8.1 S&OP 输出流程

S&OP 九步流程第 8 步，S&OP 输出。

（1）什么时候。S&OP 的输出在正式会议后两天内完成。如果正式会议 15 日召开，那么，S&OP 相关输出需要在 17 日下班前，发到各相关职能人员邮箱中，以备各项执行计划的制订和准备。

（2）什么人。正式会议报告由会议主持人负责，需求预测（经供需平衡调整后的需求预测）、需求计划由需求计划经理（或 S&OP 经理）完成，新品计划/下市计划由产品经理（或市场经理）完成。

（3）做什么事。

①正式会议报告。S&OP 正式会议报告的主要内容有 3 个：一是会议纪要；二是会议形成的决议（包括对上一期 S&OP 的惩处与奖励）；三是具体事项的安排

（列明负责人、协助人、完成时间、过程跟踪办法等，尤其是约束项的解决方案）。

②被约束后的需求预测。这是 S&OP 的核心输出。

③新品计划。在 S&OP 正式会议上需要行动一揽子关于新品的决议，由之形成专门的新品行动计划。

④产品淘汰与退市计划。出新总伴随的推陈，新品层出不穷，那些业绩不佳走向不好的产品就需要淘汰和退出市场，正式会议是高层会议，需要对这些进行明确的取舍，并据此制订执行方案与计划。

⑤制度与流程。有时，正式会议中会就一些事情碰擦出火花，据此为契机，要求相关部门制定相应的制度或流程，这也是 S&OP 的重要输出之一。

⑥财务支持与财务计划，主要指的是相关资金计划。

11.8.2　被约束后的需求预测是 S&OP 的最核心输出

供应链计划其实只有一个计划，这就是需求计划。需求计划可以被称为供应链计划之王。

上文提到，采购计划和生产计划同属于供应计划（库存计划或物料需求计划，一个向外采购，一个内外采购），而供应计划由需求计划衍生和计算而来，S&OP 只要输出了需求计划的关键需求预测，执行阶段的采购计划与生产计划可以经计算（排程）得出。

需求计划是对已产生客户订单及客户需求预测进行评估、分析，并给予答复和承诺的管理过程。需求计划的输入是已产生客户订单及客户需求预测，不过，VUCA时代，供应链更多面对的客户需求，不是已产生的客户订单，而是未来可能产生的客户需求，也就是需求预测。

所以，在供应链计划方面，S&OP 的输出只有一个，那就是需求预测，而不是具体的物流计划、采购计划或生产计划，甚至不是需求计划。

S&OP 的核心任务之一是制订“一个计划”，这“一个计划”正是基于被约束后的需求预测而制订的需求计划。需求预测不仅是需求计划的基础，也几乎是供应链所有其他计划的输入，并且是最重要的输入。所以，被约束后的需求预测是

S&OP 最核心的输出。

被约束后的需求预测，也就是考虑供应的约束条件，经 S&OP 供需平衡后的需求预测。其最终结果的得出一般经过以下几步：初步预测→定量调整→定性调整→无约束的正式预测→约束调整→最终预测（"一个计划"）。

11.8.3 为什么说 S&OP 输出是一个流程

有人说，S&OP 输出只是一项工作任务而已，将其列入九步流程中，似乎有点小题大做，这是个误区。

S&OP 的实际操作是由一些大大小小的会议组成，其中，最重要的会议无疑是正式的高层会议。会而议，议而决，小会议需要有决议，高层会议更应如此。如果高层会议没有明确的决议，很难想象这家企业是一个什么样的管理水平，这样的企业上 S&OP，其结果似乎也可以预期到失败。

正式会议有了明确的决议，那么，S&OP 就需要有明确的输出。有人会说有决议、有结果不就是有输出吗？当然不是。

从知道做什么到知道怎么做有很长一段距离，从知道怎么做到行动起来去做更是相隔千山万水。召开 S&OP 正式会议是知道做什么，会议有了结果是知道怎么做，而如何开始行动起来去落实、去执行，就需要有明确的规定和约束，最好的方法与手段就是制定作业流程，规定什么时候、什么人、做什么事。

怎样去保障 S&OP 的顺利输出，我们需要有流程来规定和约束，这就是笔者将 S&OP 输出列入九步流程的原因。

S&OP 的输出是 S&OP 的阶段性成果，也是 S&OP 持续推行的必要条件。

11.9 S&OP 执行与跟踪

在 S&OP 正式会议及 S&OP 输出之后，企业需要按会议决议和约定的流程进行执行，并对执行过程与结果进行跟踪，这就是 S&OP 九步流程最后的一步，S&OP 执行与跟踪。

11.9.1　S&OP 执行与跟踪流程

S&OP 九步流程第 9 步，S&OP 执行与跟踪。

(1)什么时候。S&OP 正式会议结束，各项输出发出后，S&OP 即开始执行。如果正式会议 15 日召开，S&OP 各项输出在 17 日完成(发出)，那么 18 日开始各项执行。需要特别提出，S&OP 是一个不断循环的管理过程(比如一月)，执行也是一个连续的和不断循环的过程。

(2)什么人。各部门相关责任人员按流程规定、正式会议决议要求和 S&OP 输出的指令进行执行和日常操作，S&OP 专员负责 S&OP 执行的全程跟踪与汇报。

(3)做什么事。

①S&OP 专员跟踪各项输出发送(传达)到位。

②需求计划员依据约束后的需求预测制作需求计划，经审核后下达各职能部门。

③各职能人员依据需求计划和其他相关数据制作各执行计划，经审核后下达执。执行层面的计划包括物流计划、物料需求计划、主生产计划、采购计划和相关新品、退市品以及财务计划等，由各自职能部门安排完成。

④各部门按照执行计划安排落实、执行，以及过程中的反馈与协调。

⑤S&OP 专员在事前确定的各时间节点进行跟踪、跟催，以及问题收集与反馈。流程中需要明确相关责任承担和追责的步骤与方法。

⑥预测纠偏。

⑦按 S&OP 九步流程进行常规的 S&OP 操作。

11.9.2　S&OP 九步流程

至此就讲完了 S&OP 全部的九步流程。这九步流程的每一步，笔者都以“什么时候、什么人、做什么事”的方式进行了介绍。这里，做一次简单的汇总与梳理，以加深记忆和理解，如图 11-6 所示。

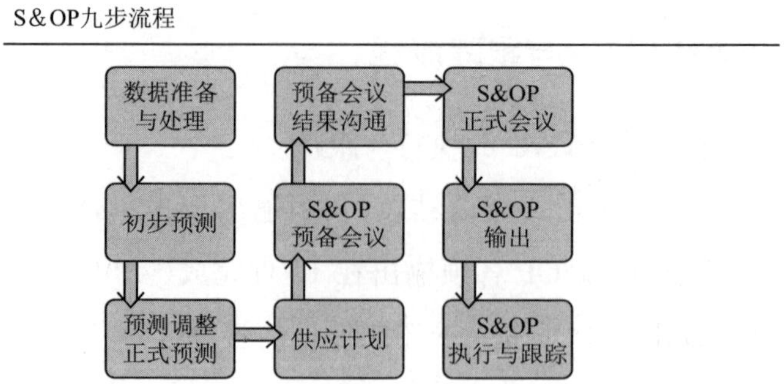

图 11-6　S&OP 九步流程

1. 数据准备与处理

S&OP 的核心是供需链平衡,寻求供需链平衡首先需要准备供应和需求的数据,数据准备与处理由需求计划人员在每月 5 日完成。流程中具体规定哪一天需要以企业实际情况而确定和相对固定。

2. 初步预测

初步预测由需求计划人员每月 8 日完成,初步预测需要做三种预测:总业绩预测、做分类业绩预测和明细产品需求预测。S&OP 处理的对象不仅仅是产品族,也包括具体某个规格型号(SKU)的处理与规划,即 S&OP 不仅面对战略层面,战术层面(如滚动需求预测)一样可以是 S&OP 的主战场。初步预测既是无约束预测,也是"初步"的预测,我们针对根据需求可预测矩阵四个象限的不同产品,采取不同的方法进行预测。

3. 预测调整与正式预测

初步预测既然是个"初步"的预测,那代表着要进行一系列的调整,并据此得出正式预测。预测调整与正式预测由需求计划人员每月 8 日完成。预测调整分两步进行:第一步是采用回归分析法或人工系数计算法,进行考虑外部因素的定量调整;第二步是采用专家意见加权评估法进行定性调整。经定量、定性两步调整后,需求计划人员就可以得出预测结果,提出正式的预测报告。

4. 供应计划

它以正式预测为关键输入,首先推算生成无约束的供应计划(物料及物流需求总量计划、滚动三个月的无约束物料需求计划和物流发货需求计划),再根据供应能力分析与评估的结果，制订有约束供应计划。供应计划每月 12 日完成，其中，物料供应计划由供应计划人员完成，物流供应计划由物流计划人员完成。供应的能力是有限的(固定的)，供应满足不了所有的需求，只能按优先级选择性地满足需求。笔者提出了“供应计划优先级矩阵”，可以有效地解决优先级选择问题。

5. S&OP 预备会议

S&OP 预备会议最好在全部供应计划提交后的次日召开(每月 13 日)召开，由供应链部门负责人主持。预备会议的主要目的是为正式会议(高层会议)做准备，将能够协商解决的问题提前解决；不能解决的问题，进行记录留待正式会议决议。预备会议梳理约束项，讨论初步的供需链平衡，形成“一个计划”，为最终的供需平衡做准备。

6. 预备会议结果沟通

预备会议之后，不宜直接进入正式会议。预备会议的一些小的分歧项，相关人员完全可以在会后进行沟通解决，以节约高层领导的时间，提升管理效率。预备会议结果沟通在正式会议之前进行(每月 15 日之前)。沟通时，能达成共识最好，达不成共识，需讨论出几个选项，在正式会议上让公司高层做选择题。至于哪些分歧值得沟通，笔者提出了一个判断工具：沟通价值矩阵。

7. S&OP 正式会议

以上所有步骤都是为正式会议服务的，正式会议又称高层会议，一般在月中(每月 15 日)进行，其主要任务是对供需链平衡作出决定，使 S&OP 形成“一个计划”。S&OP 的推行需要高层支持，其最基础的体现形式就是参加正式会议。

8. S&OP 输出

有输出，表示 S&OP 有了结果，也代表 S&OP 的后续动作有了依据。S&OP 的输出，要求在正式会议后两天内完成(每月 17 日)。S&OP 的输出项主要有正式会议报告、被约束后的需求预测、新品计划、产品淘汰与退市计划、制度与流程(如有)、财务支持与财务计划(如有)。其中，被约束后的需求预测是 S&OP 最核心的输出，没有之一。

9. S&OP 执行与跟踪

会而议，议而决，决而行，行而果。会议完成需要有行动，行动需要有结果。保障结果最好的方法就是专人管理、专人跟踪，按事前制定的跟踪方法与流程进行跟踪和反馈，还有评价与追责。

学以致用

学习：

S&OP 的九步流程。

思考：

为什么 S&OP 输出也是一项流程？

应用：

按企业实际数据以时间序列做一次预测并进行定性、定量调整。

第 12 章　S&OP 的推行与实践

受“S&OP 是战略层面”的影响，很多人觉得 S&OP 比较“高大上”，以至于有些人将 S&OP 整得特别复杂。这完全没有必要，其实这也是对 S&OP 认识的误区。

上文提到，在实践中，S&OP 更起作用的是短期（或中短期）的供需平衡，而不是大家一直以来津津乐道的长期战略。也就是说，S&OP 首先是战术层面，首先是为了解决短期的供需链平衡，这不仅不高大上，恰恰相反，它需要更接地气的执行。

（1）S&OP 更多需要完成的是日常的工作任务。S&OP 的九步流程中，除了第七步需要“惊动”公司的高层领导外，其他各个步骤都是中基层管理人员在推动和执行，这都是实实在在的日常工作任务。

（2）S&OP 需要推动的是执行，而不是理念。S&OP 首先是战术层面，让战术起到应有的效果，最重要的就是执行，脚踏实地地执行，而不是堆砌高深或高明的理论和概念。

12.1　推行 S&OP 需要投入多大的资源

对 S&OP 认识的另一个常见误区是，认为推行 S&OP 需要投入很多资源，比如上线价格不菲的系统，引进高精尖的人才，成立庞大的专职团队等。

究其主要原因是对 S&OP 不太了解，或者干脆是道听途说。

那么，推行 S&OP 需要投入多少资源呢？笔者将 S&OP 的推行分为三个阶段

(或三种模式)。

12.1.1 “小打小闹”阶段

“小打小闹”指在现有资源的情况下，采用 S&OP 的思路进行管理，不增加资源，不做大的投入。它主要适合于小型企业或 S&OP 推行的初步阶段，大型企业或“不差钱”的企业可忽略这一阶段。

“小打小闹”阶段只需要成立一个 3—8 人的非全职小组。企业如果有供应链部门，由供应链负责人担当组长；如果没有，则安排计划人员起 S&OP 专员作用(这里对计划人员的能力有一定的要求，这一点或许可以说是“小打小闹”阶段的唯一投入)。当然，为体现公司的重视，由老板自己或老板指定的高级管理人员担当组长效果更佳。

“小打小闹”阶段的 S&OP 培训由内部进行，日常的具体作业，如预测、计划、汇报、输出等，以 Excel、PPT 为主要工具进行即可。

12.1.2 常规推行阶段

常规推行指的是正式引入并全面推行 S&OP。在这个阶段，推行 S&OP 需要一些资源投入，企业需要花一些成本。不过，所需的投入也并不大。这时的投入主要集中在人力资源方面。

(1)专职的 S&OP 人员 1 人(S&OP 专员或高级专员，至少主管级)，注意，必须是专职。

(2)拥有能够做需求计划(需求预测)的计划人员，即要提升计划人员的能力与水平，这需要投入(增加培训或相对高薪聘请)。

(3)培训投入，尤其是对高管们的培训。以引起其重视。

(4)会议资源投入，包括为参加会议产生的一些费用，比如相关人员的差旅费等。

注意，这里没提到系统。在常规推行阶段，仍然没有必要引入专门的 S&OP 系统，以 Excel 进行各种建模和数据分析即可。

12.1.3 “重度发烧”阶段

常规推行可以满足一般企业的要求，不过，S&OP 这座宝藏蕴藏的财宝是无穷尽的。为了更好地满足客户需求，更好地管理企业，更好地帮助企业健康发展和提升企业竞争力，企业可以更深入地研究和推行 S&OP。这就进入了 S&OP 的“重度发烧”阶段。

以成绩来比拟，如果“小打小闹”阶段的 S&OP 是 50 分，常规推行阶段的 S&OP 是 80 分，那么，重度发烧阶段的 S&OP 就是 90 分。从 0 分到 50 分很难(甚至是最难的阶段)，难在思路的转变和决心。从 50 分到 80 分相对来说较容易，在思路已转变的基础上，增加少量投入即可。从 80 分到 90 分，难度比从 50 分到 80 分大得多，一是要企业高层管理人员的思路真正转变和全力支持，二是需要更大的资源投入。

对“重度发烧”阶段的资源投入，笔者列出以下最常见几项，以供参考。当然，在实践中，需要根据实际情况增补和取舍。

(1)专职的 S&OP 团队。至少 3 人，设经理(或更高级别)1 人，授实权。负责会议组织、S&OP 跟踪和公司各部门间的协调。

(2)专职的需求计划团队。至少 1 人，经理级，负责需求预测与需求计划。需求计划团队和 S&OP 团队并不冲突。对于 S&OP 推行来说，S&OP 团队承担的管理职能，需求计划团队承担的技术职能。

(3)支持 S&OP 的各种信息系统以及运行系统所必须的配套人才和其他资源。比如专门的 S&OP 系统、需求预测系统、MRP 系统等。

(4)高效的会议管理系统与会议设施。“重度发烧”阶段，技术退居幕后，各部门的协调，尤其是各项会议在前台发挥重要作用，需要有效的系统来支持，以减轻沟通压力和阻力。

(5)多层级的培训投入。如常规推行阶段一样，培训的一个重要的关注点是对高管层的培训(洗脑)。

(6)最关键的一点，管理资源倾斜。

12.1.4　三个阶段的必然顺序

循序渐进地规范和提升，这个最常见的管理思路，完全可以适用于 S&OP 的推行。

两年前，笔者到一位朋友的工厂参观。

这是一个小厂,总共不到 20 人,大部分是朋友从老家带来的朋友或亲戚。笔者在参观的时候看到,工厂除了财务、采购和一线工人有一点分工外,其他各岗位都没有确定的人来担当,都是大家一起谁有空谁做,谁看到有事了谁就去做。因为都是亲戚朋友,大家工作都很主动。

仓库没有做账,也没有出入库流程。车间什么缺了,就随便一个人去仓库拿。如果财务或者谁需要库存数据,就到仓库实地盘点。

那时,朋友的业务做得不错,业绩在稳步上升。笔者那天在工厂参观的时候,这位朋友说,为提升公司管理水平,适应公司的发展需要,他准备上一款 ERP。

笔者有点奇怪,对他说:“工厂办公室总共就两台电脑,这就准备上 ERP 了?”(当然,上 ERP 和多少台电脑没有必然的关系。)

我这位朋友开始诉苦:“工厂包括我在内,没有人知道仓库有多少东西,工厂的生产没有计划,采购也是乱买,供应商对账更是经常对不上,完全没有章法,不管是仓库还是车间,要的东西没有,不要的东西一大堆……”

“但是,这也不一定非得上 ERP 呀,这也不是上 ERP 就能解决的呀?”笔者当时这么和他说。

朋友表示,ERP 是好东西,对企业管理的作用非常大,他们的这些问题,ERP 上都有相应的模块对应。所以,他觉得,上 ERP 可以有效解决他的问题,并且,他可以随时知道工厂的一些情况,从而更好掌控工厂。

出于对朋友的好心,那天笔者劝他暂时不要上 ERP,等以后再说。

有一句话说得好:员工与岗位应该是“高度匹配”,而不仅仅是匹配。

员工与岗位高度匹配,会给企业以及员工个人带来各种利好,至少比“仅仅是匹配”要好。但是,对于绝大多数职场人来说,尤其对于笔者这位朋友来说,这是一句正确的废话。

因为大多数人、大多数企业,尤其是这位朋友那样的小企业,还没到那个境界。大多数企业需要做的,是按照自己的境界,先做到有一点点匹配,再追求做到匹配,最后追求高度匹配。

朋友听完后,表示疑问:为什么有一些公司运用得很好?

是的，有一些公司运用得很好，但仅仅是“有一些”。有的公司运用得很好，是因为他们是高手。但高手毕竟是极少数，大多数人离高手还有很远的路要走。

所以，那些高手可以使用得很好，运用自如的工具。对于大多数人来说，往往并没有什么用，有时甚至会害了自己。

那么，高手的工具不实用，难道要去找低手的工具运用吗？

当然也不是，大多数人大多数企业需要做的，是根据自己的实力与能力，选择适合目前发展阶段的工具和方法，先学爬再学走，循序渐进地提升管理水平。

朋友工厂那时的情况，可以说是一个作坊，采用的也是作坊式的管理，几乎全部靠员工的主动和自觉。没有数据，没有流程，也没有具备 ERP 相应操作能力的人员。

ERP 是个好东西，但朋友工厂如果那个时候上 ERP，和普通人去舞动李元霸的大锤没有区别。

那么，对于笔者朋友这种现状的小公司，如何先学爬再学走呢？如何改善数据混乱的局面呢？

当时笔者给朋友提了三点建议。

(1)人员。确定或招聘一名仓管和一名车间负责人，做企业，从作坊式再往上，有三个人不能省，一是会计，为你管钱；二是仓管，为你管物；三是车间负责人或带班的，为你管人和管事。

(2)流程。复杂的流程暂时可以不急，但简单的涉及钱和物进出的流程，要优先做起来并坚决执行，如采购入库、生产领料、成品发货等。

(3)工具。用 Excel，建立仓库账，做好仓库账。在有了进出数据的基础上，再进行数据分析，进行物料管理和库存控制。

以上三步走顺了，就可以尝试着上一款简单的 ERP，从解决订单处理和进销存问题开始，再逐步升级。这也是推行 S&OP 三个阶段的必然顺序：先“小打小闹”，再常规推行，最后“重度发烧”。

12.2　谁来做预测

小汪是一家公司的计划负责人。每年从“双 11”直到过年，都是他们公司的生产销售旺季。这一年的8、9月间,为更好地应对旺季的需求,小汪一直在与销售部的相关负责人沟通旺季的预测。

沟通过程中,对几个爆款产品的需求小汪与销售经理们有较大的分歧,但最终销售总监拍板确定了需求(他们公司没有专职的需求计划职能,需求预测最终由销售确认,计划部的意见为参考)。

小汪认为这几个爆款的预测不靠谱,多次试图争取调整,但销售部丝毫不听他的意见,他很无奈。小汪觉得,按往年的数据和经验,这几个爆款的量加在一起将超过总销售量的60%,爆款预测不靠谱,几乎就代表着整个预测不靠谱,所以,他特别郁闷。

小汪其实已经做出了基准预测(以往年历史数据和今年的销售趋势,综合考虑旺季时销售部门的销售策略和促销方案做出的预测)。按他的预测,有两款产品根本不会成为爆款,但销售部将其列为爆款并预估了不小的量,而他预测的爆款中,至少有五款产品的量被销售部门忽略,或严重少估。

按照小汪公司的流程,预测确认后,计划人员就要以预测为主要依据,进行备料和备货。当预测不准、预测不靠谱时,销售不用承担责任,但最终担责的永远是计划部(供应链)。

所以,小汪觉得特别郁闷,甚至有点气愤。

12.2.1 预测人员选定

"谁来做预测"是需求预测最常见的一个问题,也是推行S&OP前需要解决的问题。

那么,由谁来做预测呢?销售做预测还是计划做预测?

有人提出,从数据开始,由判断结束。即认为由计划人员提出预测(数据),再由销售人员进行调整(判断)。

这是一个非常好的思路,但笔者认为,对于需求预测来说,这不是问题的关键,甚至,从某种方面来说,这是需求预测的误区。

做好需求预测,关键的不是谁来做预测,而是由谁来对预测结果负责,以及负什么样的责。企业只要厘清了“谁对预测结果负责”，谁来做预测就不是问题。

谁来做预测这个问题似乎看起来很简单，但在实际工作中，却不是那么容易执行。因为，“对预测结果负责”没那么单纯。在一些企业中，要么是不知道谁负责，要么是计划部门和销售部门都负责。所谓都负责，其实也就是没有人负责。

企业需要解决谁来做预测这个问题，这是需求预测能起作用的关键，也是S&OP 推行的一个关键。

12.2.2　计划（供应链）对预测结果负责

笔者建议计划（供应链）对预测结果负责，也就是说，由计划做预测，由供应链的计划职能负责需求预测。

原因很简单，需求预测是供应链计划的核心职能之一，而相对于销售人员，供应链计划岗位更中立，也就更客观，从而使需求预测更少受人为的影响，更易提升预测准确率。

当然，这并不是说销售或其他部门在需求预测中不起作用。销售部门需要按照各方商讨确定的流程提供各项数据与信息，并按流程要求参与需求预测。在一些定性预测中，销售部门所起的作用巨大。

另外，在需求预测中，销售部门也要承担责任。但销售部门不是对预测结果承担责任，销售部门需要承担的是流程责任，即按照公司既定流程执行的责任。比如，按 S&OP 九步流程，销售部门需要参与新产品、新市场等需求的预测，在这些预测中销售部门必须按照流程要求，提供相关信息并做出自己的预测。

12.3　S&OP 常规推行的六个步骤

S&OP 的实施步骤与 S&OP 流程是两个不同的概念。流程明确的是推行S&OP 过程中什么时候、什么人、做什么事，而实施步骤是指企业从准备推行S&OP 到最终实施 S&OP 的全过程需要采取的措施和步骤。S&OP 流程是 S&OP的实施步骤中的一个环节，S&OP 的推行仅有流程不够，还需要推行的步骤。

企业推行 S&OP 因企业的实际特性、企业管理人员的思路不同而不同,具体的推行步骤也各有特性和差异。比如采用“小打小闹”的企业和“重度发烧”的企业,推行 S&OP 的步骤一定有较大的差异。

12.3.1 步骤 1:现状评估

有不少人认为,现状评估的主要作用是判断企业有没有能力推行 S&OP,其实这是一个误区。上文已多次提到,S&OP 不是遥不可及的战略构想,只要企业(老板)想做,不存在没有能力推行 S&OP 的问题。

所以,现状评估不是判断企业有没有能力推行 S&OP,它需要解决的其实就是一个问题:企业有没有必要推行 S&OP,或者说,老板愿不愿意推行 S&OP。

现状评估解决的是老板的意愿,现状评估的过程,实际是一个说服老板的过程(他人说服或老板的自我说服)。

老板们一般都有很深的洞察力。所以,说服老板必须是基于现状的实实在在的东西。这实实在在的东西,可以从以下两方面入手。

(1)推行 S&OP 可以得到什么。这“可以得到什么”也必须是切切实实得到,并且是短期(现在或不远的未来)可以得到。比如,上文所提出的针对具体的 SKU 以实现短期的供需链平衡。

(2)推行 S&OP 会失去什么。这点说的主要是推行 S&OP 的成本,也就是告诉老板企业推行 S&OP 需要花多少钱(时间/精力)。

现状评估需要有两个输出:一是最核心的输出,要不要推行 S&OP;第二个输出是推行哪种模式或哪个阶段的 S&OP(三个阶段选择)。

12.3.2 步骤 2:资源确认

如果确定推行 S&OP,并明确了推行哪种模式的 S&OP,那么接下来就需要对推行相应阶段的 S&OP 所必需的一些资源进行确认和评估。

S&OP 所涉及的资源其实挺多,但在启动推行 S&OP 阶段,不宜过度深入,考虑以下两个方面就可以。

(1)人力资源。管理,归根结底都是人,S&OP 推行时,首先需要根据确定推行的哪个阶段的 S&OP,明确需要哪方面的人才,再对应评估目前企业有没有拥有这些能力的人才。如果没有,常规的方法有两个:一是培训,让现有人员拥有这些能力而成为合格的人才;二是聘请,不管是聘请顾问还是聘请专职人员,其目的只有一个,让企业拥有相应能力的人才。

(2)信息资源。它又包括两个方面:一是支撑需求预测或其他决策的历史参考数据;二是收集、处理数据的软件、系统或工具。历史参考数据,如果以前没有,可以从今天开始收集,不为迟。收集、处理数据的工具,有系统最好,没有系统,用 Excel 也基本可以解决("重度发烧"阶段除外)。

12.3.3　步骤 3:选定团队并分工

不管推行哪个阶段的 S&OP,不管是专职还是兼职,不管人数多少,推行 S&OP 都需要有一个专门的团队。推行团队在 S&OP 推行之初就得确定,并对团队成员进行分工,确定相对较为明确的职责。当然,有分工,有职责,也一样需要有相应的权限。

S&OP 推行团队的大小和人选,根据企业决定推行 S&OP 的模式和企业实际情况而确定。推行团队不宜过大,过大的话成本过高,会反过来影响 S&OP 的推行。推行团队的分工一定要明确,各项事务尤其是核心事务必须有确定的、最好是唯一的直接负责人,避免"多人负责等于没人负责"的现象产生。

S&OP 的分工除了明确推行团队的责任以外,还需要明确 S&OP 推行参与各方的职责,以减轻 S&OP 正式推行时的沟通压力和管理成本。

不管是团队内还是团队外,S&OP 的分工针对的最好是岗位(或职务),而不是具体的个人,以保障 S&OP 实施的连贯性和相关政策、方法的连续性。比如,给出调整后的需求预测,可以明确为需求计划经理的职责,而不宜规定为需求预测技术最出色、计划能力最强的张三的职责。

12.3.4　步骤 4:进行培训和宣传

这里说的培训更多的是普及 S&OP 常识和思路,以引起员工,尤其是高管层对S&OP的认识和意识。

将培训放在分工后面,一是让培训更有针对性,减少培训资源的浪费;二是,因为分工明确,能提升培训的主动性,从而增强培训的效果。

培训还有一个衍生的作用:宣传。S&OP的推行无疑也是一个非常重要的项目。对于一个项目来说,前期宣传与后期各部门的配合程度,有着非常强的相关性,S&OP的宣传同样如此。

除了以培训来宣传以外,企业还可以采取其他方式进行S&OP宣传,以更多的普及S&OP的知识,以及更关键的一点:企业推行S&OP的决心。

培训是一项长期工作,在S&OP实施的持续进程中将长期存在。比如,S&OP实施过程,会根据新产生的问题寻找新的解决办法(更新制度、流程或制定新的流程),这些方法、制度和流程的有效执行都离不开培训。

12.3.5 步骤5:确定S&OP流程

有人说需求计划是S&OP的灵魂,但是,在整个S&OP推行过程中,起更大作用或更能左右S&OP推行与实施的,不是需求预测准不准,而是S&OP流程走得顺不顺。

确定S&OP流程,是S&OP推行最关键的步骤,没有之一。

S&OP的流程,可以参考上文S&OP九步流程制定。

S&OP流程的确定可以按以下五个步骤进行。

第一步,拟定初稿。S&OP流程初稿的拟定由未来可能的S&OP负责人负责,这个人选最好熟悉企业产品和相关部门业务,同时也了解S&OP相关知识,具有推行S&OP的相关经验更佳。

第二步,初稿拟定后,拟稿人按流程进度找全部涉及的关联部门进行小范围流程讨论,多次讨论(多批少量式的小型会议或会谈),并记录各方建议(尤其是不准备采纳的异议项)。

第三步,综合各方建议拟定流程正式稿,并注明没有采纳的异议项,提交直接上级审核(当面汇报沟通)。

第四步，直接上级审核通过，组织召开多部门的 S&OP 流程沟通会，邀请上级和高层领导参加，讨论并最终确定各异议项（或争议项），形成决议。

第五步，以流程沟通会的决议确定正式的 S&OP 流程，提交审批后下发。

除以上五个步骤外，关于确定 S&OP 流程，还需要注意以下三点。

（1）确定 S&OP 流程后，需要对流程涉及的岗位和人员进行针对性的培训，这正是上文提到的“培训是一项长期工作”的体现。

（2）S&OP 流程制定后不是一成不变的，需要根据 S&OP 的推行进展和实际情况持续优化与更新。S&OP 负责人或履行此职能的人员是流程更新的第一责任人。

（3）也是非常关键的，流程讨论与确定是一个非常艰难甚至痛苦的过程。S&OP 推行人员、计划人员都需要有一定的心理预期，更需要有耐心和决心。

12.3.6　步骤 6：以 PDCA 为工具推行和实施 S&OP

经过 S&OP 推行的五个步骤之后，企业可以着手推行 S&OP，这就到了推行步骤的最后一步，推行与实施 S&OP。

在实际工作场景中，S&OP 推行如果完成了前面的五个步骤，那么，推行与实施 S&OP 的最佳工具就是 PDCA。

以下讲解如何利用 PDCA 来推行和实施 S&OP。

（1）Plan（计划）。凡事预则立，不预则废，S&OP 的推行自然也需要计划。初步的 S&OP 推行计划由第二步确定的 S&OP 团队负责人（或专员）制订。初步推行计划制订后，S&OP 团队负责人可以采取首次会议的模式，组织相关联部门讨论 S&OP 推行计划并确定定稿，再提交相关领导审批，成为正式的 S&OP 推行计划，下达给各相关部门。

（2）Do（执行）。也就是行动起来，去执行。按照审批后的推行计划去做，按照确定的 S&OP 流程去执行。此环节，一定要特别注意对员工的培训，包括对推行计划的培训和对 S&OP 本身的培训。

（3）Check（检查）。即在 S&OP 推行过程中，对比供应链的计划与流程和相关规定与要求，检查实际的执行情况。比如，执行进度有没有跟上计划进度，各部门执行时是不是按照要求去做(如果不是的话则要明确为什么不按要求做),有没有达到预期的结果或目标(阶段性的结果或目标)等。按道理说,最好的 Check(检查)是各职能部门、各岗位人员自我检查和互查,但在实际工作中很难实现。供应链需要且必须要有专人去推动大家做这个事。这个人选是 S&OP 专员承担。

(4)Act(处理)。处理包括两个方面,一是有问题的,需要分析原因进行调整与改进,并制订新的计划,进入下轮 PDCA 循环;二是没问题顺利执行的,需要将这部分经验进行总结,形成案例存档或借此制定相应的标准、制度与流程,也就是进入了 SDCA 循环(标准化维持循环)。

(5)PDCA 循环。S&OP 的推行与实施是一个持续和长久的过程,在这个过程,我们不停地去 PDCA(SDCA),借助 PDCA 循环的威力,促进 S&OP 顺利并持久的实施,从而持续提升企业的管理水平。

12.4 S&OP 实施不力的三大通用原因分析

笔者的一位朋友刘总,他所在的 A 公司轰轰烈烈实施了近一年的 S&OP 基本上失败了。

S&OP 实施伊始,确实是轰轰烈烈了一阵子,作为项目的实际主持者、计划经理刘总也意气风发,充满了期望。但很可惜,努力了很久,也苦苦挣扎了很久,不到一年,这个 S&OP 已经名存实亡。

刘总很无奈,情绪也有些低落,但一件事却让他更郁闷。

一天,在一个非正式的 S&OP 总结会议上,出席参加的 HR 总监说:“我们 S&OP 实施不力的主要原因是我们相关人员没有受到足够的培训。”

刘总和笔者聊到这个事,他说:“S&OP 失败有若干多的原因,非常复杂,但再怎么说,失败的主要原因也不可能是培训不够。”

因和他交往较多,笔者多多少少也知道他们公司的一些情况,笔者说:“你先别激动,按我的理解,HR 总监是不是有可能在说,对高层领导进行相关的培训不多,从而直接导致高层领导的不重视,造成下面的人员就只能做到哪算哪,这样,

S&OP自然会失败。”

“你先别急着反对。”看着刘总想表达什么，笔者拦了拦他，接着说：“当然，大家都知道，有效地对高层领导进行培训是很难的，他们都很忙，并且，他们往往缺乏动力参加这种培训，也很少自发地去参加这类培训。所以，才需要外力去促使他们。可能也正因为如此，HR总监才说主要原因可能是培训不够。”

刘总想了想说：“从这个角度上看，也有点道理。S&OP某种程度上是打破原有利益分配格局，确实没有高层领导就不能推得动。”他笑了笑，“看来，我得和HR总监好好沟通一下了。”

笔者也笑着调侃了几句，接着说：“我们回到这个话题，我不太认可你说的‘S&OP失败有若干多的原因，非常复杂’这句话，这在职场上是一句典型的‘正确的废话’！任何问题都不能归咎于单方面的原因或几个独立的错误。启动S&OP这么大一个项目，最终失败了，所有人都知道是由很多方面原因造成的，不需要你再来特别强调。”

“但是，在管理中，原因再多，也得慢慢去找。”笔者喝了口水，接着说，“找什么原因呢？当然是主要的和关键的原因。”

刘总点了点头，说：“你能不能帮我分析一下，我们S&OP实施不力的主要原因是什么。”

笔者想了一会，表示任何问题都要根据实际的场景去分析，去应对，去解决。在不了解刘总公司的具体情况时，很难去分析他们的主要原因。不过，目前，实施S&OP的公司很多，但真正能成功的却不是很多。这其中应该会有一些通性的原因，并且很可能是主要原因。于是，笔者梳理和总结了S&OP实施不力的三大通用原因。

12.4.1　S&OP实施不力的三大通用原因

1. 对高层的培训不够

这是最主要也是最基础的原因之一。

当然，对高层领导的培训并不是简单教会他们S&OP的概念和技能，而是提升他们对S&OP重要性的认识，以及对S&OP的全面重视。

高层领导重视，是 S&OP 实施成功必备条件之一。

2. 企业的自身能力不够

有句古话，“没有金刚钻，别揽瓷器活”，说的是，不要去做自身能力不足的事。

S&OP 的推行首要需要领导重视。但是，S&OP 又从来都不是重不重视的问题，而是企业能力问题，即企业的配套能力或者说企业综合实力。

S&OP 需要企业有多方面的配套能力，具体需要哪些呢？即 S&OP 的推行六个步骤的第 1 步现状评估和第 2 步资源确认。

这些配套能力，笔者在这里再以通俗的解释如下三点。

(1)需求计划能力。S&OP 不是需求计划，但做不好需求计划就没有 S&OP。简单点说，如果一个企业都没有独立的需求预测或需求计划职能，那么，启动 S&OP 就等同于一个笑话。

(2)快速反应能力。很多企业机制僵化或老板一言堂，根本不具备快速反应的环境，这种情况下，上 S&OP 除了显示老板钱多外，没有任何作用。

(3)平等沟通能力。平等沟通是一种典型的企业能力。它是企业各不同职能部门之间能够平等的、公平的沟通，大家都一样，没有所谓的强势或弱势部门。比如，当销售部门还在“一言九鼎”的时候，上 S&OP 就是“自打耳光”。

3. 企业存在救火重于防火的文化

目前很多企业的文化是救火重于防火。

上文中，笔者也多次强调 S&OP 不是解决紧急问题，它的见效慢，有时候效果还不一定看得到。

所以，当企业存在救火文化时，不宜实施 S&OP。

12.4.2 S&OP 实施不力的解决方案

以上三点通用的原因，归根结底可以总结为四个字：时机不对。即公司还没到上 S&OP 的时候，还没达到上 S&OP 的条件。

以上的三点原因，其实也正是 S&OP 实施不力的解决方案。

(1)加强高层培训。这点主要是意愿，这里不赘述。

(2)加强企业自身能力,逐步建立需求计划职能。可以分三步进行:兼职的需求计划岗(即指定一人兼做需求计划),建立独立的需求计划岗位(如果一人,至少主管级别),建立需求计划团队(团队负责人至少经理级别)。

(3)逐步培养防火重于救火的文化。关于这点,停留在口号上显然不够,企业需要行动。建议从做好如下三点开始。

①公司认可无意外的能力(含预案)大于处理意外的能力,并将此思路切实体现在薪酬和奖励上。当然,不作为式的无意外企业应该有起码的能力去甄别。

②对计划真正的重视。最简单的标准就是请一些高水平的计划人员。

③不要秋后算老账。预测也好,计划也好,防火也好,都是事前进行的管理和控制,因是事前进行,总存在多种的不确定性,如果企业有秋后算账(典型的例子是以固定的指标进行考核)的传统,那么,防火只能是做做样子。

12.5　电商快消企业实施 S&OP 的四点建议

一般来说,电商快速消费品企业的供应链主要有以下特征(这里不考虑体量很小的顾客定制订单)。

(1)快速交付甚至即时交付,大量订单为当天接单当天发货。

(2)SKU 多而杂,产品更新快,生命周期短,销售走量总体上呈长尾分布。

(3)订单多,每单数量少。

为应对以上特征,快速消费品供应链无法按单生产,需要常备库存,需要更准确地预测,需要对快速变化的市场敏感并提前反映。这些,给供应链管理带来相当的压力,而 S&OP 相对来说是解决这一问题的一个较好的工具和方法。

每个企业的实际情况不同,实施 S&OP 自然会有各种不同的操作,但相类似的企业,都会有一些相通之处。本节对以电商业务为主的快速消费品企业实施 S&OP 提出四点建议。

12.5.1　S&OP 周期及预测时间跨度

S&OP 周期需要根据企业实际情况进行确定,比如半月、一月或两月等,但大多数均推荐为一个月。

电商快速消费品企业S&OP周期建议以一月为宜,预测时间跨度为三个月。即S&OP以一个月为周期滚动,对未来三个月的需求进行滚动预测,每月完成一个完整的九步流程。

为什么只对未来三个月做预测呢? 主要有以下几方面原因。

(1)长期预测的主要目的为供需平衡做准备,供应端准备主要包括外部的物料准备(涉及供应商)和内部的产能准备(涉及生产工厂)。快速消费品生产周期不会太长,一般一天或几天,而所涉及物料的采购提前期大多在一个月以内,一至三个月的不多,而超过三个月的很少或几乎没有,所以,做未来三个月的预测完全可以满足供应商或生产工厂的产能储备要求。

(2)市场在快速变化,快速消费品也一样。众所周知,预测跨度越长,预测准确率越不准。对于快速消费品来说,超过三个月的预测,基本等于"赌博",很难起到指导各单位提前规划的作用,有时甚至会误导供应链反应。所以预测跨度不建议超过三个月。

(3)三个月的预测可以有效地给供应链各战线以方向:第一月预测为相对确定的预测,准确率较高,可以部分转化为实际计划或持续转化为实际计划;第二月预测为指导的预测,以指导供应商和生产工厂进行物料或产能储备的预测;第三月预测为参考的预测,主要为体现未来发展趋势,以供供应商及生产工厂参考。

12.5.2 防火:预测过程中持续纠偏

有一个说法,S&OP不是为了绩效评估,而是为了解释偏差的原因。解释偏差可以很好地调整未来的预测,但解释偏差、预测纠偏不应该等到结果出来才进行,应该存在于整个销售过程中。不过可惜的是,目前推行了S&OP或做了需求预测的大多数企业,对结果的偏差解释都很少去做,更不用说进行过程纠偏了。所以,在四个建议中,笔者特别提到这一点,以强调纠偏的重要性。

相对于其他行业订单确定后在周期内变动少,电商模式快速消费品的订单快而杂,周期非常短,并且每时每刻都在变化。计划人员的预测每时每刻都存在调整存在纠偏的可能。电商模式快速消费品比其他行业更需要进行过程纠偏，更需要管理过程。

同时需要在过程中全程关注需求变化，跟踪实际需求与预测的偏离情况，查找分析偏离原因，即时调整预测，以更好地应对需求。

上文提到，第一月的预测为确定的预测，但这个"确定"是"相对的确定"，并不代表预测已成定型。需求计划人员需要跟进实际需求进度及重点 SKU 状况，发现与预测有偏离时，及时与产品、市场及销售人员沟通，了解情况，分析原因，以进行纠偏。

在 S&OP 周期为一月的情况下，预测跟踪与纠偏最好以周为单位进行。

12.5.3　救火：预测结果分析放大到三个月

这一建议针对的是最终预测结果的分析，找出预测偏离原因，以指导后续的预测或调整修正预测模板，类似于救火。

防火需要技术，救火也需要方法。在用水进行灭火的方法中，一个有效的方法是扩大喷水的范围。预测结果分析放大到三个月，就类似于扩大喷火的范围。

上文提到，快消企业是以月为单位，对未来三个月做滚动预测。比如 4 月份，月末需要给出的是 5—7 月的预测；到了 5 月末，需要给出 6—8 月的预测，以此类推。这样下来，每个月都有三个预测数，比如对 7 月的预测，在 4 月、5 月、6 月每个月末都有做出一版数据。如果仅对上月末给出的预测进行准确度测算与分析（如仅对 6 月给出的 7 月预测），很多时候不全面，或者说有失偏颇。供应链需要对 4 月、5 月、6 月三个预测的准确度分别进行测算和评价，分析和比较，以便更好地查到产生预测偏离的原因，从而给未来的预测提供更多的参考或修正模板的借鉴。

（1）检验较长期间预测的预测水平，并据以分析，以提升较长期间的预测准确度。中长期预测准确度提升，对供应链的帮助有时候比对短期预测更有价值（根据快消品特性，这里姑且简单认为快速消费品一月内预测为短期，一至三月为中期，三月及以上为长期）。

（2）检验过程纠偏及月度滚动预测调整的效果。判定不同时间节点给出的预测准确度，可以对比分析过去三个月实际发生的各种因素对需求的影响的判断准确率。

比如,知道未来三个月会进行一档活动,供应链根据各项信息对三个月后的销售进行了预测;但过了一个月,部分信息产生了变化,供应链会依据新的信息及自己的判断对预测进行调整;而判定和分析这些调整有没有起到预期效果,以及为什么起到或没起到预期效果,就需要对三个月来不同时间节点给出的预测进行对比分析。

12.5.4 对不同的产品,采用不同套路

很多企业,采取同一个管理方法或同一套模板对全部或绝大多数产品进行预测,进行需求管理、库存控制,这显然不太合适。

产品本身特性不同,所处的环境不同,并且市场千变万化,我们不应该一刀切式的采用同一个办法进行管理。

电商快速消费品总体上呈长尾分布,不管是物料管理还是 S&OP,都势必要求供应链对产品的管理进行区别对待。最好的方法就是分类。一般供应链管理中,主要有以下几种分类方法,可以根据实际情况综合使用。

(1)按销量情况进行分类,按照不同类别建立不同的预测模板,采用不同的管理策略与方法,如"爆旺平滞"分类等。在这里,推荐一个较常用的分类方法 ABC－XYZ 分类法:即以产品销售数量、金额及稳定性等纬度,将全部产品分成 9 类(九宫格),然后对 9 类进行分析,采取不同的管理方法,建立不同的预测模型进行预测和管理。

(2)按产品生命周期进行分类,即按每个产品处在生命周期的不同期间进行分类,然后对不同的类别采取对应的措施。产品生命周期一般四分法,即将产品全周期分为四个阶段,即导入期、成长期、饱和期和衰退期。不同时期,需要采取不同的管理办法,需求预测需要采取不同的方法或模型。

(3)按照收益及风险进行分类,如卡拉杰克矩阵模型(Kraljic Matrix)。它从收益影响和供应风险两个纬度将产品分为四类,它原来被用于采购战略管理,但对于 S&OP 执行,需求预测分类建模也非常适用,并具有同样的效果。当然,我们需要的是借用卡拉杰克的思路,而不是照搬具体的四个分类。

学以致用

学习：

S&OP 推行的六个步骤与预测准确率。

思考：

S&OP 实施不力的三大原因分析。

应用：

分析本企业推行 S&OP 需要哪些资源。

第 13 章　S&OP 实施案例

前面两章详细讲述了 S&OP 流程与 S&OP 的推行步骤，本章以一个真实案例来梳理一遍这些流程与步骤。当然，实际操作过程中，这九个流程和六个步骤并不一定非得生搬硬套，企业可以根据自己的实际情况而有所侧重，并有所取舍。

13.1　缺货与呆滞如影随形

A 公司是一家传统的中型快速消费品公司，公司拥有自己的生产基地（生产工厂），2020 年工厂员工超过 500 人，全年销售业绩首次突破 3 亿元。

一直以来，工厂（生产中心）由生产总监刘总负责，下设生产部、品控部、设备工程部、仓储物流部、PMC 部和人事行政部。除人事行政经理双线汇报以外，其他部门经理直接向刘总汇报。

13.1.1　缺货与爆仓齐飞

某年上半年的某一天上午，订单不多，整个工厂都显得比较清闲，但一个人除外。他这时刚挂上一个电话，正站在电脑前，有着一股骂街的冲动。他姓王，是 A 公司生产工厂的 PMC 部副经理。王副经理也是直接向生产总监刘总汇报，因为，PMC 部经理人选一直未定，暂时由王副经理承担着经理的职责。

这一天，惹王副经理生气的是公司总部采购部的小张。前天，王副经理亲自和小张确认的一定能在昨天送到的A、B两款物料没有到货(A、B两款货物是同一家供应商)。不仅没有到货,刚刚物控主管小孙还告诉他,小张说供应商的设备坏了,这两款物料最快也得明天到货。

王副经理拨通小张的电话,想想又挂断了,打给了采购部秦经理。

“秦经理,甲客户的订单本来是前天要发的,但本应该大前天到货的A、B两款物料没到,我们请销售部门好不容易说通甲客户,同意缓两天也就是今天发货。我前天一再和小张确认,她十分确定的说A、B两款物料昨天肯定会到,但是,直到现在这两款料也没到,并告诉我供应商的设备坏了,最快也要明天到货。今天甲客户货发不了,你看这个事怎么办吧?”

“现在明明是淡季,你们却单单紧急采购,不要说供应商受不了,我们采购也受不了。”秦经理因受到指责和逼问,在电话中也显得非常生气。他接着说:“就说这一周吧,你们物控所下的二十几个单子,你自己去查一下,看看有哪一个不是加急要货的?这次A、B两款物料也是加急,其实就算这两款料明天到货,也在我们与供应商约定的订货提前期之内!”

“我也不想紧急采购呀!”王副经理声音也大了起来,“客户一下单销售部就拼命地催,我有什么办法……”

这次电话沟通的结果除了让王副经理更生气以外没解决任何问题。王副经理喝了一口水,准备找刘总,这时电话又响了,是小张打过来的。

“王经理,你们加急采购的30 000个C料供应商已送到了仓库,但仓库不收货,他们说一大堆呆滞占用着仓库,仓库完全爆了,根本没地方放,你看怎么办?”小张很着急,想来催这个C料花了她不少工夫。

“我现在就去仓库。”王经理一边接电话一边往外走,“另外,小张,A、B两个料你要帮我想想办法今天送到,哪怕我们请车去拉也可以。”

“王经理,我也没办法啊,他们说机器坏了……”

以上是PMC部王副经理的日常,每日需要他大量的时间和精力来处理这些类似的问题,要么是缺货而延误(在各种催促后的A公司对客户的及时交付率为73%),要么是爆仓而呆滞(A公司年库存周转8次左右、呆滞率高达17%)。即所

谓的:缺货与爆仓齐飞,呆滞共延误一色。

13.1.2 计划背景的供应链总监

A 公司的总经理杨总其实早知道工厂计划方面的问题,但一来公司在高速发展,杨总还没有更多的精力关注到这一块,而刘总又是杨老板从生产提上来的,对生产尤其是现场管理很有一套,但对计划却有心无力;二来,杨总最初也没定好位,他起初觉得计划是个小问题,招一位计划经理(PMC 经理)就可以解决问题,但结果是,一年间确实招来了几位,但却没有一位合适的,要么自己做不了多久走人,要么试用期不合格走人。

后来,随着社会各界对供应链越来越重视,供应链的重要性也得到越来越多企业老板的认可,A 公司的杨总也终于下定决心,提升供应链尤其是供应链计划的管理水平,于是准备请一位供应链总监。

经过多次开会讨论,A 公司决定请一位有计划背景的供应链总监,先理顺工厂端的计划问题。于是,经过多轮面试与洽谈,新增的供应链总监庄总终于确定一个月后入职。

按公司的思路,供应链总监也常驻工厂,公司对工厂的架构进行了调整。仓储物流部和 PMC 划归新成立的供应链中心,生产部、品控部、设备工程部继续向生产中心刘总汇报,人事行政部也仍然虚线向刘总汇报。刘总和庄总两位总监则直接向总经理(杨总)汇报。总部的采购部暂时维持原样,看后续进展再做决定。

庄总原来是一家较大型快消企业的计划经理,运作过该企业的 S&OP 项目。庄总入职 A 公司前,对 A 公司计划的混乱有一定的预期,但入职深入的接触后,他发现自己想得还是太简单太美好了。最让他头疼的是以下两个最基础的方面。(注:因本书针对的是供应链计划,偏重于具体的方法,不谈广义的管理,所以,此案例不涉及如沟通、情商等人员的管理,忽略庄总与下属、上级及各部门沟通的描述,也舍去庄总的下属闹情绪、不配合工作等内容。)

(1)基础数据缺失。比如,有的 BOM 不全或错误,有的物料规格缺失或规格混乱,有的没有订货提前期和起订量数据。最典型的是编码混乱,系统中同一个物料会有多个编码，而一个编码有时又对应不同的物料，库存数据几乎完全以仓库手工账为主。

(2)不管是生产计划还是物控，完全是执行，并且是被动的执行，丝毫没起到计划应有的作用。比如，完全以销售提供的预测进行物料备料和成品生产计划，而销售的预测总不准，造成日常是一边这也缺那也少，另一边则是这也多那也没地方放。而 PMC 呢，典型的头痛医头，脚痛医脚，缺什么就补什么，缺什么就催什么，最终造成缺货与爆仓齐飞的结果，以及和各个部门尤其是与销售部门之间的扯皮。当然，计划部门从来没扯赢过销售部门。

庄总分析后认为，缺货的根本原因，是包括王副经理在内的整条物控线人员没有计划意识，或者说丝毫不懂计划逻辑。这些主要体现在以下三个方面。

(1)物控几乎完全按照销售给出的月度预测进行备料，并且大多数是月末(或下月初)一次到料，造成平时供应商几乎没给他们预留产能空间，当预测出现偏离时，拼命催料，却往往催不过来，于是，和销售部门或采购部门产生矛盾，指责销售部门给的预测不准，指责采购部门不配合工作，不一而足。

(2)物控与生产计划脱节严重，往往两天后生产的料催到了，而今天生产的料还不知道在哪里。庄总与王经理深入沟通后发现，造成这种现象的原因，是他们都认为生产计划与物控之间关系不大，我按订单排产，你按预测备料，仅此而已。

(3)没有人对过去的数据进行分析，更没有人去真正查找原因或复盘(更多的是相互指责和扯皮)，没人解决问题，也几乎没有人获得成长。

13.2 从简单移动平均到需求可预测矩阵

经过一段时间的调查、熟悉后，庄总权衡轻重，决定先梳理基础数据，然后再优先解决缺货问题。

经过多重努力，花了差不多一个月的时间，“梳理基础数据”这一工作初步完成。基础数据梳理的工作非常费心费力，过程中有若干故事和若干辛酸，不堪回首。

初步完成基础数据整理后，庄总准备从最简单的方法开始，先解决缺货，然后再一步一步解决计划乃至整个供应链问题。

13.2.1 第一味药:简单移动平均

庄总给出的第一味药是简单移动平均。他选择他们的原料制作了一个简单的定量订货模型,部分物料见表 13-1;然后找到物控小孙,向他逐项讲解这个订货模型。小孙还算好学和上进,对这个模型很感兴趣,在庄总讲解过程中不停地提问,花了差不多一个小时,终于基本明白了这个模型原理和一些基本的操作。

这个简单的订货模型主要宗旨是,不考虑或放弃销售部门提供的预测,完全以物料的实际消耗来自己进行需求预测,从而订货。预测采购的方法是最基础的简单移动平均法,模型逻辑及相差数据具体如下。

(1)物料编码、物料名称、单位、规格、订货提前期、急采提前期、最小起订量等项目为基础数据,前期是收集整理完成,后续修改调整与更新即可。

(2)当日库存,直接从“库存明细表”中“当日结存”取数,当后续系统数据准确时,可以从系统中导入数据。本模型为定量订货模型,要求每日导入和监控库存。

(3)前 5 周的用量,采用多条件求和函数 SUMIFS,从“库存明细表”中的每日出库明细取数,自动滚动更新。

(4)五周移动平均日需求,采用简单移动平均法,对前 5 周的用量进行平均再除以 6,得到日均需求。(除以 6 是因为工厂单休)

(5)安全库存,采取简单粗暴算法(日均需求×急采提前期),自动滚动更新。

(6)再订货点,等于安全库存与最低库存之和,因最低库存等于日均需求×订货提前,所以,再订货点=日均需求×订货提前期+安全库存。

(7)在途订单。已向供应下单但还未送到的订单,从“物料请购跟踪表”中取数。

(8)报警,破再订货点时进行报警,提醒订货。破再订货点是指现有总库存(工厂库存+供应商在途订单)小于或等于再订货点。

(9)下单数量,当物料报警时,直接计算出订货批量。订货批量按最高库存定量法计算,再考虑整包装和最小起订量因素。

表 13-1　简易订货模型

A公司物料订货模型—原料																日期	2021/5/1		
物料编码	物料名称	单位	规格	订货提前期	急采提前期	最小起订量	当日存库	前 1 周用量	前 2 周用量	前 3 周用量	前 4 周用量	前 5 周用量	五周移动平均日需求	安全库存	再订货点	在途订单	报警	下单数量	要求到货时间
WA－10106			100	8	7	5 000	6 758	6 462	4 599	3 824.5	4 905.75	3 239	767.675	5 373.73	11 515		报警	10 900	2021/5/2
WA－10115			100	8	7	5 000	9 690	4 769.05	1 971.6	2 573.88	2 697.05	1 508	450.6525	3 154.57	6 760	10 000			
WA－20802			100	5	5	2 000	25 023	2 749.58	1 822.53	1 556	2 123.05	831.275	302.7475	1 513.74	3 027				
WA－10128			100	8	6	2 000	161	1 318.75	206.25	2 583.75	540	936.85	186.186 667	1 117.12	2 607		报警	4 000	2021/5/1
WA－10101			100	18	13	5 000	28 098	497.5	1 512.5	2 021.25	202.5	627.1	162.028 333	2 106.37	5 023				
WA－20803			50	18	13	2 000	5 625	1 164.33	753.476	773.92	1 514.13	499.424	156.842 867	2 038.96	4 862	5 000			
WA－10114			50	8	6	2 000	0	1 409.8	909.1	208	812.8	977.5	143.906 667	863.44	2015		报警	3 200	2021/5/1
WA－10125			50	10	8	2 000	2 445	865	525	679.25	561.75	497.5	104.283 333	834.267	1 877				
WA－10126			50	10	8	1 000	10 385	605	162.5	1 137.5	292.5	722.2	97.3233 333	778.587	1 752				
WA－10132			50	7	6	1 000	189	497.4	239.8	205.475	245.65	207.75	46.5358 333	279.215	605		报警	1 000	2021/5/1
WA－10133			20	8	7	1 000	12 350	143	472.5	100	100	170	32.85	229.95	493				
WB—20807			20	15	10	1 000	3 690	308.3	181.2	33.6	91.2	87.15	23.3816 667	233.817	585				
WA－10116			20	15	10	500	3 773	324.9	36	135	62	60	20.5966 667	205.967	515				
WA－10120			20	8	7	500	13	152	65	133	91.75	68.45	17.0066 667	119.047	255		报警	500	2021/5/1
WA－10102			20	10	8	500	2 159	93	0	188.75	190.5	34.92	16.9056 667	135.245	304				
WA－10996			20	10	8	500	366	207.2	46	59.32	172	12	16.5506 667	132.405	298				
WA－20804			20	13	10	500	1 553	12	13.75	87.95	196	174.99	16.1563 333	161.563	372				
WA－10122			20	13	10	500	1 500	178.4	67.975	36.2	95.7	62.075	14.6783 333	146.783	338				
WA－10548			20	8	6	200	869	153.15	56.25	38.5	40.6	75.995	12.1498 333	72.899	170				
WA－10140			20	8	6	200	0	93.75	37.5	55.475	51.85	37	9.18583 333	55.115	129		报警	220	2021/5/21
WA－10107			20	13	10	200	607	52.85	20.55	71.175	40.025	27.14	7.058	70.58	162				

(10)到货时间。要求供应商送到我方仓库的时间,具体计算方法为现有物料库存加在途订单一安全库存,以此数量除以日均需求量,再加上当天日期即为到货时间,可根据实际增加其他因素,如检验时间等

在小孙弄懂这个模型及明白日常操作要点之后,庄总将王副经理和小孙召到一起开了个会,简单讲解了一下这个定量订货模型,并提出即日起开始收集数据并对模型试运行,一周后正式运行。在会上,庄总特别告诉王副经理和小孙,放弃销售的预测这个决定是他做的,出了问题他承担全部责任。

一周后,小孙发出了一批较多 SKU 的订货需求(大多数给足了供应商提前期的),这与他们平常作风完全不同。这让采购部门感到很奇怪,秦经理还特意给庄总打了一个电话。秦经理他们奇怪的是,下个月的预测销售需要到月底 25 日左右才下发,离月底还有段时间就一下子要这么多货,并且大部分还不是加紧要货,有点不习惯,也怕出现问题。

庄总笑了笑,回复秦经理说没有什么问题,只是正在尝试一种新的订货方法。

订货模型正式运行,小孙这一次发的 SKU 较多,但与往月销售部门下发需求预测后他们发出订货的 SKU 相比,SKU 数并不多,甚至可以说非常少,不到三分之一,其主要原因是按照物控自己的预测,相当一部分物料库存充足甚至非常充足,不用订货。

到月底 25 日左右,销售部门下发了下月的需求预测,PMC(现供应链)破天荒的没有批量下单订货。这天,小孙一边正常地按那个简单的定量订货模型操作,一边暗暗担心,到时缺货怎么办。

庄总经过他们办公室,看小孙忧形于色的样子,安慰他说:“别担心,我们这样做最差的结果是物料供不上,需要加急订货,这并不比之前情况恶劣。”

小孙苦笑了一下,却放下心来。

13.2.2 第二味药:需求可预测矩阵

两个月的某天,庄总请王副经理吃饭。王副经理怎么也没想到,一个简单的移动平均解决了缺货问题。

其实，说解决了缺货问题是过于夸张，庄总所取得的成果只能说是缺货问题有一些或有较大的缓解，比如，急单与催货现象大为改观，从天天催货变为偶尔催货，从每单急单变为偶尔急单，及时交付率由 73%提升到 85%。庄总自己也明白，现在只是刚刚起步，未来的路还很长，要想真正解决问题，需要后续日常化的持续，还有不停地优化和更新。

庄总说："关键的不是具体的方法，更不在这个方法本身。简单移动平均有很大的缺陷，也幸亏这段时间相对是淡季，需求比较平稳，否则不会有这样的效果，我们需要抓紧时间持续更新和升级我们的方法。我们最大的改变是放弃了销售部门提供的预测。"

"我们公司销售部门是很强势的，或者说太强势了，不按销售部门的预测来，不出问题还好，如果真的影响销售，那……我们不是每个月都有这个月的运气。"王副经理提醒庄总。

"是的，这是我们接下来需要解决的问题。"庄总与王副经理碰了下杯子："王经理，物料缺货问题的解决我们起步很好，但接下来还有很多工作需要我们去做，去优化，这些是持续的工作，后续也将是日常的工作。现在，我想启动我们第二个难题的解决，呆滞与库存。"

庄总举起杯子喝了一口，继续说："在我们缺货初步缓解的同时，物料库存也有一定的缓解，但库存高企与呆滞首先需要入手解决的却不是物料库存，而是成品库存。当成品库存居高不下，物料控制得再精准，要实现降库存的目标，也很困难。我们解决物料缺货的时候基本放弃了销售部门提供的预测，其实是不对的——当然尽管不对，对于眼前问题的解决却是一种便捷和有效的方法——我们进行成品库存的控制时，完全需要销售部门提供的预测，我们的一部分产品需要借助或者说不能离开销售部门提供的预测。"

"哪些产品需要销售部门的预测，哪些产品不要呢？"王副经理有点好奇。

"我准备推行一个工具，需求可预测矩阵，对我们全部成品进行分类，然后按不同的类别进行管理，这个矩阵会告诉大家部门哪些产品不需要销售部门的预测，哪些产品只能采用销售部门提供的预测。"

第二天,庄总召集供应链部全体人员开会,王副经理和生产计划吴姐都到了。会上,庄总演示并详细讲解了需求可预测矩阵。

需求可预测矩阵是以历史需求数据的稳定性为横坐标,以历史需求数据量的多少为纵坐标组成的一个矩阵,如图 13-1 所示。主要内容及相关要求如下。

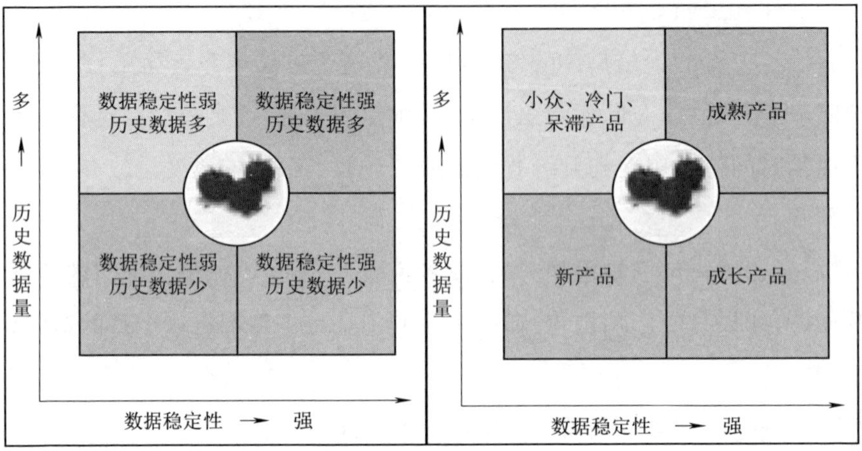

图 13-1　需求可预测矩阵

(1)因本公司是快速消费品公司,产品尽管有一定的更新换代,但在一定的时间段内,相对来说需求有迹可循。所以,以 3 个月的数据为历史数据多与少的判定标准,有 3 个月的数据为历史数据多;以变异系数等于 0.4 为数据稳定性的判定标准,变异系数小于 0.4 的为数据稳定性强。

(2)收集、汇总公司产品半年的数据。按以上标准,对公司全部产品进行分类(细化到具体的 SKU),分为四类,即成熟产品、成长产品、新产品和小众冷滞产品。

(3)在初始阶段,采取以下策略对这四大类产品的需求进行预测:①新产品、小众冷滞产品完全采取销售提供的需求预测,同时王经理负责这部分预测跟踪,及时监控和发现预测偏离,以便即时纠偏,并记录偏离与纠偏过程,庄总自己以此为依据推动销售提供预测的准确性的提升。②成长产品,供应链自己做预测(吴姐负责,庄总指导),仍然采用最基础的简单移动平均法,以五周移动平均。③成熟产品,供应链自己做预测(吴姐负责,庄总指导),采用 Holt-Winters 三参数指数平滑法和简单移动平均法(不足两年历史数据的产品)。

(4)生产计划(吴姐)按照不同产品的预测结果、客户订单以及成品库存情况进行排产,该停的停,该加班的加班,可以由庄总协助与生产中心沟通(不饱和生产或加班加点问题)。

(5)仓库保障成品库存的准确。要求下个月每天清点全部成品库存,如果库存正常,再下个月开始采取每日循环盘点。

庄总讲完,吴姐提出疑问,“新产品、小众冷滞产品两大类产品又是造成呆滞的重灾区,按这个矩阵,我们完全采用销售部门的预测,但销售预测从来没有靠谱过,这样还是不能减少呆滞以及降低总库存,怎么办?”

庄总:“这是一个非常好的问题,也是非常实际和棘手的问题。我们进行预测跟踪、及时并持续地给销售反馈与分析,这对提升准确率会有所帮助,但我们目前无法真正解决销售提供预测的准确问题。不过,这不能解决不代表这个事不做,相反,这正说明我们必须要做这件事。俗话说,饭要一口一口地吃,我们也只能一步一步地来,一步一步地去做。先行动起来,再在行动中发现问题、分析问题和解决问题。”

13.3　不是 S&OP 的 S&OP

转眼三个多月过去了,庄总的成品控制起了一定的效果,比如,成品库存呆滞比率大大降低(由 17%下降到 7%左右,但还是很高),成品库存总量下降(连锁反应是引起物料库存下降,从而使降低总库存问题方面有着质的飞跃),年化库存周转率也由以前的一年 8 次左右到目前的一年 12 次。

以上尽管离类似规模企业的一般水平或平均水平还有相当一段距离(据庄总了解,类似规模企业这三个基础指标的一般水平大概是:及时交付率 95%－98%,库存周转一年 18－24 次,呆滞率 3%以下),但相比于 A 公司以前,前面两个“药方”的作用明显。不过,这两个“药方”也带来了一系列的副作用,庄总感觉自己任重而道远。

13.3.1 前两味药的副作用

前两味药带来这一系列的副作用主要体现的客户交付方面。

客户交付是供应链计划乃至供应链管理最基础的指标,也是供应链的第一个指标。庄总非常清楚,客户交付没做上去,其他方面如降低库存做得再好,都是南辕北辙。庄总梳理和汇总了这几个月来在客户交付方面存在的副作用,集中在以下几条。

(1)需求量少的冷滞产品预测过于保守,造成冷滞产品多次安排生产加急单,有时要求生产线临时安排加班,产生额外的加班费不说,也让生产车间有较大的意见和情绪。

(2)新品预测过于乐观,加之物料最小起订量偏大,造成新品呆滞有增加的倾向。可以这么说,如果没有新品造成的呆滞,呆滞比率至少将下降两个百分点,库存周转速度也会有一定量的提升。

(3)销售端的促销等活动信息分享不及时,尽管庄总多次提出和反馈这个问题,但改善非常不明显。这些活动信息分享不及时所造成的结果是缺货(要么物料缺货,要么没备成品库存,来不及生产),无法及时交付,影响整体的客户服务水平。

(4)产品管理部的下架退市决策信息分享也不及时。庄总提出后有所改善,但不及时分享现象仍时有发生,缺乏机制保障;尽管事后拼命补救,但也造成部分呆滞。

(5)订单不均衡,往往造成赶单的时候天天高强度加班,而淡下来时产线完全不饱和,不利于生产员工管理,也不利于生产效率和人力成本控制。幸亏这方面得益于刘总的宽容和配合,没产生大的问题。

13.3.2 第三味药:S&OP

看到梳理出来的五个副作用(当然,庄总非常清楚,这些只是较明显和亟须解决的副作用,实际远不止这五个),庄总觉得其根源似乎在于工厂与总部(供应与销售)的协同。目前,尽管公司每月有一次产销协调会,但目前这个协调会更多的是一种形式，会上一般相互提出问题，要么相互吹捧，要么相互指责或扯皮，很难真正解决问题。

庄总想到了 S&OP，觉得有必要建议公司尝试着推行 S&OP，或者，至少以 S&OP 的思路去协调工厂与总部，去平衡供应与需求。不过，庄总接着也想到，按 A 公司的现状，真正的实施 S&OP 非常困难，甚至有点不太现实，怎么办呢？

庄总考虑了几天，给杨总经理发出了一封较长的邮件，列出了目前公司面临的供需问题，以及自己面临的困难，并提出自己的看法和建议。邮件发出后，庄总和杨总在总部详谈了很久，提出了他所谓的 S&OP，或者说不是 S&OP 的 S&OP。

这个不是 S&OP 的 S&OP，庄总的主要建议和思路如下。

(1)经过大半年来的改善，公司供应链方面的问题慢慢转移到预测的准确和信息分享的及时性方面，解决这两个问题常用的方法是 S&OP。

(2)尽管 S&OP 是一个好的方法，是一个有效的供应链管理工具，但目前公司的现状还不足以支撑全面铺开 S&OP。所以，公司现阶段只借 S&OP 的管理思路小范围实施 S&OP，解决短期的供需求平衡问题。

(3)前阶段，这个小范围实施的 S&OP 解决短期供需求平衡，首先主要解决的问题是“一个计划”，即协调公司信息与资源，经 S&OP 流程与协作，得出“一个计划”，然后以流程保障(总经理及高管支持)公司各部按这“一个计划”进行执行、资源准备与分配。

(4)供应链中心主导 S&OP 的推行工作，但需要杨总经理的全面支持(授权)，同时需要得到包括销售杨副总经理在内的公司高管团队的协助和配合。

经过几个小时的交心，杨总经理最终同意尝试庄总提出的这个 S&OP，并答应说服杨副总。

庄总非常高兴，在回工厂前又特意去拜访杨副总。其时，及时交付问题与以前相比有较大的缓解(尽管现在还同样困扰着销售团队)，杨副总已基本认可庄总，并希望庄总能给他带来更多的惊喜。所以，对于庄总的这个 S&OP，杨副总表示全力配合，并主动提出将销售预测职能移交供应链中心，同时建议庄总招请一名计划经理，以减轻庄总自己的压力。

回工厂后,庄总精心准备了一份 PPT,在几天后的公司高层例会上,向杨总经理、杨副总和公司其他高管演示和讲解了公司目前的计划现状,以及准备推行 S&OP 的相关思路。

13.3.3 S&OP 实施的初步计划

公司高管层基本认可了庄总的思路,杨总经理同意试行 S&OP 后,庄总在会上谈了他拟定的 S&OP 实施的初步计划。

1. 本次实施 S&OP 的目标

庄总列出了近两年企业交付与库存控制方面的数据(包括及时交付率、库存周转率与呆滞率)。基于其数据表现很差的事实,庄总列出本次实施 S&OP 的目标。近期目标:三个月至半年内,三大指标(及时交付、库存周转和呆滞率)力争接近类似规模企业一般水平。具体是,及时交付率 92%,库存周转一年 16 次,呆滞率 3.5%。中期目标:半年至一年内,达到或超过类似规模企业一般水平,具体是,及时交付率 96%,库存周转一年 20 次,呆滞率 2%。远期目标:一年以后,扩大 S&OP 的职能和影响,全面推行 S&OP,三大指标接近或达到类似规模企业先进水平,及时交付率 98%以上,库存周转次一年 24 次以上,呆滞率 2%以下。

2. 需要的资源支持

庄总盘点了公司目前支撑 S&OP 运行的岗位人员和系统。公司目前在用的是一款国内常用的 ERP 软件,尽管经常滞后(后补录入),即时库存不准,但整体运行还算正常。庄总认为,以现有的 ERP,加以 Excel 的辅助,企业在信息系统方面的资源能够满足推行 S&OP 的需要,至少是满足前期需要。

但各岗位人员有欠缺,包括人员数量与人员能力都有欠缺。庄总在实施计划中提了两个申请。一是经过前期仓库的整合,三个仓库文员工作不太饱和,庄总前几天已和生产中心刘总商量好,将生产领料开单的工作转由生产负责,这样可以调出一个仓库文员,申请提拔为 S&OP 专员,定为副主管级,庄总自己负责指导与培训;第二个申请是外招需求计划副经理 1 人,前期主要负责需求预测,将目前由销售部负责的相关预测方面的职能,逐渐向供应链转移。

3. S&OP 项目小组与职责分工

S&OP 项目小组到底由哪些人组成，哪些人参加能更好地发挥 S&OP 的作用，庄总考虑了很久，在会上他列出了 S&OP 项目参与人员的建议和他们的基本职责。

(1)请杨总经理出任 S&OP 项目组长。组长的主要职责有两个，分为一虚一实，虚的职责是提供资源与支持，实的职责是按时参加每月一次的 S&OP 正式会议。庄总特别提出并得到杨总经理点头同意：经大家讨论并确定月度 S&OP 正式会议时间后，每月的 S&OP 正式会议召开不以总经理的时间为转移，即总经理要协调自己的时间，以确保参加 S&OP 正式会议。总经理如此，其他高管就更不用说了。

(2)副组长由两人担当，一位是销售中心的杨副总，另一位是庄总自己。庄总负责 S&OP 项目整体规划、计划与推进，杨副总主要负责销售端的协调，参加每月一次的 S&OP 正式会议，以及正式会议之前的必要沟通。

(3)外招需求计划副经理 1 人，负责需求预测以及与销售、采购、PMC、仓库等内外部部门沟通与协调。

(4)提拔原仓库文员小杨为 S&OP 专员，主要负责 S&OP 会议安排及 S&OP 各项跟踪。

(5)生产中心刘总、财务中心秦总、销管黄经理、采购秦经理、PMC 王副经理以及吴姐、小孙等均为 S&OP 项目小组成员，按 S&OP 流程和相关要求参加沟通与讨论，并提供相应的数据。

4. S&OP 实施时间表

S&OP 实施的初步计划中列出 S&OP 实施时间表，主要明确了 S&OP 流程讨论时间，S&OP 正式启动的时间，相关宣传与培训的开展时间，首次复盘与汇报的时间以及半年、年度总结时间等，S&OP 专员负责所有时间节点的跟踪。

5. S&OP 培训与宣传

庄总在他的初步计划中也谈到了 S&OP 的相关培训与宣传，主要有以下几个安排(培训包括宣传)。

(1)S&OP 理论、理念及相关知识培训。由庄总自己担当讲师,他准备连续四周、每周花 1.5 小时对公司涉及 S&OP 的各层级人员进行培训。

(2)S&OP 流程及相关制度培训。由需求计划副经理负责,主要内容是经公司讨论确定的流程和制度,除介绍流程和制度条文以外,重点解释流程和制度为什么要这么确定,如果不按流程和制度执行会带来什么样的后果。

(3)S&OP 阶段性汇报与培训。前期一月一次,中后期每季度一次。

(4)所有的培训由 S&OP 专员负责具体安排和跟踪。

13.3.4 S&OP 流程讨论

确定 S&OP 流程是一件大事,讨论 S&OP 流程也是一项非常痛苦的工作。庄总草拟了一份相对简易的流程,与几个核心节点岗位初步沟通后,召集专门的流程讨论会议。

会议进行得并不顺利,在杨总经理全程参与的前提下,这个在公司总部进行流程讨论会从下午两点开始,直到凌晨近三点才结束。尽管非常辛苦,但终于达成一致,S&OP 这个简易的流程终于确定,庄总还是长出了一口气。

庄总草拟,并经相关人员讨论修改后的,简易的流程主要有如下内容。

(1)S&OP 周期确定为一个月,每月预测未来三个月的需求,其中第一个月为各方执行的需求预测,后两个月提供给生产计划、生产、物控、采购以产能或物料储备参考。

(2)需求预测职能从销售中心剥离,转由需求计划副经理负责,各相关岗位与部门在规定的时间节点,以邮件形式向需求计划副经理提供数据。

(3)按需求可预测矩阵的分类,需求计划副经理每月 5 日前列出新产品、小众、冷滞产品清单,并每月更新一次,发相关销售人员进行定性预测(每月 8 日前完成),经销管黄经理签字确定后回发需求计划经理。新产品、小众产品、冷滞产品最终预测确定后,需求计划副经理特别安排 S&OP 专员进行预测跟踪,及时发现预测偏离,汇报给需求计划经理进行即时纠偏,并反馈给提供预测的销售人员,同时记录偏离与纠偏过程,以此为依据推动预测准确率提升。

(4)按需求可预测矩阵的分类,成长产品、成熟产品,需求计划经理每月 5 日前自行进行无约束的初步预测,并收集各销售端数据进行定量调整,再发销售等相关岗位人员进行定性调整(每月 8 日前完成)。销售人员定性调整经销管黄经理签字确定后回发需求计划经理,需求计划经理综合得出正式预测结果,发送各涉及岗位与人员。

(5)物控根据正式需求预测制作月度供应计划,由物控小孙完成。生产计划吴姐根据正式需求预测,预排月度生产计划,进行产能评估。王副经理对以上两项工作提供支持并负责与采购、生产等部门协调,达成初步意见。

(6)组织 S&OP 预备会议(每月 15 日举行,逢节假日前移),需求计划副经理负责会议组织、主持、协调及预备会议结果沟通,S&OP 文员负责记录与跟踪。预备会议主要做初步的供需平衡沟通,形成“一个计划”,为最终的供需平衡做准备。

(7)正式会议,确定“一个计划”,提交 S&OP 输出。流程中特别明确对杨总经理及高管部参加会议的要求,比如,经讨论确定后的正式会议时间不以领导的时间为转移。

(8)流程中提出并规定 S&OP 持续执行中的要求和跟踪规则,以及考核规定。

13.3.5　S&OP 目标与需求计划经理

S&OP 正式启动了。需求计划副经理丁明也已入职,庄总在带他时说:“你记住两点:第一,不管是需求预测,还是 S&OP,我们都是头一回,我和你一样,都得摸着石头过河。所以,别把自己当成新员工,快速熟悉,快速投入,快速融入。第二,S&OP 是为我们服务,是为了达成我们的目的,而不是我们为了做 S&OP 而 S&OP,所以,不要纠结于 S&OP 理论,我们需要的是采用 S&OP 的思路来解决我们的交付和库存控制问题。最终实施的,到底是不是 S&OP 并不重要,更不要在意。”

当庄总认为 S&OP 很顺利的时候,接到了一个来自财务中心秦总的质疑。秦总发现,丁明比 PMC 王副经理的工资高很多,甚至比公司大部分正职经理工资都高一些。于是,秦总在一次周例会上发言,她认为庄总的 S&OP 的目标定得太低，公司投入这么大的成本、资源和精力去推行 S&OP 项目，定这么低的目标从成本利益上考虑得不偿失。

庄总在会上回复，管理的目标设定一般和两个方面对标，一是和自己的历史水平对标，即看看能不能体现进步；二是和行业平均水平对标，看看能不能具有行业竞争力。正是基于这两点，经多方讨论并审批后才确定，这个对标行业是一般水平但远超 A 公司目前水平的指标。庄总认为，目标的设定需要考虑实际情况，需要考虑能不能达到，如果目标遥不可及，目标可能会起反作用。按公司的现状，三个月到半年，这个接近类似规模企业一般水平的指标（即及时交付率 92%，库存周转一年 16 次，呆滞率 3.5%）并不容易实现，需要供应链部门多方努力和兄弟部门的支持与配合才有可能达成。

不过，尽管在会上秦总并没有再说什么，但会后庄总明显看得出来，秦总并没有被说服。事实上，庄总回工厂后没多久，秦总就发邮件要求庄总提高 S&OP 的三个目标。庄总想了好久也不知道还要怎么解释，决定先缓两天再回复。

第二天，采购部秦经理到工厂找刘总协商来料检验时间太长的问题，中午和庄聊天。秦经理特别对庄总表示感谢，庄总实施 S&OP 以来自己的工作轻松了很多，不仅可以悠闲地来工厂协调“来料检验时间太长的问题”，还能经常到刘总办公室喝喝他的好茶。

庄总心里暖暖的，他也对秦经理一直对自己工作的支持表示感谢。后来，庄总无意中提到秦总对 S&OP 目标疑问的事，表示不知如何向秦总解释。秦经理笑了：“庄总，你不能只专注于技术，做管理还是要技术以外的一些东西的。这个事很简单，她不是对你 S&OP 目标有疑问，而是认为你给丁明的工资太高。”

庄总大悟，不停地向秦经理表示感谢。

知道了真正的根源，问题就好解决了。凑巧，前几天，王副经理向庄总提出辞职。

庄总的解决方法是：PMC 王副经理离职后，不再补充招聘，PMC 部的生产计划和物控团队由庄总直接管理，这样，就比原编制减少一人。就算与最初的用人成本相比，也仅仅是增加了一个人的工资而已。

想来秦总对这个解决方法还是满意的，在与 HR 电话确认后，秦总希望庄总能够带领供应链部提前实现 S&OP 目标或超额实现 S&OP 目标。

13.3.6 痛并快乐着

S&OP 开始实施，庄总的实施计划也算完备，准备也算充分，但真正开始时却仍问题频出，质疑声不断。不过，供应链中心从庄总起，一直热情满满，也充满希望，痛并快乐着。

比如，尽管销售中心杨副总爽快地同意将需求预测职能从销售部门转到供应链部门，但实施开始的两个月，销售中心完全甩手，加之丁明新入职，很是忙乱了一阵子。庄总和杨副总表示：关于预测，职能由供应链部门承担，责任也由供应链部门承担，但销售部门也需要根据 S&OP 流程参与需求预测，在正式预测的提交中发挥重要作用，销售部门不能甩手不管，希望销售人员提供帮忙。

而生产中心也要求均衡生产，不能忙的时候加班，闲的时候放假。生产中心的这一诉求非常合理，因为，这样一来非常不利于生产人员管理；二来，对生产效率也有严重影响。庄总特意交代吴姐，供销平衡指一定时间段的供销平衡，而不是某一天或某一周的平衡。生产计划需要根据预测的总需求、现有库存情况及需求的进度（实际订单）来合理调整、安排生产，以避免生产提出的“忙的时候加班加点，闲的时候放假”这一现象产生。有很长一段时间，庄总成天和吴姐待在一起，甚至自己动手去调整生产计划。当然，对于明明没有需求或现有库存已达到需求的一定比例（如未来一个月的时间），庄总坚持停止排产，生产人员该放假的放假。

关于这一点，庄总特别向刘总解释，供销平衡的目的其实正是为了最大可能地利用公司资源以满足客户需求。如果供大于销，需要想办法减少供应，否则多出来的就会变成仓库的库存，一来会占用企业资金，减少企业现金流动；二来，也是更关键的，大于需求的库存除了造成库存高企外，还很容易形成呆滞，影响库存健康。反过来，如果销大于供，要么生产加班加点以增大供应，要么削减销量（如减少促销），否则影响的是客户交付，交不了货最终会失去客户，给公司带来损失。

如此等等，无法一一细表，痛，并快乐着。

学以致用

学习:

解决缺货与呆滞的三味药。

思考:

为什么企业会出现“缺货与爆仓齐飞”?

应用:

以需求可预测矩阵对所有需求进行分类。

第 14 章　库存控制与 S&OP

从供应链的职能与供应链管理的目标来说，供应链的主要任务是满足客户需求，只有满足了客户需求，才能体现供应链的价值，从而实现企业的价值。

那么，怎么满足客户需求呢？供应链首先要做的，是准备库存，因为，有了库存才能给客户交付，才能满足客户需求。所以，供应链的主要任务是准备库存以满足客户需求。

但是，现今是快速+VUCA 时代，如果我们等到客户下单了、客户的需求真正产生了才准备库存，那很可能黄花菜都凉了，因为，客户需要的是快速交付。所以，供应链满足的客户需求，往往是客户未来可能的需求，也只能是客户未来可能的需求，而并不是已知的真正的客户订单。这就是说，供应链的主要任务，是准备库存以满足客户未来可能的需求。

如何准备库存以满足客户未来可能的需求？这正是 S&OP 需要解决的问题，也是库存控制需要解决的问题。

14.1　库存控制实践模型

库存控制（Inventory Control），是在保障供应的前提下，使库存物品的数量合理所进行的有效管理的技术经济措施。（GB/T 18354－2006 物流术语）

以上是我国国标对库存控制的定义。库存控制的前提是保障供应，目标是使库存物品的数量合理。如何在保障供应的前提下使库存数量合理呢?笔者提出一组库存实践的组合方法。

14.1.1 需求预测与订货

上文提到,供应链的主要任务是准备库存以满足客户未来可能的需求。那供应链怎么才能知道客户未来可能的需求呢?供应链需要在已知历史数据和相关信息的基础上,运用科学的方法和模型来提前预测客户未来可能的需求,这,就是需求预测。

供应链以需求预测知道了客户未来可能产生的需求,接下来需要想办法满足客户未来可能产生的需求。怎么满足?供应链需要准备库存,以库存来满足客户未来可能产生的需求。但是,库存又不能准备太多,一来占用大量资金,二来造成库存高企,容易形成呆滞。所以,供应链需要准备的库存,是数量合理的库存。供应链准备数量合理的库存以满足客户需求的过程,就是订货。

14.1.2 安全库存与呆滞管理

根据需求预测进行订货,是库存控制的核心任务,但是,预测面对的是未来,是不确定性。现如今"预测总是不准的"已经成为供应链管理的共识。"预测总是不准的",根据预测准备的库存(订货)自然也就总不准,怎么办呢?

预测不准有两种情况,一种是预测少了,另一种是预测多了。

第一种情况是指实际产生的需求比预测的需求要多。比如,预测人员预测某款产品未来一月的需求是 10 000 个,但该月实际产生的需求却有12 000 个,这就是预测少了。这样,供应链按照预测准备的库存就不能满足客户需求。为了避免因预测少了而无法满足客户需求的情况发生,供应链需要在事前准备一定数量的安全库存来应对。即,以事前的安全库存来应对比预测多出的那部分需求。

第二种情况是实际产生的需求比预测人员预测的需求要少。比如,供应链预测某款物料未来一月的需求为 10 000 个,但该月实际产生的需求只有 8 000 个。预测多了,按预测准备的库存就消耗不了,这时,这些消耗不了的库存就可能成为呆滞。供应链需要进行事后的呆滞管理，以有效的应对这些可能的呆滞。即，以事后的呆滞管理来应对因为多预测而少消耗的那部分库存。

14.1.3　缺货预测与呆滞预警

以事前的安全库存来应对少预测了的部分，但是，供应链从业者一般都知道，在实践中，供应链准备不了所有的安全库存，即不可能也不应该将安全库存做得最大，这样成本太高，得不偿失，所以，当实际的需求远大于我们预测的需求时，还是会出现缺货。

显然，供应链不能等到缺货了再来采取措施，供应链需要提前知道可能缺货从而提前应对，以避免或减少因缺货造成的损失。这些，需要在事中进行缺货预警。

同样，以事后的呆滞管理来应对多预测，供应链也不能等到呆滞真正产生了再采取行动。如果提前知道呆滞有可能产生，供应链就可以提前采取措施从而避免呆滞或减轻呆滞带来的损失。所以，在事中，供应链除了需要进行缺货预警外，还需要进行呆滞预警，以提前识别和发现呆滞。

缺货预警和呆滞预警是供应链事中需要采取的动作，缺货预警是订货模块的一部分，呆滞预警是呆滞管理模块的一部分。

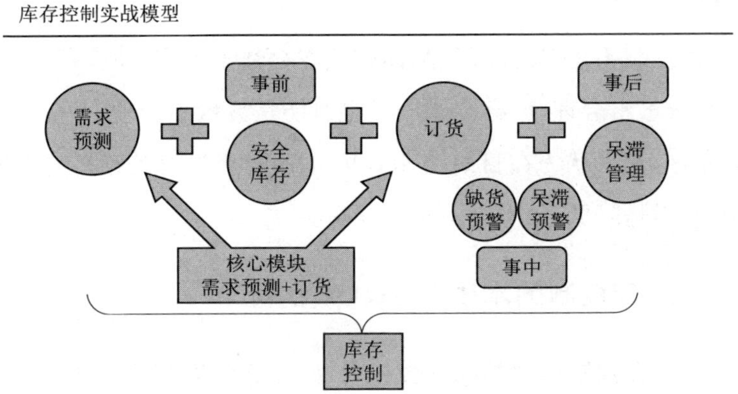

图 14-1　库存控制实践模型

以上各个模块，构成实践中库存控制的主要内容，如图 14-1 所示。模型由两个核心模块(需求预测与订货)和两个辅助模块(事前的安全库存与事后的呆滞管理)组成,同时,在事中,还需要进行非常重要的缺货预警和呆滞预警。

14.2 库存控制的本质是 S&OP 执行

库存控制指在保障供应的前提下,使库存物品的数量合理。显然,库存控制的目标是数量合理,而不是降库存,更不是追求零库存。

14.2.1 库存控制不是降库存

库存控制有四大核心指标:及时交付率、库存周转率、呆滞率和部门费率。其中,及时交付率是库存控制最基础的指标,也是库存控制的第一个指标。也就是说,如果这个指标做不好,库存周转再快、呆滞再低、部门费率再小,库存控制的工作也是不合格或不到位的。

库存控制首要任务"保障供应",这个供应包括现在的供应(对已产生需求的供应),也包括未来可能的供应(对预测的需求的供应)。如果未来可能的供应存在一定的波动和不确定性,库存控制必须增加库存以应对不确定性,如加大安全库存,从而更好地"保障供应"。

所以,库存控制不是单纯降库存,而是使库存数量合理,使库存不多也不少,库存多了固然是数量不合理,库存少了同样也可能是数量不合理。

至于零库存,笔者认为在目前快速+VUCA 时代没有其存在的土壤。库存需要的是控制,而不是降低,更不是追求零库存。

14.2.2 库存控制的本质是 S&OP 执行

上文提到,库存控制追求的库存数量合理,什么是库存数量合理呢?其实就是供应与需求的平衡,这恰恰也是 S&OP 的核心与追求。

S&OP 的核心是供需链平衡,S&OP 的原理是依据需求预测和供应能力评估来协调各方,制订"一个计划",以实现供需链的平衡。怎么实现供需链的平衡呢?

正是库存控制的作用和任务。库存控制是以数量合理的库存来保障供应(满足需求),这正是供需链平衡。

所以,库存控制本质上是 S&OP 执行。

S&OP 是通过需求预测来预估市场上的需求,然后再利用供应能力评估确定自己能不能满足这些需求,不能满足则提前采取措施(补足供应或减少需求)。

库存控制也一样。从库存控制实践模型中可以看出,供应链首先要做的也是通过需求预测来了解市场上未来可能会发生的需求,然后以订货来满足这些需求,为了预防意外,预测不准,再在事前和事后分别采取安全库存和呆滞管理来避免和减少损失,它所实现的目标正是 S&OP 的追求。

S&OP 经过库存控制(执行)供需链平衡,库存控制的本质是 S&OP 执行。

学以致用

学习:

库存控制实战模型。

思考:

为什么库存控制的本质是 S&OP 执行?

应用:

建立事前、事中、事后的库存控制流程或制度。

后 记

需求预测是需求计划乃至全体供应链计划最重要的输入，需求预测是需求计划"对需求的分析与评估"职能的最佳实现工具。S&OP 解决的是以现有资源（约束）满足客户需求，其目标是实现综合平衡（实现"一个计划"），S&OP 是实现需求计划"对客户需求的答复和承诺"职能的最佳实现工具。

不管是需求预测，还是 S&OP，都仅仅是一个工具。

在笔者最初准备需求预测和 S&OP 课题的过程中，和一位伙伴谈了自己的大体思路，并给他看了一部分文稿，他连连摇头，表示我讲的需求预测和学术上的有些不一样，尤其是我所讲的 S&OP 根本就不是 S&OP，有些东西与真正的 S&OP 相去甚远，比如，我提出 S&OP 首先是战术层面而不仅仅是战略层面，S&OP 可以针对明细的 SKU 而不仅仅是产品族或产品群等。

我和他说了一句：不要把手段当成目的，不要为了方法而方法。

是的，需求预测也好，S&OP 也罢，都只是一个方法，都仅仅只是为解决供应链的管理问题而采用的管理工具之一，而已。

方法不管多高深，技术不管多先进，它们仅仅是一个方法，仅仅是为我们管理目的（目标）而服务的一个管理工具。我们的目的是解决管理中存在的问题，或未来可能存在的问题，而不是为了实施某种方法。职场管理中，我们不要将方法当成了目的，不要为了预测而预测，不要为了 S&OP 而 S&OP。

一般来说，管理有三个不同维度的概念：目标（目的）、任务（职能）和方法（工具），管理就是通过采取一定的方法来完成任务，从而实现目标。

提升效率减少费用是我们的任务，实现供需链平衡也是我们的任务，而 S&OP

则是我们为了完成这些任务而采取的方法(之一)。

很多企业 S&OP 推行不成功,其主要原因之一就是认为 S&OP 是任务,甚至认为 S&OP 是目标。S&OP 只是方法,只是我们为了完成任务而采取的方法。

许　栩